Zum Titel »Lebenskunst zwischen Karneval und Copacabana«

Karneval steht für Lebensfreude, Samba und die afrikanisch geprägte Kultur der Nachfahren der Sklaven. *Copacabana* ist demgegenüber das Viertel der wohlhabenden Weißen, in dem Bossa Nova – die jazzige Weiterentwicklung des Sambas – gepflegt wird.

MIX
Papier aus verantwortungsvollen Quellen
FSC® C006701

2. Auflage 2012
Ausgabe 2011

www.conbook-verlag.de

Projektleitung und Lektorat: Julia Kaufhold
Einbandgestaltung: David Janik, Linda Kahrl
unter Verwendung des Bildmotivs ©istockphoto.com/earleliason
Satz: David Janik
Druck und Verarbeitung: Ebner & Spiegel GmbH, Ulm

Printed in Germany

ISBN 978-3-934918-92-4

FETTNÄPFCHENFÜHRER

Nina Büttner, Emel Mangel und Henrieke Moll

BRASILIEN

Lebenskunst zwischen Karneval und Copacabana

Ausgelassener Samba und ultraknappe Bikinis, Favelas und Drogenkrieg – was ist dran an diesen Extremen? Und wie meistern die 170 Millionen *brasileiros* in einem solch widersprüchlichen Klima ihren Alltag?

So vielfältig und tolerant dieses bunte Volk ist, gibt es doch eine Reihe von Hürden, die sich deutschen Gewohnheiten zuckerhutgroß in den Weg stellen. Oder wussten Sie, dass Sie einen neuen Bekannten keinesfalls ein zweites Mal nach seinem Namen fragen sollten, dass Samba stets nur mit Turnschuhen getanzt wird, dass es klare Verhaltensregeln im Fußballstadion gibt oder dass Sie Damenunterwäsche unter keinen Umständen in die normale Wäsche geben dürfen?

Linda ahnt von alldem nichts, als sie im sonnigen Rio landet, um dort für drei Monate Deutsch zu unterrichten. Gott sei Dank gibt es João, den brasilianischen Philosophiestudenten. Er erklärt ihr, wie man zwischen Copacabana und Regenwald elegant durch den Dschungel gesellschaftlicher Konventionen dribbelt, und verhindert, dass Linda zwischen brasilianischer Lebensfreude und leiser *saudade* – einer Hängematte voller Sehnsucht, Melancholie und Schmerz – vollends aus dem Rhythmus gerät.

»Absolut lesenswert, sowohl für Reisende, denen der erste Kontakt mit Brasilien noch bevorsteht, als auch für Brasilienerprobte, die Fettnäpfchen wiedererkennen oder jetzt erst als solche identifizieren werden.« *(caiman.de)*

Die Autorinnen Henrieke Moll, Emel Mangel und Nina Büttner (von links) kommen von Brasilien nicht mehr los.

Henrieke Moll lernte das brasilianische Familienleben bei einem Austauschjahr kennen und feierte – als Kölnerin! – Karneval auf eine andere Weise. Heute lebt und arbeitet die Absolventin der Europa- und Osteuropastudien in Berlin.

Emel Mangel verbrachte ebenfalls ein Jahr mitten unter Brasilianern und studiert heute Kulturwissenschaften in Berlin, von wo aus sie bereits den nächsten Sprung über den Atlantik vorbereitet.

Von Nina Büttner hat das brasilianische Fieber gleich umfassend Besitz ergriffen, sie hat nach ihrem Studium der Sozialen Arbeit mit Schwerpunkt Entwicklungszusammenarbeit im März 2011 die Koffer gepackt und ist nach Brasilien ausgewandert.

Inhalt

Inhalt

Inhalt

Inhalt

Inhalt

1 Linda kommt an und weiß nicht weiter

Warum man sich in Ohren stellt und um Uniformierte einen Bogen macht

In Flugstunde vier von dreizehn, irgendwo über dem Atlantik zwischen Köln und Rio de Janeiro, hat Linda es sich bequem gemacht auf ihrem Fensterplatz. Sie hat gegessen und die ersten Durchsagen in dieser Sprache gehört, die sie die nächsten drei Monate begleiten wird und die ihr noch sehr fremd erscheint. Ein paar Kursstunden Portugiesisch hat sie zwar mitgemacht – aufgeregt und gespannt ist sie trotzdem, wie sie sich wohl zurechtfinden wird in dieser näselnden weichen Sprache und überhaupt in diesem großen Land, von dem sie furchtbar wenig weiß. Sprechen da wohl viele Englisch? Wenn nicht, wie soll sie denn eigentlich ihren Unterricht geben? Ihr Koffer voll mit didaktischem Material, um Deutsch als Fremdsprache zu unterrichten, beruhigt Linda. Sie ist eine gut vorbereitete deutsche Studentin. Es würde eine hervorragende Übung für sie sein und außerdem eine einmalige Gelegenheit, ein neues Land zu entdecken, bevor sie in den Ernst des Lehrerlebens eintritt. Unmöglich, bei dem Angebot, sich in Brasilien drei Monate lang auszuprobieren und dafür auch noch bezahlt zu werden, Nein zu sagen. Ein Bekannter, der wiederum einen Bekannten hat, der mit einer Brasilianerin verheiratet ist, deren Bruder eine private Sprachschule in Kölns Partnerstadt Rio de Janeiro betreibt, hat sie auf die Idee gebracht. Die Schule war auf der Suche nach einer Aushilfe für die bisherige Deutschlehrerin, die sich eine Auszeit genommen hat. Linda bewarb sich prompt, und ihr zukünftiger Chef, Marcelo Cunha da Silva, klang beim gemeinsamen Chatten locker und sympathisch. Linda packte also, obwohl auch nach zweimaligem Nachfragen noch kein Vertrag eingetroffen war, ihre Koffer in dem fast brasilianisch-optimistischen Vertrauen, dass das schon klappen würde.

Einem mitteleuropäischen Winter entfliehen, endlich! Davon hat sie bisher noch jedes Jahr geträumt. Jetzt schaut sie auf den blauen Atlantik und freut sich schon auf die hügelige Küste, die sie von zahllosen Fotos in Reisereportagen, von Postkarten und aus Filmen über Rio kennt. So häufig wie möglich will sie an den Strand, schön braun werden, auf den Zuckerhut und diese Christus-Statue auf dem Berg sehen – wie heißt der Berg noch gleich? Corcovado, der Bucklige! Dann will sie Samba-Spezialistin werden und schöne Männer beim Fußballspielen sehen. Und sie hat ihren Aufenthalt so gelegt, dass sie in den letzten Tagen noch den Karneval mitmachen würde. Für keinen anderen Ort der Welt hätte sie jemals Köln zur Karnevalszeit verlassen!

»Fliegst du zum ersten Mal nach Brasilien?«, reißt sie ihr Sitznachbar aus den Träumereien. »Du wirst es lieben!«

»Kommst du aus Brasilien?«, fragt Linda zurück.

»Ja, aus Rio, aber ich arbeite in Deutschland. Mir fehlt die Sonne, die Musik, *a alegria* – die Fröhlichkeit. Ich heiße übrigens Rodrigo. Und du?«

»Linda.«

»Oh, mit dem Namen wirst du viel Erfolg haben in Brasilien! *Linda* oder *lindo* heißt auf Portugiesisch ›wunderschön‹. Und, wirst du in Brasilien reisen?«

»Ich weiß noch nicht.« Erst einmal plant sie in Rio anzukommen und sich einzugewöhnen, aber mal sehen, vielleicht kann sie sich später ein paar Tage freinehmen und reisen. Linda nippt an ihrem Tomatensaft.

»Das würde ich an deiner Stelle unbedingt machen«, ereifert sich Rodrigo. »Du musst die Strände im Nordosten kennenlernen, und das Amazonasgebiet ist bestimmt auch toll, obwohl ich selbst noch nie dort war.«

»Echt nicht?«, fragt Linda verwundert.

»Na hör mal, das ist von Rio in etwa so weit wie von Köln nach Moskau. Das macht man nicht mal so einfach.«

Geografie und Demografie eines Riesen

Nach der offiziellen Schätzung von 2010 zählt Brasilien 192 Millionen Einwohner, die sehr ungleichmäßig über das Land verstreut leben. Brasilien ist sowohl das fünftgrößte Land der Erde (nach Russland, Kanada, USA und China) als auch das mit der fünftgrößten Bevölkerung (nach China, Indien, USA und Indonesien).

Brasilien ist in 26 Bundesstaaten und den Bundesdistrikt (*Distrito Federal*) der **Hauptstadt Brasília** eingeteilt. Brasília ist eine aus dem Nichts geplante Stadt; sie wurde ab 1956 gebaut und 1961 eingeweiht, doch erst seit 1972 war der Umzug von der vormaligen Hauptstadt Rio de Janeiro abgeschlossen. Die Entscheidung, eine Stadt im nahezu unbewohnten trockenen Herzen Brasiliens zu bauen, fällte der Präsident Juscelino Kubitschek (1956–1961), der dadurch das unterentwickelte Binnenland wirtschaftlich stärken wollte. Bis heute ist die Stadt vor allem Regierungssitz und wird höchstens aufgrund ihrer Bauten von Oscar Niemeyer von Touristen besucht.

Die Bundesstaaten genießen ähnlich wie in Deutschland eine gewisse Autonomie. Nach geografischen und demografischen Eigenheiten werden die Staaten in fünf Regionen zusammengefasst:

***Sudeste* (Südosten)** umfasst die Bundesstaaten Rio de Janeiro, São Paulo, Espírito Santo und Minas Gerais. Diese Region ist recht gut entwickelt, hat die höchste Einwohnerzahl (77 Millionen) und -dichte und zeichnet sich durch (sub-)tropisches Klima aus.

***Sul* (Süden)** umfasst die Bundesstaaten Paraná, Santa Catarina und Rio Grande do Sul. Die Region zeichnet sich durch den höchsten Lebensstandard und subtropisches Klima aus.

***Nordeste* (Nordosten)** umfasst die Bundesstaaten Bahia, Maranhão, Sergipe, Ceará, Piauí, Rio Grande do Norte, Paraíba und Pernambuco. Es ist die Region mit der zweithöchsten Einwohnerzahl (50 Millionen); sie ist – vom Küstenstreifen abgesehen – sehr arm und von Trockenheit geplagt. Ihr Klima ist äquatorial bis tropisch.

***Centro-Oeste* (Mittlerer Westen)** umfasst die Bundesstaaten Goáis, Mato Grosso, Mato Grosso do Sul und den Distrito Federal. Die Bevölkerungsdichte ist hier sehr gering, es dominieren Landwirtschaft und Buschland bei einem tropischen Klima mit stark ausgeprägten Trocken- und Regenzeiten.

***Norte* (Norden)** umfasst die Bundesstaaten Amazonas, Pará, Acre, Tocantins, Roraima, Rondônia und Amapá. Es ist die Region mit der größten Fläche und der niedrigsten Bevölkerungsdichte. Das Land ist zum Großteil von Regenwald bedeckt, das Klima äquatorial und sehr feucht.

Trotz der riesigen Ausmaße des Landes und der unterschiedlichen Lebensbedingungen gab es in Brasiliens Geschichte wenige separatistische Bestrebungen; die einzige Region, die sich noch heute eher in Richtung Uruguay und Argentinien orientiert als in Richtung Brasília, ist der Süden. Ansonsten ist das Land schon durch die Sprache ein Einzelgänger in Lateinamerika. Präsident Lula (2003–2011) hat sich zwar um eine gemeinsame Politik mit anderen linksgerichteten Staatschefs in Lateinamerika bemüht, und die wirtschaftliche Kooperation funktioniert über das Freihandelsbündnis *Mercosul* (deren Mitglieder außer Brasilien Argentinien, Uruguay und Paraguay und unter Vorbehalt Venezuela sind sowie die meisten anderen südamerikanischen Staaten als Assoziierte), doch in der Wahrnehmung der Bevölkerung spielen die spanischsprachigen Nachbarn keine allzu wichtige Rolle. Eher vergleicht man sich mit den

USA oder Europa, und auch Reisen in Nachbarländer sind eher unüblich. Höchstens als Einwanderer, die zu Billiglöhnen in Brasilien arbeiten, sind Paraguayer und Bolivianer präsent.

So plaudernd mit Rodrigo vergeht die Zeit schnell, selbst das eineinhalbstündige Warten in der Schlange zur Passkontrolle in Galeão, dem internationalen Flughafen von Rio de Janeiro, fliegt im Gespräch nur so dahin. Als sich die Tore der Ankunftshalle endlich vor ihnen öffnen, verschwindet Lindas Gesprächspartner zwischen seinen Angehörigen, die ihn unter Gesang und fröhlichem Getöse abführen.

Passkontrolle und Visum

Brasilianische Passkontrollen sind berühmt dafür, sich mindestens eine Stunde lang hinzuziehen, was nicht verwundert, wenn nur eine Handvoll nicht gerade enthusiastisch arbeitender Polizeibeamte die Einreise der Passagiere eines kompletten Überseefluges vornehmen. Die Beamten zeichnen sich zwar durch »sowjetischen Charme« aus, sind jedoch in den meisten Fällen gutmütig. Wer angibt, als Tourist einreisen zu wollen, hat in der Regel mit keinerlei Problemen zu rechnen. Da Linda keinen Arbeitsvertrag hat, hat sie ihren Aufenthalt als touristisch eingestuft – das ist eigentlich nicht korrekt, und sie hat so kein Recht, sich eine Arbeitsstelle zu suchen. Auch ein Arbeitsvertrag allein hätte ihr nicht geholfen, denn um ein Arbeitsvisum zu bekommen, müsste der Arbeitgeber zusätzlich Formulare ausfüllen, die beweisen, dass die entsprechende Tätigkeit nicht von einem brasilianischen Staatsbürger ausgeführt werden könnte.

Ein Touristenvisum müssen deutsche Staatsangehörige nicht vorher beantragen. Es tritt mit der Einreise automatisch in Kraft, gilt für drei Monate und lässt sich bei der *Polícia Federal* für etwa 30 Euro um noch einmal drei Monate verlängern.

Für genaue Informationen zu den verschiedenen Visa-Arten lohnt sich ein Blick auf die Website der Brasilianischen Botschaft in Berlin (http://berlim.itamaraty.gov.br/de).

Außerdem sollte man darauf achten, die »Einreisekarte«, die man im Flugzeug erhält und ausfüllen muss, nicht zu verlieren, da sie am Ende des Brasilienaufenthalts bei der Passkontrolle wieder abgegeben werden muss. Diese Regelung gilt zusätzlich zum eigentlichen Visum.

Linda hält Ausschau nach einem Willkommensschild, auf dem »*Bem-vindo Linda*« oder Ähnliches steht. Nichts – dabei hat sie doch extra einen Brief und eine E-Mail mit ihrem Ankunftsdatum geschickt. Ob Familie Cunha da Silva schon weg ist, weil sie so lange an der Passkontrolle angestanden hat? Immerhin hat sie Adresse und Telefonnummer der Familie. Jetzt braucht sie nur noch eine Telefonkarte – die benötigt man sicherlich – und eine Zelle. Linda streift durch den Ankunftsbereich und findet einen Kiosk. Auf Englisch versucht sie, eine Telefonkarte zu erstehen – erfolglos. Sie geht über zu Gestik und Wörtern, die Telefonkarte auf Portugiesisch heißen könnten. Hätte sie sich doch ein Büchlein mit dem Grundwortschatz geholt! Irgendwann versteht die Verkäuferin und fragt zurück: »*Cartão telefônico?*«

Linda nickt und bekommt, was sie will, aber das alles doch erst, nachdem sie schon die Aufmerksamkeit aller im Laden Anwesenden auf sich gezogen hat. Jetzt nur noch eine Telefonzelle finden. Linda schlurft unter dem schweren Gewicht ihres Koffers hinaus in die blendende Sonne. Zwei Polizisten stehen da, offensichtlich unterbeschäftigt. Neugierig schauen sie Linda an auf ihrer Suche nach einer – ah, da könnte ja schon eine sein! Eine Zelle aus Glas steht da. Linda zwängt sich umständlich samt Koffer hinein, schließlich will sie den nicht draußen stehen lassen, man weiß ja nie. Bei einem genaueren Blick auf den Apparat merkt sie, dass das kein Telefon sein kann – eher ein Geldautomat. Linda seufzt und zwängt sich aus der Zelle hinaus. Die Polizisten schauen sie schon wieder an, als wäre sie direkt vom Mars gefallen. Wenn sie schon nichts zu tun haben, können sie mir wenigsten helfen, denkt sich Linda und fasst sich ein Herz: »*Telefone? Onde?*« Na, das ist doch schon fast eine waschechte Wo-Frage.

Die beiden Polizisten werfen sich überraschte Blicke zu, kommen näher, bis auf einen halben Meter vor ihr, und mustern sie von oben bis unten genauestens, sagen aber kein Wort. Linda ist nun doch etwas mulmig zumute und zischt an den stummen Uniformierten vorbei ins Gebäude. Unheimliche Kerle, denkt sie sich und versucht bei einer viel freundlicher dreinblickenden Familie ihr Glück. Die Familienmitglieder führen Linda zielstrebig zu einer Reihe grüner Plastikhauben, die an der Wand befestigt sind. Unter ihnen sieht man menschliche Körper, die von den Schultern aufwärts in den Hauben verschwinden. Wie beim Friseur, fährt es Linda durch den Sinn. Sie grinst. Unter dem Schutz der Hauben verbirgt sich je einer der so sehnlich gesuchten Apparate. Nach einem herzlichen Dankeschön an die Familie ruft Linda bei ihrem zukünftigen Arbeitgeber, bei dessen Familie sie zunächst auch wohnen wird, an. Eine Frau ist am anderen Ende der Leitung und Gott sei Dank kann sie Englisch. Sie ist ganz überrascht: »Ach, heute kommst du, das wussten wir ja gar nicht. Nimm dir am besten ein Taxi nach Grajaú. Das ist unser Viertel.«

Linda seufzt und ist schon ziemlich erschöpft. Jetzt soll sie sich auch noch einem Taxifahrer verständlich machen! Am Taxistand fangen sie gleich mehrere Fahrer ab und reden auf sie ein. Sie versucht es noch einmal erfolglos mit Englisch. Einige Taxis, das sieht sie, gehören zu einer einheitlich gelbschwarz-karierten Flotte und sehen sehr gepflegt aus, andere sind normale Autos mit einem Taxischild auf dem Dach. Die sind bestimmt günstiger, denkt sie sich und steigt ein. Sie zeigt dem Taxifahrer die Adresse, mit der er wenig anfangen kann. Erst als sie das Viertel, Grajaú, nennt, gibt er Gas.

Was ist diesmal schiefgelaufen?

Der Stress entstand für Linda vor allem durch ihre hohen Erwartungen: Sie vermutete, abgeholt zu werden, ohne zu wissen, welch eine Reise das für ihre Gastgeber bedeuten würde. Denn selbst bei ruhiger Verkehrslage nimmt die Strecke zwischen dem Galeão-Flughafen und Grajaú mindestens vierzig Minuten in Anspruch. Und es ist nicht selten, dass man durch einen Stau auch mal drei Stunden von einem Ende der Stadt ans andere braucht. Da ist es verständlich, dass diese lange Fahrt niemand mal so eben auf sich nimmt. Und wenn Linda ihrer Gastfamilie vor Wochen ihre Ankunftszeit durchgegeben hat, dann ist es unwahrscheinlich, dass diese sich den Termin gemerkt und darauf hingeplant hat – dafür sind Brasilianer in der Regel zu spontan.

Linda hat versucht, etwas Portugiesisch zu lernen, bevor sie sich auf den Weg nach Brasilien machte. Das ist schon mehr, als die meisten Leute schaffen, und doch kann es zu wenig sein, wenn man im Land auf sich selbst gestellt ist. Auch an Orten, an denen internationale Touristen anzutreffen sind, wie Flughäfen oder Hotels, spricht nur in Ausnahmefällen jemand Englisch. Daher ist es ratsam, immer ein kleines Wörterbuch oder eine Liste mit Alltagssätzen bei sich zu tragen. Hätte Linda so etwas bei sich gehabt, hätte sie sich viel Mühe sparen können.

Eine Telefonzelle zu finden, ist eigentlich gar nicht so schwierig, da die Hauben (siehe Infokasten unten) alle paar hundert Meter aufgestellt sind. Nur sind sie nicht so auffällig wie die gläsernen Bankautomatenkabinen, mit denen Linda Bekanntschaft gemacht hat. Übrigens ist es vernünftig, dass sie dort kein Geld abgehoben hat: Das ist in einer diskreten Bankfiliale ungefährlicher als in einem einsehbaren Glaskasten auf der Straße.

Die unangenehmste Bekanntschaft war sicherlich die mit den Polizisten. Dabei ist sie noch glimpflich verlaufen – die brasilianische Polizei ist nicht unbedingt als Freund und Helfer bekannt. Letztendlich hatte Linda nichts von ihnen zu befürchten, aber wenn eine blonde junge Frau es wagt, sich in ihre Nähe zu begeben, dann ist das schon so etwas wie ein Ereignis für die zwei Polizisten. Sie haben sich wahrscheinlich sehr geschmeichelt gefühlt oder sogar geglaubt, Linda wolle mit ihnen flirten. Sie sind es einfach nicht gewohnt, nach Informationen gefragt zu werden.

Was können Sie besser machen?

Eine Erinnerungsmail an die Gastgeber ein paar Tage vor Abflug kann Missverständnissen vorbeugen: Sie könnten nach einer genaueren Beschreibung der Adresse für Taxifahrer fragen und mit welchem Preis Sie für die Taxifahrt rechnen müssen. Es ist bei Verabredungen allgemein üblich, kurz vorher noch mal zu mailen oder anzurufen. Damit lässt sich das Risiko, versetzt oder überhaupt nicht erwartet zu werden, minimieren.

An großen Flughäfen gibt es normalerweise auch komfortable Reisebusse, die verschiedene touristische oder verkehrstechnisch relevante Stationen anfahren. Die Preise für Busfahrten liegen weit unter dem Taxipreis.

Auf der Suche nach Bussen, Taxis, Telefonzellen oder anderen Dingen brauchen Sie nicht zu zögern, Einheimische zu fragen. Brasilianer sind in der Regel offen für ein Gespräch, und auch Einheimische müssen sich durchfragen, wenn sie an neue Orte kommen. Uniformierte Menschen zu fragen, würde Brasilianern dagegen kaum in den Sinn kommen: Mit denen wird nur Kontakt gepflegt, wenn es sich nicht umgehen lässt.

Orelhão – Riesenohren zum Telefonieren

Linda kann es noch nicht wissen: Die öffentlichen Telefone werden im brasilianischen Volksmund zärtlich *orelhão*, also »Riesenohr« genannt. Tatsächlich steht man unter der grünen, gelben oder blauen Haube wie in einer riesigen Ohrmuschel. Münztelefone gibt es kaum, daher lohnt es sich, immer eine Telefonkarte bei sich zu führen. Es ist ratsam, speziell nach einer Telefonkarte für ein *orelhão* zu fragen, da einem sonst womöglich eine Karte mit Handyguthaben verkauft wird.

Relativ umständlich sind die Nummernkombinationen für die verschiedensten Typen von Anrufen, denn lediglich für Ortsgespräche (also etwa innerhalb von Rio und Niterói, die zusammen ein Gebiet bilden) können Sie einfach die meist achtstellige Rufnummer eingeben. Bei Verbindungen in andere Städte wird es komplizierter: Je nach Anbieter der Telefonkarte muss man deren Erkennungsnummer (steht auf der Telefonkarte) am Anfang wählen, z.B. 021 für den Anbieter *Embratel*. Egal ob auf Festnetz oder Handy in einer anderen Stadt angerufen wird, muss nun die Städtevorwahl folgen, die hat immer zwei Ziffern. Wenn Sie nach São Paulo telefonieren, wäre es z.B. 021 / 11 (Vorwahl von São Paulo) + persönliche Nummer.

Richtig kompliziert wird es, wenn man keine Karte dabei hat und der Angerufene die Kosten übernehmen soll: Die *chamadas a cobrar*, ein Pendant zu den deutschen R-Gesprächen oder den amerikanischen *collect calls*, können Sie bei Ortsgesprächen mit der Vorwahl 9090 veranlassen, bei Ferngesprächen mit 9, also z.B. 9 / 021 / 11 + persönliche Nummer.

Für Anrufe nach Deutschland wählen Sie z.B. 0021 / 49 / Städtevorwahl + persönliche Nummer. Während die Doppel-0 für alle internationalen Anrufe gilt, ist die (0)21 wie gesagt austauschbar, es gibt z.B. auch einen Anbieter mit der Vorwahl 014. Um von Deutschland nach Brasilien zu telefonieren, wählen Sie den Ländercode 0055.

Wer bei all dem Nummerngewirr die richtige Reihenfolge wählt, kann sich selbst gratulieren. Gelingt einem das nicht, kann man Umstehende fragen, die meist auch eine Weile brauchen, bis sie den jeweiligen Apparat verstanden haben (wobei es nicht selten ist, dass alles, was es zu verstehen gibt, ist, dass der Apparat nicht funktioniert). Es gibt jedoch erste Ansätze, das System zu vereinfachen, was vermutlich – und hoffentlich – in den nächsten Jahren passieren wird.

2 Linda küsst zu viel und duscht zu wenig

Von der Unmöglichkeit, am Taxifahren und Begrüßen *nicht* zu scheitern

Linda lässt sich auf den Rücksitz des morschen Taxis fallen und bekommt einen ersten Eindruck von der Stadt, in der sie die nächsten drei Monate verbringen will. Armut drängt sich von allen Seiten auf, und der Abwassergeruch aus den Kanälen tut sein Übriges, um Linda in eine melancholische Stimmung zu versetzen. Das ist graue Tristesse trotz greller Sonne und nicht das farbenfrohe Rio, das sich Linda vorgestellt hat. Sie beobachtet Männer in ausgetragenen Flipflops und zerschlissenen Hosen, die vor improvisierten Autowerkstätten hocken, Frauen in unelegant engen Oberteilen aus billigsten Stoffen und Kinder, die mit ihren Schulheften ranzenlos durch den Verkehr hüpfen.

Nach einer ihr endlos erscheinenden Stunde werden die Straßen aufgeräumter, aus schmalen Mehrfamilienhäusern werden geräumigere Einfamilienhäuser. Ein paar Straßen weiter hält das Taxi. Sie sind da. Linda holt tief Luft, steigt aus und vergisst fast zu zahlen. Hundert Reais will der Taxifahrer von ihr. Linda schaut noch einmal in den Wagen, ob da überhaupt ein Taxameter ist. Es gibt eins, nur ist es ausgeschaltet. Wie hat sie darauf nicht achten können, ärgert sie sich. Ob die hundert Reais angemessen sind? Sie weiß nicht einmal genau, wie viel das umgerechnet ist. Nach einem kleinen Anflug von Verzweiflung gibt sie dem Taxifahrer den gewünschten Betrag – vorsorgend wie Linda ist, hat sie schon in Deutschland Geld umgetauscht –, lässt sich ihr Gepäck reichen und drückt auf die Klingel des Hauses, von dem bis jetzt außer einer hohen Mauer noch nicht viel zu sehen ist.

Die Währung: brasilianischer Real

Der Real (Plural: Reais) ist eine Erfolgsgeschichte, wie sie selbst die größten Optimisten Mitte der 90er-Jahre nicht gewagt hätten vorherzusagen. 1994 blickte Brasilien auf eine Jahrzehnte währende Geschichte der Inflation zurück, in der seit 1942 sechs neue Währungen lanciert wurden, um die Abwertung aufzuhalten – stets erfolglos. Der spätere Präsident Fernando Henrique Cardoso (unter Brasilianern mehr oder wenig liebevoll unter dem fast chemisch anmutenden Kürzel *FHC* bekannt) hatte als Finanzminister 1994 die Idee, eine neue Währung einzuführen, deren Kurs in einer Übergangszeit an den des stabilen Dollars gebunden ist. Nach einigen Stolpersteinen zu Beginn, vor allem der Währungskrise 1999, wurde die Referenz zum Dollar aufgegeben. Wider Erwarten setzte sich die Geschichte der Inflation nicht mehr fort. Tatsächlich hält sich die brasilianische Währung seit 2003 relativ stabil; unter ihr hat ein gewaltiger Wirtschaftsboom stattgefunden.

Den Wechselkurs zum Euro empfiehlt es sich, aktuell nachzuschlagen. Zur groben Orientierung kann man mit etwas weniger als der Hälfte rechnen (1 Real = ca. 40 Eurocent) – der Wert eines Euros schwankt in den letzten Jahren zwischen 2,20 und 2,80 Reais, ein Real entspricht also 35 bis 45 Eurocent (Stand: Oktober 2012). Die Untereinheit des Reals ist der Centavo (100 Centavos = 1 Real).

Als niemand öffnet, klingelt Linda noch einmal. Und noch einmal. Auch das noch, dabei hat sie doch extra vom Flughafen aus angerufen und Bescheid gesagt, dass sie kommt. Resigniert lässt sie sich auf ihren Koffer fallen. Eine Frau kommt vorbei und fragt etwas. Linda zieht die Schultern hoch – sie versteht nichts. Die Frau deutet auf das Tor. Linda nickt und klingelt erneut. Die Frau klatscht nun auf einmal in die

Hände und ruft etwas. Zwei Minuten später wird Linda die Tür von einer kleinen Frau um die vierzig in Leggins, Flipflops und Trägertop geöffnet. In ihrem Portugiesischkurs hat die Lehrerin gesagt, in Brasilien begrüßten sich die Menschen mit zwei Küssen auf die Wangen. Also streckt Linda der Frau ihren Kopf entgegen, die steht etwas steif da und lässt die unsichere Begrüßung über sich ergehen. Von Weitem hört Linda ein Kichern. Da steht noch eine Frau am anderen Ende des Hofes, am Hauseingang. Sie sieht frischer aus und besser gekleidet und sie kommt Linda entgegen.

»Willkommen Linda, ich bin Patrícia«, stellt sie sich auf Englisch vor. Das ist die Frau ihres Chefs, da ist sich Linda nun sicher und fasst sie herzlich wie zu einer Umarmung an der Taille, um ihr dann auf jede Wange einen Kuss zu drücken. Diesmal trifft es die richtige Dame! Doch auch Patrícia wird dabei etwas steif und windet sich erleichtert aus Lindas Händen, als diese fertig ist. Zusammen gehen sie in das geräumige, freundliche Haus. Die Frau, die ihr die Tür aufgemacht hat, verschwindet in die andere Richtung des Hofes. Patrícia führt Linda in ein Zimmer.

»Hier hat früher unser Sohn gewohnt, bevor er ausgezogen ist. Du kannst also erst mal hier schlafen.«

»Danke, das ist sehr freundlich«, antwortet Linda.

»Und, wie lange bist du geflogen?«, will Patrícia wissen.

»Dreizehn Stunden.«

»Nach so einer Reise willst du bestimmt erst mal duschen.«

»Das geht schon, ich kann später duschen«, meint Linda, die keine Umstände machen will.

Patrícia holt trotzdem ein Handtuch und zeigt Linda das Bad, das direkt an ihr Zimmer angegliedert ist. Wie praktisch. Linda räumt ihre Sachen in den Schrank, ruht sich kurz aus und folgt dann den Stimmen ins Wohnzimmer.

Dort sitzen inzwischen Patrícia und ein Mann, von dem Linda vermutet, es müsse Marcelo sein, auf dem prunkvollen Sofa und sehen fern. Er kommt ihr entgegen, und nun ist Linda vollkommen verunsichert, wie sie ihn begrüßen soll. Sie kann ihm doch nicht vor den Augen seiner Frau zwei Küsschen auf die Wange geben! Also streckt sie ihm pfeilschnell die Hand entgegen, er lächelt – und schlägt ein.

Was ist diesmal schiefgelaufen?

Am Flughafen hat Linda die karierten Taxis gesehen, die ihr etwas teuer vorkamen. Der Eindruck stimmte: Die sogenannten *rádio taxis* kosten mehr – aber wahrscheinlich nicht so viel, wie Linda am Ende gezahlt hat.

Taxifahren

Der Vorteil der *rádio taxis* ist die zentralisierte und strenge Organisation: Bei ihnen kann man sich sicher sein, zu einem Preis nach Katalog zu fahren. Daher werden diese Taxis meist Touristen empfohlen. Ein normales Taxi zu nehmen, muss jedoch kein Fehler sein. Wer über die Preise Bescheid weiß, kann zu Fahrtbeginn einen günstigen Festpreis aushandeln, von dem Taxifahrer und Gast profitieren: Der Fahrer leistet keine Abgaben an sein Unternehmen, und der Fahrgast spart ebendiesen Betrag ein – das ist gängige Praxis und wird nicht als moralisch verwerflich empfunden. Ortsunkundige sollten dagegen darauf achten, dass das Taxameter eingeschaltet ist, sonst kann der Taxifahrer einen willkürlichen Preis verlangen.

Beim eingeschalteten Taxameter hören die Schwierigkeiten allerdings nicht auf. Auch hier kann man über den Tisch gezogen werden: Die meisten Taxameter lassen sich auf zwei verschiedene Tarife einstellen. Der normale Tarif heißt *bandeira um* (wörtlich: Fahne eins) und gilt an Werktagen tagsüber. Der teurere Tarif heißt *bandeira dois* (Fahne zwei) und gilt an Feiertagen und nachts. Wenn Sie sich in der Zeit des günstigen Tarifes bewegen, lohnt sich daher eine Vergewisserungsfrage: Fahren Sie *bandeira um*?

Durch diese Verkomplizierung ist es verständlich, dass Festpreise beliebt sind. Wenn Ihnen der Taxifahrer am Anfang einen Preis anbietet, der sich vernünftig anhört, akzeptieren Sie ihn ruhig – allerdings am besten erst, nachdem sie mehrere Angebote eingeholt haben, was durchaus üblich ist. An Plätzen, wo mehrere Taxis stehen, haben Sie dadurch eine gute Chance, einen angemessenen Festpreis angeboten zu bekommen. Erst dann sollten Sie in das Taxi Ihrer Wahl einsteigen.

Trinkgeld zu geben, ist bei Festpreisen nicht üblich; beim Taxameter können Sie den Preis aufrunden, müssen dies aber nicht tun.

Linda hat nicht darauf geachtet, ob ihr Fahrer sein Taxameter einschaltet, weil sie es für selbstverständlich hielt. Auf was muss man auch alles achten, wenn man übermüdet nach einem Interkontinentalflug ankommt!

Der internationale Flughafen Galeão liegt weit außerhalb der Stadt, und bei einer Stunde Fahrtzeit sind die umgerechnet etwa fünfundvierzig Euro nicht so unverschämt viel, wie es Linda erschien.

Nun erwartete Linda bei der Ankunft am Haus ihrer Gastfamilie gleich das nächste Hindernis: die Klingel. Auch wenn (wenige) Häuser Klingeln haben, werden sie kaum genutzt. Manche Klingeln sind sicherlich defekt, doch selbst bei intakten Exemplaren sind die Bewohner es selten gewöhnt, auf diesem Wege von Besuch zu erfahren. In der Freude, dass Linda schließlich doch geöffnet wird, fällt ihr die kussreiche Begrüßung von Fremden, die ihrem deutschen Naturell sonst widerspricht, schon leichter. Ein ungutes Gefühl, etwas Seltsames gemacht zu haben, bekommt sie dann jedoch, als sie

Patrícia kichern hört. Angestellte, wie die, die Linda das Tor geöffnet hat, werden nicht mit Wangenküsschen begrüßt. Und auch bei Patrícia hat Linda etwas übertrieben, indem sie sie am Rumpf angefasst hat, was doch auch Brasilianern etwas zu intim ist. Und die Wangenküsschen ... na ja, eigentlich sind es Luftküsse, bei denen sich die Köpfe gerade so seitlich berühren. Bis man den Dreh heraushat, kann es schon etwas dauern.

Aber warum Linda nun nicht gleich duschen wollte? Patrícia, die ein- bis dreimal täglich duscht, kann das nur als die gefürchtete mangelnde Hygiene der Europäer interpretieren ...

Was können Sie besser machen?

Immer rein in die Dusche! Schweißflecken oder unfrischer Geruch sind absolute Tabus bei diesen Tropengraden. Und dass man nach einem dreizehnstündigen Flug nicht gerade die Frische in Person ist, davon gehen Brasilianer aus. Das tägliche Bad haben sich die portugiesischen Kolonialherren von den Indigenen abgeschaut, und heutzutage sparen selbst die Ärmsten der Armen als Allerletztes am Deo.

Die Haushälterin, die Linda die Tür öffnete, mit Küsschen zu begrüßen, löste bei Patrícia Befremdung aus; ein *Oi, tudo bem? Me chamo Linda* (Hallo, wie geht's? Ich heiße Linda) wäre angemessener gewesen. Und bei neuen Bekanntschaften reicht eine leichte Berührung an den Armen samt Küsschen in die Luft neben dem Kopf. Übrigens können es in einigen Regionen auch drei oder vier Küsse werden, da ist schon so Manchem schwindelig geworden. Am sichersten ist es, Sie bleiben erst einmal passiv und warten ab, zu wie vielen Küssen ihr Gegenüber ansetzt. Marcelo hätte Linda wahrscheinlich auch mit diesen zwei Luftküssen begrüßt – da werden keine geschlechtsspezifischen Unterschiede gemacht. Nur wenn zwei Männer sich begrüßen, werden die Küsschen weggelassen zugunsten eines deftigen Handschlags nahe am Körper samt Schulterklopfen mit der freien Hand.

Wer klare Verhältnisse mag, kann auch einfach nachfragen: Wie ist es hier üblich? Gerne erklären sich Brasilianer dann zur größten Küssernation Lateinamerikas, schimpfen auf die *paulistas*, die Bewohner São Paulos, die sich mit nur einem Kuss begrüßen, oder umgekehrt schimpfen die *paulistas* über die Hinterwäldler, die nichts anderes zu tun haben, als sich den ganzen Tag – viermal pro Begrüßung – zu küssen.

Und bei den Taxis? Kaum ein Tourist schafft es, so günstige Preise auszuhandeln wie Einheimische. Daran kann man nicht viel ändern – und im Vergleich zu anderen Ländern Lateinamerikas passieren in Brasilien ernsthafte Abzocken beim Taxifahren äußerst selten.

Wenn Sie schließlich vor einem Haus stehen, klatschen Sie kräftig in die Hände und rufen den Namen einer der Bewohner – anders als bei einer anonymen Klingel wissen die Bewohner dann gleich, das dort jemand ist, den sie kennen.

3 Linda spricht eine fast vergessene Sprache

Wie leicht ein Mädchen zum leichten Mädchen wird

Trotz ihrer Müdigkeit will Linda ihren Gastgebern weiter Gesellschaft leisten, auch um sich an die Zeitverschiebung anzupassen. Also bleibt sie in ihrem Sessel vor dem Fernseher hocken, Marcelo und Patrícia sitzen Arm in Arm auf dem Sofa und wirken ganz entspannt. Die Abendnachrichten laufen, und Linda versucht etwas zu verstehen. Doch dieses Portugiesisch klingt schon beim ersten Eindruck so völlig anders als das Portugiesisch, das Lindas Lehrerin in der Volkshochschule sprach. Als sie vor einigen Monaten zum ersten Mal den Unterricht besuchte, war sie erstaunt über den gedrungenen und nasalen Klang dieser Sprache, die sich so grundlegend vom ratternden Spanisch unterscheidet und ihr fast asiatisch vorkam. Die Moderatorin der Nachrichten dagegen spricht ein offenes, wenn auch ähnlich wie Lindas Lehrerin leicht nasales Portugiesisch. Es plätschert so dahin in einer angenehmen Melodie und erinnert Linda an einen Fluss in den Tropen, während sie beim Spanischen immer einen Reiter in der Wüste vor Augen hat, beim Portugiesisch ihrer Volkshochschullehrerin eine mittelalterliche chinesische Spelunke. Die kam aus Portugal. So sehr Linda sich über den schönen Klang des brasilianischen Portugiesisch freut, so verunsichert ist sie doch, weil sie kaum etwas versteht. Na ja, eigentlich versteht sie *gar nichts.*

Die Nachrichten dauern ganz schön lange, Linda hat schon drei Werbeunterbrechungen gezählt. Von den Werbeclips wird ihr fast schwindelig, so bunt, schnell und laut sind sie. In den meisten tanzen leicht bekleidete Frauen, und Männer trinken Bier. Jetzt redet wieder die Moderatorin, die nervös von einer Seite zur anderen geht, mal fährt die Kamera ganz nah an ihr Gesicht, mal sieht man ihren ganzen Körper und ihr etwas schräges Kostümchen. Sie deutet auf den riesigen Bildschirm im Studio, und eine Reportage beginnt, die wiederum eine junge Frau zeigt, der die Kamera in ein ärmliches Wohngebiet folgt. Das Mädchen läuft in ein heruntergekommenes Haus, zeigt auf Einschusslöcher und erzählt etwas.

»*A rapariga fala de quê?*« – Was sagt das Mädchen?, versucht Linda ihren ersten Brocken Portugiesisch anzubringen. Patrícia und Marcelo schauen sie einen Moment irritiert an, dann wechseln sie untereinander einen Blick und lachen. Marcelo fängt sich als Erster wieder:

»Hattest du einen Portugiesischlehrer aus Portugal?« Linda nickt.

Patrícia wechselt das Thema: »Wir haben dir gar nichts angeboten! Möchtest du etwas? Ein Bier?«

»*Tu tens água?*« – Hast du Wasser?, macht Linda einen nächsten Anlauf auf Portugiesisch. Dabei zieht sie das s in *tens* zu einem sch, wie ihre Portugiesischlehrerin es ihr beigebracht hat. Diesmal schmunzelt das Ehepaar.

»Ja, komm ich zeige dir, wo bei uns das Wasser steht«, antwortet Patrícia und geht vor in die Küche.

Português do Brasil

Seit Brasiliens Kolonialisierung haben sich das brasilianische und das europäische Portugiesisch so unterschiedlich entwickelt, dass sich die beiden Varianten stärker voneinander unterscheiden als das amerikanische vom britischen Englisch. In Brasilien haben vor allem der Einfluss des afrikanischen Yoruba und zumindest einige der 1.500 indigenen Sprachen auf brasilianischem Terrain für die Modifizierung der Sprache gesorgt. Mit den europäischen Einwanderern im 19. Jahrhundert kamen dann vornehmlich italienische Nuancen hinzu, und heute sind englische Wörter in aller Munde. Die brasilianische Variante des Portugiesischen ist mit 190 Millionen Muttersprachlern die meist gesprochene.

Während sich die Schriftsprache beider Länder auf den ersten Blick nur unwesentlich unterscheidet, finden sich enorme Unterschiede in der gesprochenen Sprache. Neben einigen **lexikalischen Eigenheiten** (so z.B. das Wort *bicha*, das in Portugal die Schlange, in der man sich anstellt, bezeichnet; in Brasilien hingegen ist es eine abwertende Bezeichnung für einen Homosexuellen) dürfen Sie sich auf **grammatikalische Vereinfachungen** in Brasilien freuen:

- Die zweite Konjugation fällt im Singular und im Plural weg:

  Beispiel: Beim Verb *falar* (sprechen) heißt es statt *tu falas* (du sprichst), lediglich *você fala*. Statt *tu* wird also *você* verwendet und das Verb wird wie die 3. Person Singular (*ela fala* – sie spricht) konjugiert. Selbst in den Regionen, in denen *tu* gebraucht wird, konjugiert man es vereinfacht wie mit *você*: *tu fala*.

  Analog dazu heißt es im Plural statt *vós falais* (ihr sprecht) *vocês falam*, was wie die 3. Person Plural (*eles falam* – sie sprechen) konjugiert wird.
- Statt *nós* (wir) wird häufig der Ausdruck *a gente* (wörtlich: die Leute) verwendet, was die Vereinfachung mit sich bringt, dass dann das Verb statt in der 1. Person Plural wie in der 3. Person Singular konjugiert wird: Statt *nós falamos* (wir sprechen), lässt sich sagen: *a gente fala*.

Am auffälligsten sind die Unterschiede zwischen dem europäischen und brasilianischen Portugiesisch aber in der **Aussprache**:

- Ein l am Ende des Wortes oder nach einem Vokal und vor einem Konsonanten wird wie u ausgesprochen. *Brasil* spricht sich »Brasiu« und die Bonbons der Marke Halls sprechen sich wie das deutsche Wort »Haus«.
- Am Ende eines Wortes klingt das e wie ein i und das o wie ein u. *Livre* (frei) hört sich wie »livri« an und *fogo* (Feuer) wie »fogu«.
- Ein -de oder -te am Wortende wird wie -dschi bzw. -tschi ausgesprochen. Beispiele: *saudade* (Sehnsucht) spricht sich also »saudadschi« und *noite* (Nacht) »noitschi«.
- Wo zu viele Konsonanten auf einmal auftreten, werden zusätzliche Vokale gesprochen:

  Am Wortende: Hiphop wird »Hipihopi« gesprochen.

  Am Wortanfang: Vor den Namen des Hundes Snoopy wird ein i gehaucht, er wird also zu »Isnoopy«.

  Zwischen Konsonanten: Das Wort *advogado* (Rechtsanwalt) wird manchmal »adevogado« ausgesprochen.

Wenn Sie verschiedene Regionen Brasiliens bereisen und sich intensiver mit dem Portugiesischen beschäftigen, werden Ihnen möglicherweise regionale Dialekte auffallen. Diese sind zwar nicht so unterschiedlich wie in Deutschland, aber dennoch wert, auf sie zu achten, wenn Sie die Menschen verstehen wollen. Beispielsweise ist dem Dialekt *nordestino* im Nordosten eine typische Satzmelodie eigen, auch werden die Wörter dort breiter gesprochen.

Das rund um das Landesinnere von São Paulo gesprochene *caipira* fällt durch den fast schon amerikanischen Klang des r auf. In Rio fallen hingegen die vielen Zischlaute auf: *Faz* (macht) spricht sich »faisch«. Das s und z am Wortende werden also zu sch, womit das Portugiesisch in Rio de Janeiro gar nicht so weit von dem in Portugal gesprochenen entfernt ist. Diese Verwandtschaft in der Aussprache hat offensichtlich mit der Verlegung der portugiesischen Krone im Jahre 1808 in die damalige Hauptstadt Rio de Janeiro zu tun.

Linda folgt Patrícia in die Küche und sieht gleich den großen Wasserspender. Patrícia füllt ihr ein Glas an einem der zwei Hähne. Linda nimmt sofort einen großen Schluck, kann ihn aber nur unter Schmerzen schlucken, da er eiskalt ist. »*Frio*« – Kalt, kommentiert sie heiser.

»Du kommst doch aus Deutschland, dir muss es doch so heiß sein hier, da dachte ich, du magst kaltes Wasser«, erklärt sich Patrícia. Auf dem Weg zurück ins Wohnzimmer fällt ihr noch ein: »Ach ja, ihr trinkt ja auch warmes Bier«.

Linda hebt schon an zu protestieren, aber als sie sieht, dass das Thema für Patrícia damit abgehakt ist, setzt sie sich zurück in ihren Sessel, nippt an ihrem Schmelzwasser und verfolgt das bunte und aufgeregte Treiben auf dem Bildschirm.

Die Nachrichten werden immer wichtiger je weiter die Sendung voranschreitet, hat Linda das Gefühl. Der schon vor jeder einzelnen Werbeunterbrechung angekündigte Beitrag über die Präsidentin Dilma fängt jetzt erst an. Da ist sie, Dilma Rousseff, aus deutschen Medien kennt Linda sie kaum. Sie ist zu Besuch in Rio, das versteht Linda. Es geht um die Olympischen Spiele, die *Jogos Olímpicos*, auch das bekommt sie mit, aber mehr nicht.

Marcelo schüttelt den Kopf: »Wir sind noch nicht reif für die Olympiade. Das wird das absolute Chaos in Rio.«

»Was die alles bauen wollen, das schaffen sie niemals bis 2016. Alle wollen damit irgendwie Geld machen, *Deus me livre*.« – Gott bewahre, stimmt Patrícia mit ein.

Linda fühlt sich noch nicht so sattelfest in ihrer Meinung und streut ein: »Aber ist das nicht eine tolle Chance für Rio, dass mehr in die Infrastruktur investiert wird?«

Marcelo schnalzt skeptisch mit der Zunge.

Zehn Jahre Arbeiterpartei

Seit November 2010 ist Dilma Rousseff Präsidentin von Brasilien. Sie hat die schwierige Nachfolge vom weltweit bekannten Luis Inácio »Lula« da Silva angetreten, stammt aus der gleichen Partei wie Lula, der Arbeiterpartei *PT* (*Partido dos Trabalhadores*), und war unter Lula Energieministerin. Mit dem erneuten Sieg der PT über die Sozialdemokraten haben die brasilianischen Wähler die Politik belohnt, die ihnen seit 2003 einen spürbaren Anstieg des Wohlstands beschert hat; so soll die Zahl derer, die unterhalb der Armutsgrenze leben, von 40 auf 20 Prozent der Bevölkerung gesunken sein. Noch bei Lulas Amtsantritt war Brasilien hoch verschuldet, 2009 kurz nach Ausbruch der internationalen Finanzkrise dagegen war es Brasilien, das dem Internationalen Währungsfond mit einer Anleihe von einer Milliarde Dollar aushalf. Der Mindestlohn ist in der gleichen Zeit um 65 Prozent gestiegen, die Zahl der Analphabeten wurde durch die Sozialleistung *bolsa família* (Familienstipendium) verringert, indem arme Familien finanzielle Unterstützung erhalten, wenn sie ihre Kinder zur Schule schicken.

Noch ist die Auswertung von Lulas Amtszeit nicht abgeschlossen, doch es steht fest, dass es eine wegweisende Zeit in der Geschichte Brasiliens war. Er hat eine lange Geschichte hinter sich vom einfachen Arbeiter zum Gewerkschaftsführer (wofür er in den 70er-Jahren unter der Militärdiktatur ins Gefängnis kam), Mitgründer der Arbeiterpartei und schließlich in den 80er-Jahren als Abgeordneter in der sich neu findenden Demokratie. Gewählt wurde er trotzdem lange nicht, zu groß war die Angst in weiten Teilen der Bevölkerung, das Großkapital würde sich bei einem linken Präsidenten zurückziehen und das Land in den Schulden versinken. Erst 2003 gelang es ihm, das Kapital wie das Bürgertum zu umwerben, und nach den Wahlen gratulierte ihm sogar der Internationale Währungsfond, der noch Jahre vorher aufs schärfste von Lula attackiert worden war. Seine Stammwählerschaft war im armen Nordosten, doch Lula hat es geschafft, sowohl Armen, Arbeitnehmern aus der Mittelschicht als auch der Oberschicht entgegenzukommen. Auf internationalem Parkett hat

Lula Brasilien die Fußball-WM 2014 und die Olympischen Spiele 2016 ins Haus geholt, prestigeträchtige Projekte, die wie in anderen infrastrukturschwachen Ländern nicht unumstritten sind. Ob die breite Bevölkerung in die Veranstaltungen mit eingebunden oder – zur Sicherheit der ausländischen Gäste – z.B. durch hohe Eintrittspreise ausgeschlossen wird, ist noch nicht abzusehen.

Natürlich ist nicht alles, was in den letzten Jahren passiert ist, ein Erfolg der Politik der *PT*. Der Fund von Erdölvorkommen an der Küste des Nordostens ist eher ein Glücksfall, ebenso wie der Fund von unterirdischen Süßwasserreserven im Südwesten (Aquífero Guarani wird dieses Gebiet genannt, das sich bis nach Paraguay, Argentinien und Uruguay erstreckt). Die Politik hat sich auf mögliche Angriffe wegen der bald rar werdenden Rohstoffe Öl und Süßwasser mit einer kräftigen Aufrüstung des Militärs eingestellt.

Verlierer der Politik der letzten Jahre sind vor allem das Öko-System und Kleinbauern. Um Agrarmogule nicht zu verschrecken, wurde eine Landreform noch immer nicht angegangen, die die einzige Chance ist, das Problem der Landlosen zu lösen und die Armut auf dem Land nachhaltig zu bekämpfen.

Was ist diesmal schiefgelaufen?

Linda hat sich im Portugiesischen versucht und musste feststellen, dass ihr der Unterricht in europäischem Portugiesisch nicht besonders viel gebracht hat: *rapariga*, was sie als »Mädchen« gelernt hat, kann in Brasilien als »Hure« oder »Schlampe« verstanden werden – »Mädchen« hingegen heißt dort *menina* oder *garota*. Das Personalpronomen *tu* wird – außer im Süden und in einigen Teilen des Nordostens des Landes – fast gar nicht mehr gebraucht. Da traut sie sich ja gar nichts mehr zu sagen!

Mit dem Wasserspender hat Linda eine unangenehme Bekanntschaft gemacht: Patrícia wollte ihr etwas Gutes tun und hat den blauen Hahn angezapft, aus dem gekühltes Wasser kommt. Für mitteleuropäische Gewohnheiten führt das eher zu Bauchkrämpfen und Mandelentzündung als zu einem Gefühl der Abkühlung.

Was können Sie besser machen?

Wenn Sie keinen Lehrer für brasilianisches Portugiesisch finden, lassen Sie sich von Ihrem portugiesischen Lehrer erklären, welche Formen in Brasilien anders sind oder gar nicht gebraucht werden. Die Aussprache dagegen können Sie tatsächlich erst in Brasilien kennenlernen. So fremd sie anfangs klingt, sie beruht doch nur auf wenigen Regeln, und es gibt selten Ausnahmen.

Wasserspender verfügen in der Regel über zwei Hähne: einen blauen für kaltes und einen weißen für zimmertemperiertes Wasser. Da können Sie sich mit der Zeit ihre Mischung optimieren, denn allein Zimmertemperatur kann zuweilen tatsächlich sehr warm sein. Wasser aus der Leitung sollte sicherheitshalber abgekocht werden, da es zu viele Bakterien enthalten kann. Viele Brasilianer trinken dennoch aus der Leitung, diese ist dann häufig mit einem Filter ausgestattet. Die Wasserqualität kann von Ort zu Ort sehr variieren – auf der monatlichen Rechnung stehen normalerweise die Chlor- und Bakterienwerte zur Orientierung. Die Wasserspender sind besonders in Haushalten der Mittelschicht anzutreffen und in Regionen, in denen bekannt ist, dass das Leitungswasser keine gute Qualität hat. Die Wasserkanister, die in den Spender gehängt werden, können Sie telefonisch bestellen. In den meisten Familien hängt ein Magnet mit der Telefonnummer des nächsten Wasserlieferanten am Kühlschrank, unweit vom Magneten mit dem Namen des Gasflaschenlieferanten, da beide regelmäßig als Werbung im Briefkasten liegen. Auch im öffentlichen Raum (in Schulen, Universitäten, Museen usw.) gibt es häufig Wasserspender, die *bebedouros* genannt werden. Zu ihnen muss man sich herunterbeugen, einen Hebel betätigen, dann spritzt das Wasser nach oben. Das ist eher für Fortgeschrittene gedacht, da einem das Wasser häufiger das ganze Gesicht bespritzt, als dass es den Weg in den Mund findet.

4 Linda muss mal

Warum ein Klo niemals alleine dasteht

Den ersten Abend bei ihrer Gastfamilie hat sie schon einmal gut überstanden, denkt sich Linda beim Aufwachen. Als sie noch kaum zu Ende gedacht hat, muss sie niesen. Das ist aber auch ein Wind hier! Moment mal, wieso Wind? Linda blinzelt und schaut sich um. Eine starke Bö bringt ihre Augen zum Tränen. Da steht er, der Übeltäter: ein voll aufgedrehter Ventilator. Kein Wunder, dass sie durchgefroren und verschnupft ist. Wie kommt der denn auf einmal dahin? Missmutig steht Linda auf, schaltet das Monstrum ab und legt sich wieder hin, diesmal zieht sie die Decke fest bis hoch zur Nase. Was jetzt so richtig aufwärmt, wäre eine heiße Dusche. Sie nimmt das Handtuch, dass Patrícia ihr gleich bei der Ankunft hingelegt hat, geht ins Bad und stellt die Dusche an. Aua! War das ein Stromschlag? Mit dem Handtuch um die Hand gewickelt wagt sie sich noch einmal an den Hahn, diesmal bekommt sie keinen Schlag, dafür aber eine Fuhre kaltes Wasser auf den Kopf. Sie könnte heulen. Stattdessen hält sie tapfer durch, seift sich so schnell wie möglich ein, stellt sich noch einmal unter das kalte Wasser, trocknet sich gut ab und schlüpft in den einzigen Wollpulli, den sie mitgenommen hat.

»Ausgeschlafen?«, fragt Marcelo sie kurze Zeit später gut gelaunt.

»Ja, schon. Aber vielleicht kannst du mir erklären, wie man das Wasser warm bekommt?«

Er nickt ein bisschen beschämt, geht durch ihr Zimmer und erklärt eifrig: »Das ist eine lebensgefährliche Angelegenheit! Damit ist nicht zu scherzen. Also: Du ziehst dir Schuhe an, die nicht nass sein dürfen. Du musst auch trocken sein und der Boden der Dusche am besten auch, sonst bekommst du womöglich einen elektrischen Schlag.«

Schon geschehen, denkt Linda. Marcelo ist inzwischen in ihrem Bad angekommen und greift nach dem großen befestigten Duschkopf aus Plastik, an dem ein Schalter angebracht ist. Da Marcelo nicht besonders groß ist und der Duschkopf sehr hoch hängt, schwankt er dabei gefährlich auf den Zehenspitzen.

»Da gibt es *verão*, das heißt Sommer, und bei dieser Einstellung ist das Wasser kalt. Ich schalte jetzt auf *inverno*. Das heißt Winter und dann kommt warmes Wasser«, erläutert er mit – durch die Körperstreckung – erstickter Stimme.

»Verrückt.« Linda ist fasziniert.

Wohl damit sich nicht der Eindruck eines Domizils voller Fehlerquellen bei Linda festsetzt, führt Marcelo sie noch weiter herum. Am Schlafzimmer von ihm und Patrícia vorbei – sie haben natürlich auch ein separates Badezimmer – geht es die Treppen hinunter in das mit Marmor ausgekleidete Wohnzimmer. Dahinter ist die Küche, die Linda ebenfalls kennt, und ein Verschlag, wo zwei kleine Hunde in der Morgensonne dösen. Vom Verschlag aus führt ein Ausgang zur Straße, den sie wortlos passieren. Auf der Terrasse sehen sie die Angestellte, die Linda die Tür geöffnet hat. Sie schrubbt den Boden und summt dabei vor sich hin. Als Linda sie mit *bom dia* grüßt, erwidert sie den Gruß mit einem breiten Lächeln. Nun passieren sie zwei Autos, Marcelo erklärt den großen Van als seinen und den kleinen VW als den Wagen seiner Frau. Da wird der Blick auf den Pool hinter dem Hof frei.

»*Maravilhoso!*« – Wunderbar!, kommentiert Linda und ist froh, dass heute nicht wieder alle lachen, wenn sie versucht, Portugiesisch zu sprechen. Marcelo verabschiedet sich nun und springt in sein Auto. Die Ausfahrt öffnet sich auf Knopfdruck, die Türen bleiben allerdings auf der Hälfte klemmen. Die Angestellte ist schon auf dem Weg und hilft nach – die Szene scheint routiniert.

Nach all den Eindrücken braucht Linda ein bisschen Zeit für sich und geht erst einmal auf ihre Toilette. Das erhoffte Gefühl der Erleichterung hält aber nicht lange an. Denn als sie auf die Spülung drückt, nimmt diese noch nicht einmal das einlagige Toilettenpapier mit. Oh Schreck! Was soll das denn? In leichter Panik überlegt Linda, was sie jetzt tun soll. Was für ein Glück, dass sie das Badezimmer für sich alleine hat. Ob sie wohl ihre Gastgeber fragen soll, wieso die Toilette nicht richtig funktioniert? Erst die Dusche, dann die Toilette – gibt es hier auch einen Trick?

Was ist diesmal schiefgelaufen?

Aus Deutschland ist Linda es gewohnt, dass man Klopapier in die Toilette wirft – und um Himmels Willen keine anderen Hygieneartikel, wie das immer so schön in allen öffentlichen Toiletten steht. Genauso hat sie das hier auch gemacht. Dass hier nicht einmal schnödes Toilettenpapier durch die Rohre geht, damit hätte sie wirklich nicht gerechnet. Vor allem dachte sie, dass ihr nach einer Nacht neben einem übereifrigen Ventilator – den ihr wahrscheinlich Patrícia mit der gleichen Fürsorglichkeit hingestellt hat, wie sie Linda eiskaltes Wasser zu trinken gegeben hat – und einem Morgen mit Stromschlag und kalter Dusche nicht mehr viel passieren konnte.

Was können Sie besser machen?

Wieso genau man in Brasilien kein Toilettenpapier in die Toilette wirft, dazu werden Sie verschiedene Erklärungen bekommen. Eine Begründung besagt, dass die Abflussrohre zu schmal sind und die Kanalisation veraltet ist und darum das Toilettenpapier nicht hindurchpasst, die Toilette somit leichter verstopft, als wir es in Deutschland gewöhnt sind. Alternativ gibt es das Argument, dass das Toilettenpapier selbst sich nicht so leicht auflöst. Die wichtigste Tatsache ist allerdings: Toilettenpapier bleibt in Brasilien leicht in der Toilette stecken und verstopft. Stattdessen finden Sie neben jeder Toilette einen Mülleimer, oft mit einem Deckel, teils aber auch offen. Dort werden nicht nur Hygieneartikel, sondern auch das gebrauchte Toilettenpapier – egal nach welcher Sitzung – entsorgt. Auch wenn das möglicherweise anfangs etwas ungewohnt ist und unhygienisch erscheint, sollten Sie niemals Klopapier in die Toilettenschüssel werfen. Das ist wohl eines der ersten Dinge, an die man sich in Brasilien gewöhnen sollte, ohne sie zu hinterfragen. Denn hier kann das richtige Verhalten leicht peinlichen Situationen vorbeugen, wenn Sie z.B. Ihrem Gastgeber erklären müssen, dass die Toilette verstopft ist.

Die Duschen sind derart abenteuerlich, da es in kaum einem Haushalt fließendes warmes Wasser gibt. Das Wasser wird also elektronisch in der Dusche erhitzt. Um der Gefahr eines Stromschlags zu entgehen, sollten Sie Marcelos Empfehlung folgen und stets nur mit *chinelos* (Plastik-Flipflops) den Temperaturregler betätigen und bei einigen Duschen den Hahn mit einem Handtuch um die Hand aufdrehen, so wie Linda es gemacht hat. Das ist bei neuen und gut funktionierenden Duschen, die es auch hier und da gibt, nicht mehr nötig.

5 Linda isst Rindfleisch, Bohnen und Reis

Warum man manchmal besser kurz verschwinden sollte

Pünktlich um zwölf wird Linda gerufen, um mit Patrícia und Marcelo zu Mittag zu essen. Es gibt Rindfleisch, Reis und Bohnen. So wie bisher jeden Tag. Am ersten Tag dachte sich Linda noch nichts dabei. Am zweiten Tag ging sie davon aus, dass das Essen vom Vortag aufgewärmt wurde. Aber nach über einer Woche Einheitsmahlzeit wundert sie sich doch, traut sich und fragt nach: »*Patrícia, a comida é muito boa ...*« – ich mag das Essen sehr gerne, »aber: Warum gibt es eigentlich jeden Tag Rindfleisch, Reis und Bohnen?«

Patrícia ist erst etwas verwundert über die Frage, erklärt Linda aber dann, dass dieses Gericht überall jeden Mittag auf den Tisch komme – wenn auch in Variationen –, es sei ein sehr traditionelles Essen. Und sie fügt mit einem Augenzwinkern hinzu: »Marcelo würde wahrscheinlich sofort ins Restaurant um die Ecke gehen, wenn er nicht sein gewohntes Mittagessen bekäme!«

Bohnen, Reis und Rindfleisch

Bohnen und Reis sind nicht nur fester Bestandteil der brasilianischen Küche, sie werden auch in vielen anderen lateinamerikanischen Ländern regelmäßig gegessen. Es gibt verschiedene Bohnensorten, die generell als *feijão* bezeichnet werden; ob rote, weiße, schwarze oder braune bevorzugt werden, hängt von der jeweiligen Region ab. Am gängigsten sind zwei Sorten: *feijão-preto* und *feijão-carioca*. *Feijão-preto* ist eine schwarze Sorte und wird im Nationalgericht *feijoada* verwendet (siehe Infokasten zur *feijoada* in Kapitel 25, S. 181). *Feijão-carioca* ist eine bräunliche Bohne, die für das alltägliche Mittagessen verwendet wird. Die Bohnen (bzw. ihre Samen – was wir unter grünen Bohnen verstehen, wird in Brasilien *vagem* genannt) werden so lange gekocht, bis sie aufspringen und zu einer dickflüssigen Pampe werden.

Reis macht satt und ist dabei nicht ungesund, d.h. er macht nicht dick und bietet sich auch als Diätnahrung an; Bohnen sind außerdem reich an Nährstoffen, wie z.B. Eisen. Sowohl Reis, Bohnen als auch Rindfleisch sind Produkte, die es erst seit der Kolonialisierung in Brasilien gibt. Noch vor 150 Jahren aß die einfache Bevölkerung zur Sättigung vor allem Maniok (eine Wurzelgemüsesorte) und Dörrfleisch (*carne de sol*) von allen Tieren, die sich jagen oder aufziehen ließen, vom Gürteltier bis zur Ziege.

Dörrfleisch ist lange haltbar und somit gut aufzubewahren. Heute wird Dörrfleisch meist durch frisches Fleisch ersetzt. Rindfleisch ist in Brasilien weit verbreitet und heißt einfach *carne* – Fleisch. Im Gegensatz dazu werden andere Fleischsorten spezifiziert, wie *frango*, Hühnchen, oder *carne de porco*, Schweinefleisch, wobei Letzteres relativ wenig gegessen wird. Die gesamte Küste entlang wird selbstverständlich Fisch gegessen, und auch im Landesinneren können Sie auf lokale Süßwasserfischspezialitäten stoßen.

Ein typisch brasilianisches Mittagessen, was oft abends noch einmal aufgewärmt wird, beinhaltet Bohnen, Reis, ein Stück (Rind-)Fleisch, ein *complemento*, also eine Beilage, wie Gemüse, Lasagne oder Pommes frites und ein paar Blätter Salat. Während die Beilage variiert, tauchen alle anderen Bestandteile meist konstant und täglich am Mittagstisch auf.

Nach dem kurzen Ausflug in die kulinarische Welt Brasiliens, fragt Patrícia Linda, was sie denn in Deutschland jeden Tag esse. Hm, Linda fällt da eigentlich nichts ein, weil es doch immer mal etwas anderes gibt. Aber sind Deutsche nicht irgendwie dafür bekannt, oft Kartoffeln zu essen? Und die hat sie auch schon so lange nicht mehr gegessen.

»Kartoffeln«, antwortet sie also.

Typisch deutsch, denkt sich Patrícia und überlegt, Dona Maria Bescheid zu geben, dass sie jetzt auch immer etwas mit Kartoffeln zum Mittagessen machen soll.

Mitten im Gespräch am Mittagstisch holt Linda die Erkältung ein, die sie seit dem Tag, an dem sie mit Ventilator vorm Gesicht und einer kalten Dusche aufwachte, nicht mehr ganz los wird. Die Klimaanlagen in vielen Gebäuden haben ihr Übriges getan. Sie holt ihr Taschentuch aus der Tasche und niest und schnäuzt sich herzhaft. Ah, das tat gut! Als sie aufblickt, sieht sie, dass das Ehepaar sie erschrocken, ja fast angeekelt anstarrt.

»Nur eine kleine Erkältung. Bestimmt nicht mehr ansteckend. Keine Sorge!«

Irgendwie scheinen sie nicht beruhigt. Linda erinnert sich, dass sie hier viele Leute bemerkt hat, die sich zwischendurch die Nase hochziehen. Als ob das besser wäre! Sie hat noch die Worte ihrer Mutter im Ohr: bloß nicht die Nase hochziehen – alles muss raus!

Es kommt, wie es kommen muss: Als sich Linda am nächsten Tag zum Mittagessen einfindet, hat Dona Maria zusätzlich zur allgemein bekannten Hausmannskost ein Überraschungs-*complemento* speziell für sie gemacht.

»*Olha, fiz batatas fritas pra você*«, strahlt die Hausangestellte sie an – schau mal, ich habe dir Pommes frites gemacht …

Was ist diesmal schiefgelaufen?

Bevor Linda nach dem Grund für das immer wiederkehrende Essen fragt, lobt sie es und sagt, dass es ihr sehr gut schmeckt. Damit hat sie schon einmal gut Wetter gemacht, bevor sie eine möglicherweise kritische Frage stellt. Dass die Frage nicht kritisch scheint, weil es eben so normal ist, dass es täglich Bohnen, Reis und Rindfleisch gibt, konnte sie zu dem Zeitpunkt noch nicht wissen.

Was Linda ebenfalls nicht wissen konnte: Aus Höflichkeit und Gastfreundschaft werden sich Patrícia und Dona Maria größte Mühe geben, dass Linda sich wie zu Hause fühlt, und ihr ab jetzt täglich Kartoffeln servieren, und ihre Kreativität wird dabei wohl über Pommes frites, Kartoffelbrei, Bratkartoffeln und Kartoffelsalat weit hinausgehen. Es würde nun als sehr unhöflich erscheinen, wenn sich Linda darüber nicht gebührend freute, geschweige denn die Kartoffeln nicht äße.

Ein weiteres Fettnäpfchen, in das Linda geradewegs hineingeschlittert ist, war das Naseputzen im Beisein der anderen und ausgerechnet noch am Tisch. Sich schnäuzen gilt in Brasilien als überaus unhöflich.

Was können Sie besser machen?

Einmal können Sie sich an Linda ein Beispiel nehmen und das Essen loben, wann immer möglich, wobei natürlich nicht übertrieben werden sollte. Das ehrt die Köchin oder Hausfrau – auch wenn vielleicht gar nicht sie selbst, sondern die Hausangestellte gekocht hat. Möchten sie der Hausangestellten mitteilen, dass Ihnen das Essen gut geschmeckt hat, so tun sie das lieber persönlich und nicht unbedingt im Beisein der Gastgeber, da diese sich sonst übergangen fühlen könnten (mehr zu Hausangestellten in Kapitel 11, S. 89).

Sollten Sie von Ihren Gastgebern gefragt werden, was es Typisches in Ihrer Heimat zu essen gibt, ist es ratsam, nichts zu nennen, was Sie partout nicht mögen – denn brasilianische Gastfreundschaft kann leicht dazu führen, dass man es für Sie zubereiten wird. Im schlimmsten Fall täglich! Je nachdem wie lange Sie in Brasilien bleiben, könnte alternativ auch ein Besuch in einem »typisch deutschen« Restaurant vorbereitet werden.

Anders als in Deutschland ist es ein absolutes No-Go, sich in Gesellschaft die Nase zu putzen. Alternativ können Sie entweder die Nase hochziehen, das ist in Brasilien absolut gesellschaftsfähig – was Sie möglicherweise anfangs befremden wird, da es auch in einer offiziellen Umgebung so gehandhabt wird, wobei es generell eher schnell-galant als geräusch- und genussvoll passiert. Oder Sie entschuldigen sich mit einem »*com licença*« und verschwinden in Richtung Toilette. Letztere Variante eignet sich im Zweifelsfall besser in einem schicken Rahmen.

6 Linda verliert sich im Dschungel der Namensgebung

Warum es selbst bei der Arbeit nie süß genug sein kann

Linda tritt in ein unscheinbares weißes Haus mit der typischen dunklen Verglasung gegen die Sonneneinstrahlung. Im Inneren herrscht die bekannte Klimaanlagenkühle, doch empfangen werden sie und Marcelo herzlich von einer gut gelaunten Rezeptionistin – Mariana. Kurz darauf macht Marcelo sie mit der Spanischlehrerin Lucia aus Uruguay bekannt.

»Wie heißen Sie mit Nachnamen?«, möchte sich Linda höflich vergewissern und blickt in das erstaunte Gesicht der Lehrerin.

Beim Rundgang durch die Räumlichkeiten treffen sie den Englischlehrer, dessen Namen Milton (ist das jetzt ein Vor- oder ein Nachname?) Linda sich auch noch zu merken versucht. Im mittleren Saal, einer Art klimatisiertem Pausenhof, stehen ein Wasser- und ein Kaffeespender.

Marcelo zapft Linda einen *cafezinho*, ein Käffchen, in eines der winzigen Trinkhütchen aus Plastik, und nachdem sie sich erfolglos nach Milch und Zucker umgeschaut hat, leert sie ihren Kaffee, so wie sie ihn bekommen hat, in einem Schluck. Anstatt der erwarteten Bitterkeit bringt ihr eine Ladung Zucker einen Hustenanfall und ihren Zähnen regelrecht eine Gänsehaut, also, wenn das möglich wäre.

Cafezinho oder: Wie Tote zum Leben erweckt werden

Kaffee aus Brasilien ist ein Exportschlager. Auch im Land selbst gibt es eine ausgeprägte Kaffeekultur, auch wenn Brasilianer bei Weitem nicht an die in Deutschland gekippten Literzahlen pro Person und Jahr herankommen. Das liegt auch daran, dass ein Fingerhut brasilianisch gebrühten Kaffees in Koffeingehalt und Wirkung etwa einem Becher deutschen Filterkaffees entspricht. Wegen der kleinen Portionen wird der Kaffee verniedlichend *cafezinho*, Käffchen, genannt. Selbst Espresso, wie er in Deutschland serviert wird, würden eingefleischte brasilianische Kaffeegenießer noch abschätzig als *chafé* bezeichnen, als einen Kaffee (*café*), der so dünn ist wie Tee (*chá*).

Brasilianer sind nicht nur in puncto Temperament, sondern auch in kulinarischen Angelegenheiten keine Anhänger von Bitterkeit: Kaffee muss süß sein. Und um das dickflüssige Gebräu süß zu bekommen, muss man schon mal die Hälfte der Kanne mit Zucker auffüllen. Kaffee statt durch Zucker mit Milch abzumildern, gilt als eher exotische Idee der milchfarbenen Europäer. Es sei denn, Sie setzen sich im Shoppingcenter in eines der Cafés, die in Sachen Angebot den spanischen und italienischen Stil imitieren und eine Espressomaschine besitzen.

Das Geheimnis der Stärke des populären brasilianischen Kaffees, wie er an jedem Imbiss serviert wird, liegt nicht so sehr in der Brauart: In einem auswaschbaren Stofffilter wird großzügig Espressopulver mit wenig Wasser übergossen – Espressokocher sind weitgehend unbekannt. Es ist vor allem die kräftige Bohne, die Tote zum Leben erweckt.

Wenn sie selbst im Supermarkt vor der Wahl stehen, greifen Sie zu einer der beiden Kultmarken: *Café brasileiro* oder für ganz Hartgesottene *Pilão – o café forte do Brasil* – der starke Kaffee aus Brasilien.

Während unsere hustende Kaffeetrinkerin noch dabei ist, sich zu fangen, kommt ein Herr mittleren Alters in den Saal, wird von Marcelo sehr höflich begrüßt und Linda als einer ihrer zukünftigen Schüler vorgestellt: »Das ist Diegão, du wirst deine Freude an ihm haben. Diegão, das ist Linda, deine neue Lehrerin.«

»Linda, schöne Name, schöne Lehrerin!«, freut sich Diegão in fast korrektem Deutsch. Immer mehr Menschen bevölkern den Saal – es sind Lindas Schüler, die überpünktlich zum Unterricht erscheinen. Da hatte sie sich auf Unpünktlichkeit eingestellt ... aber, denkt sie weiter, die Pünktlichkeit ist nachvollziehbar, schließlich bezahlen die Lernenden nicht wenig Geld für ihren Unterricht an dieser fast luxuriösen privaten Sprachschule. Viel Zeit zum Grübeln bleibt ihr nicht, denn nun übernimmt Diegão die Regie und stellt sie allen anderen eintreffenden Schülern vor.

»Hier ist unsere neue Lehrerin Linda. Ja, sie heißt wirklich Linda und sie kommt direkt aus Deutschland zu uns! Linda, hier haben wir Ana Paula, eine große Geschäftsfrau.«

Er wartet, bis die beiden sich mit Küsschen begrüßt haben.

»*Muito prazer*« – Schön, dich kennenzulernen, sagt Ana Paula.

»Die beiden hier, die aussehen wie Deutsche, sind Italiener, die Brüder Mano und Edo.«

Linda begrüßt beide, ohne zu wissen, welcher nun welcher ist.

»*Prazer em conhecê-la*« – »*prazer*«, kommentieren die beiden die Vorstellung mit Varianten eines Satzes, der sich im Deutschen beträchtlich länger hinzieht: Es freut mich, Sie kennenzulernen.

Vorstellung

Pausenlos wird man in Brasilien neuen Leuten vorgestellt. Das Ritual dazu ist nicht zu vernachlässigen. Ein typischer Dialog verläuft folgendermaßen:

»*Quero te apresentar o Pedro*« – Ich möchte dir Pedro vorstellen. Oder formeller: »*Vou-lhe apresentar o Pedro.*«

»*Oi Pedro, prazer te conhecer. Tudo bom?*« – Hallo Pedro, es freut mich, dich kennenzulernen. Wie geht es dir? Oder formeller: »*Oi Pedro, prazer em conhecê-lo.*«

»*Prazer Linda, tudo bem. E você?*« – Nett, dich kennenzulernen, Linda, mir geht es gut. Und dir? Oder einfach: »*Prazer.*«

»Und hier kommt die Schönste der Runde: Terezona, die Königin der Copacabana«, freut sich Diegão über eine sportliche, hoch gewachsene Frau mit langen schwarzen Haaren.

»*Olha Linda, que lindo seu estilo, tão diferente*« – Schau an Linda, was für einen schönen Stil du hast, so ganz anders, sagt Terezona eher zu den Umstehenden als zu Linda, die noch fast an Terezonas Wange hängt und gar nicht mehr versucht, alle Namen zu behalten.

Diegão ist schon beim Nächsten, der klein und schlaksig und mit mehreren Büchern unterm Arm hinter Terezona zum Vorschein kommt.

»Linda, das ist unser Philosoph João. Kleiner Mann, großer Denker.«

»*Uma alemã de verdade, que legal*« – Eine echte Deutsche, wie cool, begrüßt João Linda.

»Da kommen ja unseren Deutschen!«, eilt Diegão schon weiter zu drei Eintretenden, die aus einer Familie sein dürften, so ähnlich, wie sie sich sehen.

»Gertrude, unsere gute Deutsche aus Santa Catarina im Süden. Und ihre Töchter, die schönen Carolzinha und Renatinha.«

Spitznamen: Verkleinerung, Vergrößerung

Kaum jemand entkommt dem *apelido*, dem Spitznamen. Besonders beliebt sind in Brasilien Verniedlichungen. Die Endung des Diminutivs, *-inho*/*-inha*, kennen wir von den Fußballstars: Ronaldinho heißt so viel wie Ronaldlein oder Ronaldchen. Bei besonders stattlichen Leuten wird die Vergrößerungsform verwendet, das *-ão*/*-ona*, das Diego verpasst bekommen hat. Ebenso Tereza, die eine *mulherão* ist, also eine Art Steigerung einer normalen Frau, und die daher Terezona genannt wird. Bei Frauen signalisiert die Vergrößerungsform eher eine hohe Attraktivität als kräftigen Körperbau.

Verniedlichungen sind in Brasilien so beliebt, dass sogar Adjektive verkleinert oder vergrößert werden können. In jedem Satz mindestens eine Sache zu verkleinern oder zu vergrößern, gehört zu den Freuden des Alltagsplausches. Nüchterne Geister und Verfechter der schnörkellosen Sprache lässt das zum Teil so erschöpft zurück wie der Zuckerschock durch einen *cafezinho*.

Gertrude schaut Linda ganz begeistert an: »*Ela é linda, não é?*« – Ist sie nicht schön?, fragt sie in die Runde. »Lehrerin, du bist sehr schön!«, wendet sie schon ihr erstes Deutsch an. Ihre Teenager-Töchter kichern etwas verlegen.

»*Onde você está morando aqui no Rio?*« – Wo wohnst du hier in Rio?, erkundigt sich Ana Paula.

»*No Grajaú, lá na minha casa*« – In Grajaú, bei mir zu Hause, antwortet Marcelo für Linda. Er lenkt die Gruppe langsam in einen der Klassenräume, sagt ein paar einführende Worte auf Portugiesisch, die Linda nicht versteht. Die Gruppe wird stiller und schließlich lässt Marcelo sie mit den Schülern allein. Herrje, was jetzt? Erst mal ein paar Fragen stellen, denkt sich Linda.

»Bitte erzählen Sie von sich. Wie heißen Sie, was ist Ihr Beruf und warum lernen Sie Deutsch? Senhor ... äh ... Diego, wollen Sie anfangen?«

»*Menina, ainda não sou senhor, graças a Deus*« – Mädchen, noch bin ich Gott sei Dank kein Herr, empört sich Diegão. Die Gruppe lacht. Und Linda weiß nicht, was zum Teufel er damit meint. Sie kann doch einen gut und gerne zwanzig Jahre älteren Herrn nicht duzen!

»Also, ich heiße Diego. Die Leute sagen Diegão zu mir, weil ...«, er deutet auf seinen imposanten Bauch, der sein Hemd zur Tischkante hinwölbt, und allgemeines Gelächter bricht los. »Ich mache Architektur. Habe Frau und drei Kinder, sehr hübsch. Ich komme aus Paraná. Mein Opa ist auch deutsch. Deutsch ist schwierig, ich mag das. Nicht wie Englisch, amerikanisch. Ist eine interessante Sprache.«

Als Nächstes ist Ana Paula an der Reihe: »Ich heiße Ana Paula, habe fünfunddreißig Jahre. Bin verheiratet und wohne in Ipanema. Arbeite in Automobilindustrie, mag deutsche Autos. Gehe in viele Länder. Oft nach Deutschland, deswegen will lernen Deutsch.«

Alle schweigen in großer Achtung. Einer der italienischen Brüder macht weiter: »Ich heiße Manoel, habe vierzig Jahre. Ich bin verheiratet. Mein Beruf ist Ingenieur. Alle Maschinen kommen aus Deutschland. Viel Physik und Ingenieure in Deutschland.«

»Wollen Maschinen in Deutschland kaufen, nicht erst Import. Ah, ich heiße Edoardo. Komme aus Barra da Tijuca«, stellt sich auch der zweite Bruder vor.

Nun wirft Terezona ihre Haare nach hinten und beginnt: »Hallo, ich heiße Tereza. Ich komme aus kleine Stadt in Ceará. Ich arbeite viel mit Touristen. Viele Deutsche. Es gibt sehr schöne Männer in Deutschland.«

Darauf scheinen alle nur gewartet zu haben, plappern los, und João muss abwarten, bis die letzten Neckereien im Raum verhallen: »Ich heiße João. Studiere Philosophie an die UF.

Habe zweiundzwanzig Jahre. Ich will lesen auf Deutsch Hegel, Kant und Nietzsche. Deutsch ist Sprache von Philosophie.«

»Guten Tag, heiße Gertrude. Habe siebenundvierzig Jahre und zwei Töchter. Meine Familie ist deutsch, in meiner Stadt die Alten sprechen Deutsch. Wir wollen die Tradition nicht vergessen.«

»Ich heiße Carolina. Habe vierzehn Jahre. Ich mache Kurs mit meiner Mutter und Schwester.«

»Ich heiße Renata, habe sechzehn Jahre. Ich will unsere Kultur verstehen und reisen nach Deutschland.«

»Danke!« Linda ist ganz beeindruckt von so vielen guten Gründen, Deutsch zu lernen.

«Jetzt du, Lehrerin«, fordert Diegão sie auf. »Warum du bist nach Brasilien gekommen?«

»Also gut. Ich heiße Linda Krätschmann, bin fünfundzwanzig Jahre alt, studiere Deutsch auf Lehramt. Ich mag deutsche Literatur. Nach Brasilien bin ich gekommen, weil ich das Klima mag, Strand und Meer und Fußball.«

»Du magst Fußball?«, fragt Mano.

»Was magst du an deutscher Literatur?«, unterbricht ihn João.

»Hm, Heinrich von Kleist, Franz Kafka, Heinrich Böll, Ingeborg Bachmann ...« sammelt Linda ihre Lieblinge zusammen, zumindest die, die sich in der Öffentlichkeit sehen lassen können.

»Kennst du brasilianische Literatur?«, erkundigt sich Diegão. Da kommt Linda etwas ins Schwitzen.

»Paulo Coelho nur ...« Die Gruppe lacht wieder.

»*O Brasil ficou famoso pelos corpos, não pelas mentes*« – Brasilien ist für seine Körper berühmt, nicht für den Verstand, resümiert Ana Paula.

Langsam entwickelt sich eine Diskussion in Kleingruppen, die Schüler fallen sich gegenseitig ins Wort und vor allem ins

Portugiesische. Linda steht etwas hilflos da und schaut zu. Als sich das Gespräch von alleine nicht legt, schlägt sie mit ihrem Stift leicht auf den Tisch und sagt laut und bestimmt: »So, Leute, es geht weiter. Schlagt mal eure Bücher auf Seite dreiunddreißig auf.«

Augenblicklich kehrt Stille ein, alle Augen richten sich fasziniert auf Linda. Diegão macht den Schlag auf den Tisch mit dem Stift nach und unterstützt: »*É assim que se faz*« – Richtig so, »Lehrerin Linda!«.

Was ist diesmal schiefgelaufen?

Kein leichter erster Arbeitstag für Linda – so viele Begrüßungen und neue Menschen auf einmal. Dabei hat es Linda zunächst etwas irritiert, dass sich alle nur mit Vornamen vorgestellt haben. Da fühlt es sich so an, als wäre es gleich ein Freundschaftsverhältnis, in dem sie stehen, und kein professionelles. Dabei kennt man sich ja noch gar nicht.

Und Linda hat auch bemerkt, dass viele ihr mit Spitznamen vorgestellt wurden, zum Beispiel Diegão. Er heißt eigentlich Diego, nur wie soll Linda ihn anreden? Sie will ihn siezen, da ihr das respektvoller erscheint. Also nennt sie ihn *senhor Diego*, was wiederum für ihre Schüler ein gelungener Scherz zu sein scheint. Aber sie kann ihn doch nicht Diegão nennen – dann würde sie ihn ja daran erinnern, dass er zu dick ist, oder?

Überhaupt ist sich Linda unsicher, wie sie damit umgehen soll, dass die Gruppe einerseits alles toll und schön findet und ihr Komplimente macht, andererseits jedoch ständig Witze reißt – woher soll sie wissen, dass die nicht auf ihre Kosten sind?

Als Linda gegen den Lärm mit dem Stift auf den Tisch haut, erreicht sie zwar ihr Ziel, aber so ganz üblich scheint das nicht zu sein, wie sie an der verwunderten Reaktion ihrer

Schüler abliest. Eine so energische Geste sind sie von einheimischen Lehrern nicht gewohnt. Und auch ihre Art sich vorzustellen war ungewöhnlich trocken und wortkarg.

Höfliche Anrede

Die höfliche Anrede wird in Brasilien vor allem für Autoritäten verwendet, und es können damit Hierarchieunterschiede oder Respekt ausgedrückt werden. So werden im Allgemeinen Polizisten und höhere Staatsbedienstete sowie ältere Menschen gesiezt.

Je nach den Erfordernissen einer Situation – also beispielsweise welcher Grad an Unterwerfung gerade verlangt wird – kann aber auch von einem auf den nächsten Satz zwischen formeller und informeller Anrede (*tratamento formal/informal*) gewechselt werden. So können sogar die eigenen Eltern gesiezt werden. Ein beständiges gegenseitiges Siezen beider Gesprächspartner ist eher unüblich und wird am ehesten im formellen Umfeld, beispielsweise auf dem Amt gebraucht.

»*Pai, o senhor pode me emprestar seu carro?*« – Vater, können Sie mir Ihr Auto leihen?

»*Com licença, a senhora pode me explicar o caminho à escola de línguas?*« – Entschuldigung, können Sie mir den Weg zur Sprachschule erklären?

Sie sprechen Ihr Gegenüber also formell mit *o senhor/a senhora* in der dritten Person an. In aller Regel wird aber auch beim Siezen der Vorname benutzt, vor den bei älteren Menschen die Anrede *dona/seu* gestellt wird:

»*Seu Pedro, o senhor está bem de saúde?*« – Herr Pedro, sind Sie bei guter Gesundheit?

Unabhängig von formeller oder informeller Anrede ist die Nennung der jeweiligen Funktion oder des Titels einer Person üblich. Sie wird vor den Vornamen gestellt oder kann auch alleine stehen. Ein Doktor kann *doutor* gerufen werden, und Linda wird in ihrer Funktion als Lehrerin eben *professora Linda* genannt.

Was können Sie besser machen?

Lindas Schüler entdecken zwei ihrer Lieblingsklischees über Deutsche in Linda wieder und sind daher sehr zufrieden, eine *echte Deutsche* vor sich zu haben. Eine solche darf auch mal auf den Tisch hauen und Autorität zeigen. Brasilianische Lehrer verkehren auf sehr freundschaftlicher Ebene mit ihren Schülern. Wenn ein Schüler den Unterricht stört, sprechen sie die entsprechende Person locker an und machen im besten Fall einen Scherz, in dem der Störenfried vorkommt, selbstverständlich niemals auf beleidigende Art und Weise. Das sanfte Scherzen ist sozial äußerst erwünscht – mit kleinen Neckereien umgeht man allzu ernsthafte Themen und bleibt im Gespräch, ohne genau ausdrücken zu müssen, was man sagen oder kritisieren will. Was Linda etwas naiv vorkommt, nämlich dass alle ihr so offen Komplimente machen, ist im Grunde ganz übliche *política* – die Politik des Kennenlernens. Komplimente über Aussehen und Kleidung sind erwünscht und Neckereien, die berufliche Ambitionen, den Körper und sogar das Sexualleben betreffen, sind kein Tabu, sondern werden sehr gelassen hingenommen. Wer sich auf die humorvolle Art einlässt, ist schon so gut wie integriert in die Gruppe – dass Linda dazu aufgrund mangelnder Sprachkenntnisse noch nicht in der Lage ist, nimmt ihr niemand übel.

Nachnamen spielen in Brasilien so gut wie gar keine Rolle. Gott sei Dank, werden Sie sich sagen, wenn Sie die Ausmaße der Namen erfassen, denn jeder Brasilianer hat mindestens zwei Nachnamen: einen Nachnamen des Vaters und einen der Mutter. Bei einer Heirat wird – meist bei der Frau – in der Regel einer der Namen durch einen der beiden Nachnamen des Ehepartners ersetzt. Patrícia hieß vor der Heirat Ribeiro Alves, bei der Heirat hat sie sich entschieden, den Nachnamen Ribeiro zu behalten und Cunha von ihrem Mann anzunehmen. Auch Marcelo hätte einen Namen von ihr annehmen können, wenn er gewollt hätte, oder es hätte einer von beiden die komplette Nachnamen-Schlange des Ehepartners übernehmen können.

Außerdem haben die meisten Menschen mindestens einen zweiten Vornamen, und so kann der gesamte Name sehr lang werden. Selbst im Parlament in Brasília werden die Namen der Abgeordneten alphabetisch nach Vornamen sortiert. Den früheren Präsidenten Luíz Inácio (Lula) da Silva kennen viele nur unter dem Spitznamen *Lula*, den er erst offiziell in seinen Namen eingefügt hat, als er unter diesem Spitznamen schon bekannt war. Und bei Fußballern wissen sowieso nur die wenigsten, wie sie mit vollem Namen heißen (wer bitte schön weiß, wie Kaká korrekt heißt?).

Linda muss also keinen Spott fürchten, wenn sie »Lehrerin Linda« genannt wird, denn schließlich wurde Lula ja auch *presidente Lula* gerufen. Und ihre Schüler und Kollegen kann sie getrost mit dem Spitznamen ansprechen. Bei Diegão wird sich Linda außerdem zwingen müssen, ihn zu duzen – alles andere wirkt auf brasilianische Ohren überaus gestelzt.

Trotz dieses lockeren Tons sollten Sie bei Begrüßungen und Vorstellungen die Formalität dieses Rituals nicht missachten. Ein freundliches *prazer* ist beim Kennenlernen unverzichtbar und eine Frage nach Befinden, Herkunft oder Ähnlichem zeigt Ihr Interesse und bricht das Eis.

7 Linda will doch nur alles korrekt machen

Wie Gauner zu Helden werden

Seit einer Woche arbeitet Linda nun in der Sprachschule und ist dabei, ihre Routine zu finden. Morgens um halb sieben steht sie auf, flucht etwas über diese Nation von Frühaufstehern, die zudem keine Siesta kennt – so hat sie sich das nicht vorgestellt in Südamerika –, trinkt ihren *cafezinho* und fährt mit ihrem Chef *de carona* (siehe Infokasten unten) von Grajaú nach Botafogo, wo die Sprachschule ihren Hauptsitz hat.

Carona – die brasilianische Mitfahrgelegenheit

Eine Institution der brasilianischen Nächstenliebe: Du bist nicht mit dem Auto hier? Wir finden jemanden, der dich mitnimmt! Denn jeder Brasilianer kann nachvollziehen, wie mühsam die Fortbewegung im öffentlichen Nahverkehr ist, und auch das Zufußgehen kann bei über dreißig Grad zur Qual werden. Da Brasilien nun aber kein so reiches Land ist, dass jeder immer mit dem Auto unterwegs ist, kommt es häufig vor, dass man sich gegenseitig mitnimmt. Nicht so geregelt und anonym wie bei der deutschen Mitfahrzentrale, aber eben doch auch nicht ganz so unverbindlich, wie man in Deutschland zu Freunden sagt: Ich nehme dich ein Stück mit. Denn die *carona* ist eine soziale Institution. Wer in Ruhe mit jemandem sprechen will, gibt der Person eine *carona*. Im Auto kann man nicht unterbrochen werden, man ist unter sich und bei Verlegenheit unterhält man sich über das, was am Fenster vorbeizieht, oder macht das Radio an und spricht über Musik. Schweigeminuten hingegen gelten als schlimmstmögliches Szenario einer *carona*.

Ein paar typische Beispielsätze rund um die *carona*

»*Vim de carona.*« – Ich wurde (im Auto) mitgenommen.

»*Quer uma carona?*« – Willst du bei mir mitfahren?

»*Pode me dar uma carona?*« – Kannst du mich (im Auto) mitnehmen?

»*Vou pegar uma carona.*« – Ich fahre per Mitfahrgelegenheit.

Wenn Linda und Marcelo im morgendlichen Stau stehen, die Sonne schon anfängt zu brennen und das Treiben um sie herum das Gegenteil der Eintönigkeit ist, die sie auf dem grauen Weg zur Uni in Deutschland verspürt, dann schleicht sich so langsam die Vorfreude auf ihre Unterrichtsstunden ein. Sie hat inzwischen alle ihre Klassen kennengelernt und sogar ein paar Privatschüler. Und alle, aber auch ausnahmslos alle, sind ausgesprochen nett zu ihr, neugierig auf ihre Geschichten aus Deutschland, machen den Unterricht mit Freude mit und versuchen ihr das Leben leichter zu machen: Sie holen ihr ein Glas Wasser, suchen selbst nach Grammatikerklärungen im Internet, die sie allen ausdrucken, und wer Englisch kann, übersetzt, wenn Linda mal etwas nicht versteht.

So verläuft auch dieser Freitag zwischen Unterrichtsstunden, Plauschen mit den Schülern und Mittagessen mit den Kollegen. Nach ihrer letzten Stunde ruft Mariana, die Rezeptionistin, sie ins Zimmer des Chefs: »*Linda, o Marcelo está querendo falar com você.*« – Linda, Marcelo will mit dir sprechen.

Linda hofft, dass es um ihren Vertrag geht, denn bis jetzt hat sie noch immer keinen unterschrieben. Nachdem Marcelo keine Anstalten gemacht hat, ihr einen aufzusetzen, hat sie nachgefragt, und er hat versprochen, sich darum zu kümmern.

Er empfängt sie freundlich: »*Linda, senta aí*« – Setz dich, Linda. »Wie läuft der Unterricht?«

»Gut, denke ich. Manchmal verstehe ich die Schüler allerdings nicht ganz genau. Und im Lehrbuch sind ein paar Fehler, und viele Grammatikregeln sind gar nicht erklärt ...«

»Ich glaube, du kommst gut zurecht, die Schüler mögen dich«, würgt sie Marcelo ab. »Du hast mich daran erinnert, dass du noch keinen Vertrag hast. Ich habe mich mal erkundigt«, dabei zieht er einen etwa fünf Zentimeter hohen Papierstapel aus einer Schublade, »das sind die Unterlagen, die ich ausfüllen müsste, um dich legal zu beschäftigen. Ich muss beweisen, dass kein brasilianischer Staatsbürger deinen Job übernehmen könnte. Wir dürfen erst Ausländer einstellen, wenn wir nachweisen können, dass sich hier niemand mit den entsprechenden Qualifikationen findet.«

»Aber das dürfte doch nicht so schwierig sein bei einem Job als Deutschlehrerin.«

»Es geht. Also schau mal, ich möchte dir etwas vorschlagen. *A gente vai dar um jeito*« – Wir lösen das. Marcelo schaut Linda ernst und irgendwie konspirativ an: »Du bist nur drei Monate hier. Wollen wir das für die Zeit nicht einfach unter uns regeln? Du bekommst jeden Monat deinen Lohn, musst keine Steuern zahlen, und wir zahlen dir sogar ein dreizehntes Monatsgehalt. Alles so, wie es die anderen Lehrer auch bekommen.«

Linda stutzt: »Wie bekomme ich denn dann das Geld?«

»Mariana wird dir an jedem Monatsende einen Umschlag geben. Immer pünktlich und alles korrekt. Sie führt ja Buch über deine Stunden.«

Linda schaut Marcelo ungläubig an. Sie denkt an Lohntüten und Arbeiter aus einer verlorenen Zeit, die sich nach einem Monat harter Grubenarbeit in der Eckkneipe die Kante geben. Und sie denkt an all die kursierenden Vorurteile über unehrliche Südamerikaner, über gewitzte Bauernfänger, die seriös daherkommen und naive Deutsche übers Ohr hauen.

»Ähm, ich weiß nicht …«

Dann schwenkt sie um und erinnert sich daran, dass sie bei Marcelo wohnt und sich daher doch wohl immerhin darauf verlassen kann, dass er sie bezahlt – selbst wenn sie dann mit einem Briefumschlag voller Geld durch den Monat kommen muss und wahrscheinlich anfangen wird, wie ihre Urgroßmutter das Geld unterm Kopfkissen zu verstecken.

»Ja, na gut, wenn du meinst, das ist okay so für eure Buchhaltung …«

Marcelo atmet erleichtert aus.

»Du brauchst dir wirklich keine Sorgen zu machen. Solche Dinge regeln wir doch einfacher unter uns, was brauchen wir da all die Dokumente. Brasilien ist berühmt für seine Bürokratie, wusstest du das? Ja, ihr Deutschen habt die vielleicht erfunden, aber unsere Beamten haben sie perfektioniert.«

Beide lachen, Marcelo begleitet Linda hinaus und schärft Mariana in gedämpftem Tonfall ein, Linda am Ende des Monats immer einen Briefumschlag zu geben. Zu Linda gewandt fügt er hinzu: »Das bleibt unter uns, nicht wahr?«

Linda nickt und fühlt sich sehr abenteuerlustig, ja geradezu verwegen.

Was ist diesmal schiefgelaufen?

Marcelo hat die Luft angehalten, als Linda plötzlich so lange überlegte. Er weiß ja, dass Deutsche gerne Gesetze befolgen, aber so schwerfällig hatte er sich Linda nun doch wieder nicht vorgestellt. Schon den Smalltalk hat sie nicht beherrscht. Da fragt er aus Höflichkeit, wie der Unterricht so läuft, und sie will ihn gleich mit Problemen behelligen. Wenn er sie fragte, wie es ihr geht, würde sie womöglich anfangen, von den

Verdauungsschwierigkeiten, die ihr das brasilianische Essen bereitet, zu berichten! Zu ehrlich für diese Welt, die Deutschen. Mit einer Brasilianerin hätte er gleich Witze über den Staat, die Regierung, über Beamte und dieses ganze miserable Land machen können, bei Linda dagegen musste Marcelo sein ganzes gestisches, mimisches und sprachliches Geschick auffahren, um sie zu überzeugen. Das Mädchen kennt einfach den *jeitinho brasileiro* nicht!

Jeitinho brasileiro

Er ist der Mythos des Zusammenlebens in Brasilien, das ungeschriebene Gesetz, das stärker ist als alle geschriebenen. Es drückt eine äußerst distanzierte Haltung zur Obrigkeit aus: Die da oben sind eher da, um uns zu schröpfen, als um uns zu helfen. Eine Haltung, die sich vielleicht aus den Millionen von Sklavenleben entwickelt hat – denn auch wenn sie Tatkraft und Optimismus suggeriert, nach dem Motto »wir finden schon einen Weg«, ist sie doch die Einstellung geübter Verlierer und Lebenskünstler. Regierung und Verwaltung waren jahrhundertelang nicht den Sklaven und allgemein nicht der armen Bevölkerung verpflichtet, sondern Instrumente der herrschenden Klasse. Daraus hat sich das Misstrauen gegenüber der Obrigkeit entwickelt; man regelt Dinge lieber unter sich, als womöglich korrupten staatlichen Stellen Einfluss zu überlassen.

Wenn sich die Schwierigkeiten des Alltags vor einem auftürmen, wenn man vom Staat schikaniert wird oder kaum genug zum Überleben hat, dann muss man eben den *jeitinho* haben, der wörtlich übersetzt »Art- und Weischen« heißt. Man findet also eine Art und Weise, mit Dingen umzugehen und ans Ziel zu gelangen, die vom offiziellen Weg abweicht. Brasilianer empfinden das nicht als illegal, nur weil es nicht legal ist. Nein, sie sind sogar stolz, wenn sie einen besonders kühnen oder selten begangenen Weg finden. Im engeren Sinne spricht man von *jeitinho*, wenn zwei oder mehr Personen sich zu Ungunsten des Staates untereinander einigen – da ist die Korruption nicht weit. Doch *jeitinho* ist so geläufig, dass man auch einfach in Situationen der Improvisation davon spricht: Heute Abend ist eine Party und wir haben weder genug Stühle noch eine Kühltruhe noch einen Catering-Service organisiert? *A gente vai dar um jeito* – wir regeln das schon.

Da sich Brasilianer der Fähigkeit rühmen, auch ohne Vorbereitung immer noch etwas zu zaubern, und dabei von Planung und Organisation nichts wissen wollen, ist der *jeitinho* vielen Menschen – auch manchem Brasilianer – ein Graus. Ihnen gilt er als fortschrittshemmend. Wer nicht gegen die bestehenden Verhältnisse protestiert, kann nichts verändern, und wer nicht plant, kommt im Leben nicht weiter, so die Argumentation dieser eher europäisch und nordamerikanisch geschulten brasilianischen Denker. Diese neue Einstellung zum *jeitinho* spiegelt die Veränderungen wider, die in Brasilien gerade passieren: Seit etwa fünfzehn Jahren können sich überhaupt erst Einsatz und Planung lohnen, die Inflation frisst nicht sofort alles auf, was man sich erarbeitet hat. Da wird es spannend, ob die gaunerhafte, verschwörerische Haltung aller Autorität gegenüber noch lange als nationale Tugend betrachtet werden wird.

Was können Sie besser machen?

Gegen den *jeitinho brasileiro* kommt kein dahergelaufener Ausländer an – warum auch, er hat schon seine bequemen Seiten. Da können Sie ruhig entspannt reagieren; Sie als Außenstehender werden das System sowieso nicht ändern können. Und das Schöne am *jeitinho* ist schließlich, dass beide Seiten davon profitieren. Wenn Sie einmal mit brasilianischer Bürokratie in Kontakt gekommen sind, werden Sie wie Marcelo darauf bedacht sein, sie in nächster Zeit zu umgehen.

Wichtiger noch als das Annehmen des Angebots an sich, ist, *wie* Sie es annehmen. Berufliche Kontakte in Brasilien wirken auf uns, als wären sie sehr freundschaftlich – das müssen sie nicht unbedingt sein, aber man tut zumindest so. Smalltalk ist also unabdingbar, kein netter Zusatz, sondern Organisationsbasis und Versicherung des Zusammenhalts. Machen Sie ihre Kollegen nicht nervös durch auffälliges Schweigen. Plappern Sie lieber ein bisschen zu viel als zu wenig, sei es im Auto auf dem Beifahrersitz oder im Gespräch mit Ihrem Vorgesetzten, der Rezeptionistin oder Ihren Kollegen. Dabei ist nur Positives als Gesprächsthema erwünscht, es sei denn, sie regen sich über sehr ferne Dinge oder Obrigkeiten auf wie die Politiker in Brasília. Antworten Sie daher auf Fragen nach Ihrem Befinden oder ihren Erlebnissen wenn nicht mit Begeisterung, so doch mit einer positiven Grundhaltung und verlieren Sie sich nicht in allzu langen Negativ-Ausführungen.

8 Linda springt über Wellen

Wie Brasilien zu Silvester plötzlich zu einem Land der Regeln wird

Linda hat jetzt schon fast drei Wochen in Brasilien hinter sich und genießt ihr bisher recht entspanntes Leben. Das Weihnachtsfest war überraschend alltäglich und unspektakulär. Und durch die sommerlichen Temperaturen kam sie so gar nicht in Weihnachtsstimmung. Sogar das befürchtete Heimweh blieb aus. Auf Weihnachten folgte eine eher zähe Zeit, aber jetzt endlich rückt Silvester näher. Sie hatte schon Befürchtungen, dass sie den Jahreswechsel zu Hause auf dem Sofa verbringen müsste, wie schon Heiligabend. Aber es kommt anders.

»Willst du nicht *reveillon* (Silvester) mit uns zusammen in Búzios verbringen? Wir haben da ein Ferienhaus, in das wir jedes Jahr fahren«, fragt Patrícia sie.

Nach einer kurzen Internetrecherche über Búzios willigt Linda ein. Brigitte Bardot hat sich in den Sechzigern im einstigen Fischerort Armação de Búzios im Osten Rios verliebt, hat Linda gelesen. Die Presse der halben Welt ist ihr dahin gefolgt, Búzios ist berühmt geworden und seitdem von Touristen überschwemmt.

Trotz der Menschenmenge, von der sie tatsächlich überall umgeben sind, findet Linda den Ort schön, er ist nicht so zugebaut wie Ipanema oder Copacabana. Zwei Tage hat sie in der Hängematte auf der Veranda des Ferienhauses gelegen, Schmuck eingekauft und sich gebräunt. Abends ist sie mit Patrícia, Marcelo, ihren Verwandten und Freunden Essen gegangen und hat sich durch alle Sorten Caipirinha probiert, die sie finden konnte: Maracuja, Mango, Guave, Erdbeere. In einer war anstatt des Zuckerrohrschnapses *cachaça* Wein. Wein mit Zucker und Limetten! Das dürfte sie ihren weinliebenden Eltern zu Hause gar nicht erzählen, das ist ja fast ein Verbrechen. Aber so schlimm hat es gar nicht geschmeckt, musste sie erstaunt feststellen. Die Restaurants in Búzios sind elegant, es wird seichter Bossa Nova gespielt, manchmal sogar live.

An dieses Leben könnte ich mich gewöhnen, denkt Linda. Als Bohemien in den Fischerdörfern in der Nähe Rios herumzuhängen, das hat doch was. Sie hat sich ein Büchlein über Bossa Nova gekauft und stellt sich in einem romantischen Anflug vor, wie die jungen Leute in den Sechzigern an diesen noch unberührten Stränden Gitarre spielten und dazu sangen.

Von Bossa Nova zu MPB und Tropicália

In den 50er-Jahren kam ein junger Mann aus Bahia nach Rio de Janeiro: João Gilberto. Er mischte sich unter eine Clique von Jugendlichen aus der Mittelschicht Copacabanas, die sich in den *botecos* (Straßencafés und -kneipen) und Wohnungen traf, um zusammen zu musizieren. Er präsentierte ihnen seinen neu entwickelten verzögerten Anschlag auf der Gitarre. Dazu gehört sein fast flüsternder Gesang, der sich elegant verzögert auf die Musik setzt und dabei alle Halbtöne mitnimmt, sodass es sich fast dissonant anhört. Die jungen Leute, darunter Roberto Menescal, Ronaldo Bôscoli, Nara Leão und Carlos Lyra, waren begeistert. Sie begannen auf Studentenpartys Lieder mit diesem »neuen Anschlag« (die wörtliche Übersetzung von **Bossa Nova**) zu spielen, woraufhin bei Studios und Plattenfirmen Interesse an dem neuen Stil geweckt wurde. Dem unbekannten João Gilberto gelang es, den schon etablierten Komponisten und Pianisten Antônio »Tom« Jobim und den berühmten Poeten und Sänger Vinícius de Moraes für Aufnahmen zu gewinnen. Ende der 50er-Jahre erschienen die ersten Bossa-Nova-Platten, größtenteils noch mit Orchesterbegleitung. Erst mit der Zeit setzte sich die Reduktion auf das virtuose Gitarrenspiel im Einklang mit den geflüsterten oder leise und ohne Vibrato gesungenen Texten durch – ein Stil von großer Intimität und Eleganz, der seinerseits wiederum den Jazz beeinflusste und ab den 80er-Jahren auch den internationalen Pop und Wave.

Wichtige Komponisten und Interpreten des Bossa Nova sind außer den bisher genannten: Baden Powell, João Donato, Elis Regina, Edu Lobo und Sérgio Mendes (der den Stil in den USA jazziger adaptiert und somit für das nordamerikanische Publikum zugänglicher gemacht hat). Bei Aufnahmen ist zu beachten, dass nicht jeder, der ein Lied singt, es auch geschrieben haben muss. In Brasilien ist das dann keine Coverversion, sondern eine Interpretation. Das wird als legitim und natürlich angesehen; das Urheberrecht wird nicht so ernst wie hierzulande genommen.

Bossa Nova hing ein bürgerliches Image an, zumal die Texte sich meist um Liebe drehten und nicht um die Probleme des Landes. 1964, als die Militärdiktatur an die Macht kam, war Nara Leão eine der Ersten, die daraus Konsequenzen zog, sich vom Bossa Nova distanzierte und volksnahe Protestlieder von Komponisten aus armen Verhältnissen aufnahm. Aus dieser Bewegung hin zum einfachen Volk entstand **MPB** (kurz für *Música Popular Brasileira*), unter deren Label versteckte politische Kritik möglich war. Die absolute Ikone des MPB ist Chico Buarque.

Eine andere musikalische Antwort auf das bürgerliche Image von Bossa Nova war **Tropicália** bzw. **Tropicalismo**. 1968 entstand diese brasilianische Hippie-Bewegung. Musik wie Auftreten der Musiker waren schrill und vom Rock 'n' Roll beeinflusst. Die Bewegung wurde von Konservativen als »unbrasilianisch« kritisiert, und die Diktatur zwang viele Musiker ins Exil. Doch die in wenigen Jahren entstandenen Lieder von Os Mutantes, Gilberto Gil, Caetando Veloso, Tom Zé, Gal Costa, Jorge Ben, Jorge Mautner u.a. sind bis heute stilprägend, und einige der Künstler sind nach wie vor aktiv und erfolgreich.

Wie brasilianische Musik die ganze Welt erobert und verändert hat, erzählt der gelungene Dokumentarfilm *Beyond Ipanema* (2009, Regie: Guto Barra). Brasiliens Musiktradition spürt der finnische Regisseur Mika Kaurismäki in *Moro no Brasil* (*I Live in Brazil*, 2002) nach.

Für Silvester hat Linda sich extra schick gemacht, ihr langes, luftiges schwarzes Abendkleid angezogen und wartet nun gespannt darauf, was der Abend wohl bringen wird. Als auch der Rest der Familie aus den Bädern hervorkommt, muss Linda schlucken. Patrícia, Marcelo, deren Sohn Guilherme, dessen Frau Regina und auch Patrícias Eltern sind komplett in Weiß gekleidet! Die Verwunderung ist wohl auf beiden Seiten vorhanden, schauen doch alle so verstohlen auf Lindas schwarzes Kleid wie sie auf die uniform weiße Familie.

Dennoch zeigt Patrícia Bewunderung für Lindas Wahl: »*Ai, que chique! Mas por que de preto?*« – Oh, wie schick. Aber warum denn in Schwarz?

Linda zuckt nur mit den Schultern und denkt sich: Warum denn nicht?

Sogar im Fernsehen, wo eine Silvestergala ausgestrahlt wird, tragen alle weiße Kleider und Anzüge. Aus dem Redefluss des Moderators kann Linda ständig das Wort *Brasil* heraushören, ohne das Drumherum zu verstehen – die Familie scheint ihm Zustimmung zu zollen. Zur nächsten Werbeunterbrechung richtet sich Marcelo kerzengerade auf, hebt sein Bierglas in die Runde und verkündet überzeugt: »*Ao melhor país do mundo!*« – Auf das beste Land der Welt!

»*Viva o Brasil!*«, bestätigen die anderen lautstark und heben ihre Biergläser. Auch Linda macht mit, wenn auch etwas schüchtern. Sie kann die Begeisterung nur als bewusste Übertreibung deuten und sucht nach Anzeichen für Ironie. Marcelo stupst sie am Arm: »In fünf Jahren ist Brasilien das beste Land der Welt!«

Linda schaut ihn ungläubig an und wartet auf eine Erklärung.

»Das Problem in Brasilien ist nur die Korruption. Unsere Politiker sind alle korrupt. Das ist nicht so wie bei euch in Deutschland«, sagt er auf Englisch.

Linda ist einigermaßen erleichtert über die Anerkennung. Dann fährt Marcelo auf Portugiesisch fort, auf Linda einzureden. Die kann nur mit höchster Konzentration die Worte »Armut«, »Wirtschaft« und »Arbeit« heraushören.

Patrícias Vater schaltet sich ein: »In Brasilien gibt es keinen Krieg, kein Erdbeben und keinen Tsunami. Wir haben Wasser, Öl und Wald. Brasilien ist einfach wunderbar«.

Linda kann den Enthusiasmus des Dreiundsiebzigjährigen in dessen Augen sehen. In ihr drin brodelt es aber. Wie kann man bei einem derartigen Berg an Problemen so fanatisch sein? Was ist mit der Armut? In ihrer Irritation bringt sie nur ein »*mas* ...« (aber ...) heraus und wird auch gleich von den anderen unterbrochen und übertönt. Irgendwann gibt sie auf. Sie spült die Argumente, die sie sich zurechtformuliert hat, mit dem letzten Schluck Bier hinunter.

Um halb zwölf machen sie sich alle zusammen auf an den Strand. Bewaffnet mit Sekt und Gläsern ist es wirklich ein schönes Gefühl, barfuß nachts über den Sand zu laufen. Wenn da nicht die tausend anderen Leute wären, die alle in die gleiche Richtung gehen. Um Mitternacht lassen sie die Korken knallen und umarmen und küssen sich. Linda fühlt sich als einziger Single in der Runde etwas fehl am Platz und trinkt ihr Glas Sekt dafür umso schneller. Gibt's noch mehr? Regina, die Frau ihres Gastbruders, flüstert ihr zu: »Hey, Linda, welche Unterwäsche trägst du heute?« Dann kichert sie und ruft laut: »*Vamos!*«

Unterwäsche? Was für eine unverschämte Frage! Und *vamos* – wohin? Linda lässt Regina erst einmal vorlaufen und sieht ihr zu, wie sie anfängt, über Wellen zu springen. Was soll das denn? Ist sie jetzt zum Kleinkind mutiert? Patrícia deutet in Richtung Regina, und um keine Spielverderberin zu sein, schlendert Linda langsam hinterher und fängt lustlos an, über die Wellen zu hüpfen. Regina jauchzt ja geradezu, wie albern. Nach einer Weile kommen immer mehr Menschen und springen über Wellen, das ganze Meer ist voller hopsender Menschen, so scheint es Linda. Und dann, mit voller Wellenwucht, setzt der Spaß auch bei ihr endlich ein!

Was ist diesmal schiefgelaufen?

Linda hat richtig gedacht: Silvester ist ein großes und schickes Fest in Brasilien. Dass sie also ein schickes Kleid trägt, ist die richtige Wahl. Weniger passend war die Farbwahl in diesem Fall. Traditionell kleidet man sich weiß in dieser Nacht der Nächte, da dies die Farbe des Friedens und Glücks ist – weswegen auch im Fernsehen alle so friedliebend gekleidet sind.

Die schwärmerische Diskussion über Brasilien und seine Zukunft wurde Linda zu viel. Natürlich: Der wirtschaftliche Aufstieg mit Wachstumsraten, die an China heranreichen, und die Erfolge im sozialen Bereich mit direkter Unterstützung der Bedürftigen können sich sehen lassen. Aber dieser unkritische Enthusiasmus, mit dem sie in Deutschland nie in solch einer Breite konfrontiert würde, ruft bei ihr automatisch Widerstand hervor.

Silvesterbräuche

So frei und improvisierend Brasilianer in ihrem Alltag oft sind, so viele Bräuche und Traditionen gibt es in diesem Land anlässlich Silvester. Aberglaube ist grundlegend für eine lange Liste an Ritualen, die man in dieser Nacht zelebriert. Dazu gehören u.a. die weiße Kleidung, kombiniert mit goldenem oder silbernem Schmuck, um das neue Jahr mit ein wenig Aberglaube und noch mehr Wohlstand zu beginnen.

So wenig sichtbar für die Mehrheit, so wichtig doch für den Einzelnen: die Farbe der Unterwäsche, die man in der Silvesternacht trägt. Jede Farbe hat eine Bedeutung für das kommende Jahr: Weiß bringt Frieden, rosa Liebe, grün Hoffnung und Gesundheit, rot Leidenschaft ...

Wer nicht am Meer wohnt, fährt, wenn möglich, über die Jahreswende an den Strand. Um Mitternacht springt man dann über sieben Wellen und wünscht sich für jede Welle etwas, was das kommende Jahr bringen soll. Dieser Brauch ist vor allem in der Region um Rio de Janeiro verbreitet und stammt aus der afro-brasilianischen Religion Candomblé: Zum *virada do ano* (Jahreswechsel) wird die Göttin des Meeres Iemanjá (auch Yemanjá) geehrt. Sie ist die bekannteste der Orixás, der Gottheiten dieser Religion, sie ist sogar unter Anhängern anderer Religionen beliebt. Für Anhänger des Candomblé gehen Rituale zu ihren Ehren weit über das Springen über sieben Wellen hinaus, so werden Blumengestecke aufs Meer geschickt und es wird in Popcorn gebadet (*banho de pipoca*).

Neben all diesen feierlichen Ritualen muss das Haus gut geputzt sein: um die schlechten Energien des vergangenen Jahres wegzuwischen.

Was können Sie besser machen?

So ungewöhnlich Ihnen die verschiedenen Gewohnheiten zu Silvester vorkommen mögen, machen Sie mit! Auch wenn es anfangs reglementiert erscheinen mag, so macht es doch Spaß, sich in die Traditionen hineinzufühlen. Und noch mehr Glück oder Liebe im neuen Jahr kann wohl niemandem schaden.

Wie sie sich bei einer ideologiegeladenen Diskussion über das euphorisch gelobte Brasilien verhalten, ist natürlich Ihnen überlassen. Sie sollten aber Verständnis dafür haben, dass die Menschen in einem Land wie Brasilien, das dabei ist, sich hochzuarbeiten, Träume haben. Letztendlich ist diese übertriebene Anpreisung Brasiliens auch ein Ausdruck des Minderwertigkeitskomplexes, den Brasilianer sehr schmerzhaft fühlen, da sie sich stets mit Europa oder Nordamerika vergleichen, weniger mit ihren südamerikanischen Nachbarländern. Da können schon mal die vielen Probleme auf ein einziges reduziert werden, z.B. die Korruption. Im Übrigen sollten Sie solche Kommentare nicht allzu wörtlich nehmen. Belehren Sie die Menschen also nicht mit Ihrem pragmatischen Realismus. Lassen Sie sich lieber von der Zuneigung zu Brasilien anstecken.

9 Linda im Geisterviertel namens Centro

Wie brasilianische Sicherheitspolitik Linda das Handy verbietet

Eine ungewöhnliche Ruhe herrscht diesen Samstag. Marcelo und Patrícia sind zu Patrícias Eltern gefahren, um einen Familiengeburtstag zu feiern. Dona Maria macht eine Generalüberholung des Swimmingpools und der Grillanlage, nur Linda hat noch keinen Auftrag oder Plan für diesen Tag und auf *Orkut* wartet sie vergeblich auf eine Einladung zu einem Ausflug oder einer Party.

Orkut – *social networking* auf Brasilianisch

Facebook dem Rest der Welt, Brasilien hat sein eigenes virtuelles soziales Netzwerk: Orkut. Ursprünglich international ausgerichtet wurde es schnell von Brasilianern vereinnahmt – die Dominanz des Portugiesischen vergraulte dann die meisten User aus anderen Ländern. Orkut wird seit 2004 von Google betrieben und wurde populär, als erst wenige Deutsche einen Facebook-Account besaßen. Visuell gleicht es sich Facebook immer mehr an, auch die Funktionen ähneln einander – allein persönliche Nachrichten können nicht versandt werden. Die Funktion existiert zwar, aber außer für Spam und Massenmails wird sie nicht genutzt. Es spielt sich also alles öffentlich auf der Pinnwand ab – jeder kann alles lesen, Privatsphäre kümmert kaum einen. Fotos werden nach jeder Party hochgeladen, und es hat sich eine eigene Sprache bzw. Schreibweise entwickelt, die jeden Ausländer verzweifeln lässt, der denkt, die portugiesische Sprache durchdrungen zu haben. Um die 800 Freunde zu haben, ist vollkommen normal, und wen immer man in Brasilien neu kennenlernt, wird man am nächsten Tag auf seiner Orkut-Seite mit einer Freundschaftsanfrage wiedersehen. Die Mehrheit der User sind Jugendliche und junge Erwachsene aus gebildeten Schichten, doch eine steigende Zahl älterer Menschen nimmt das neue Medium genauso freudig an. In ärmeren Vierteln sieht man die Jugend in den *Lan Houses* (Internetcafés) ihre Freundschaften über Orkut pflegen. Freundschaft heißt also so viel wie »wir kennen uns«, in keinem Fall ist eine Freundschaftsanfrage allzu ernst zu nehmen. Obwohl immer mehr Brasilianer auch auf Facebook zu finden sind: Wenn Sie schon fünfmal »*você tem orkut?*« (bist du bei Orkut?) gefragt wurden, kann es nicht schaden – von einer möglichen Datensammlung durch Google einmal abgesehen –, sich (für die Dauer des Aufenthaltes) bei Orkut zu registrieren, um von Verabredungen vor Ort zu erfahren oder Kontakte zu halten.

In Deutschland wäre Linda an so einem Tag durch die Innenstadt geschlendert, hätte ein Eis gegessen und sich nach neuen Klamotten, Büchern und Platten umgeschaut. Warum sollte sie das hier eigentlich nicht machen? Noch ist ihr Reiseportemonnaie gut gefüllt, und so nimmt sie sich an der Ecke zur nächsten großen Straße ein Taxi ins *centro*. Der Taxifahrer ist etwas unwillig – wo genau sie hin wolle. Als Linda »*Arcos da Lapa*« antwortet, scheint er besänftigt und fährt sie durch den vergleichsweise entspannten Verkehr eines Samstagvormittags bis unter das alte Aquädukt, die *Arcos*, die die Viertel Centro und Lapa mit dem hoch oben auf einem *morro*, einem Hügel, gelegenen Stadtteil Santa Teresa verbinden.

Linda ist überrascht, wie ruhig es hier unten zugeht. Es sind nur wenige Menschen unterwegs, allerdings ist es auch geradezu erstickend heiß. Über sich sieht sie schon die *bonde*, wie die Straßenbahn, die über das Aquädukt rattert, genannt wird. Sie überquert den Platz und biegt in eine der von Hochhäusern gesäumten Straßen ein. Dort warten Straßenverkäufer, die angenehm unaufdringlich sind, ebenso zurückhaltende Bettler, alle paar Meter ein Kiosk, diverse Elektrowarengeschäfte mit riesigen Reklamewänden, Bekleidungsläden, aus denen so laut Radiostimmen dröhnen, dass Linda so schnell wie möglich vorbeiläuft. Als sie eine kleine Filiale des Handyanbieters *Oi* sieht, tritt sie spontan ein und erkundigt sich nach den Preisen. Ein brasilianisches Handy zu haben, das wäre schon gut. Einen großen Unterschied zu deutschen Preisen sieht sie nicht.

»*Este celular vem com chip?*« – Ist bei diesem Handy die SIM-Karte schon dabei?, fragt Linda, während sie auf ein Handy für 80 Reais, umgerechnet etwa 30 Euro, deutet.

»*Vem*«, bestätigt die Verkäuferin.

Ja sagen

Viel üblicher, als eine Frage mit *sim* (ja) zu bejahen, ist es in Brasilien, das Verb aus der Frage in der entsprechenden Konjugation als Bestätigung zu wiederholen:

»*Este ônibus vai pra Lapa?*« – Fährt dieser Bus nach Lapa?

»*Vai.*« – Fährt er.

Oder:

»*Voce tem orkut?*« – Hast du Orkut?

»*Tenho.*« – Habe ich.

Dieser Logik folgend wird auf die klassische Frage nach dem Befinden – *tudo bem?*, *tudo bom?* oder *tudo jóia?* (wörtlich: alles Schmuck?) – meist mit einem einfachen *tudo* geantwortet.

Die Verkäuferin erklärt Linda, sie könne sich an jedem Kiosk Karten kaufen, mit denen sich das Guthaben aufladen lässt. Das klingt gut für Linda, ist sie doch keine Vieltelefoniererin, sondern will nur die Möglichkeit haben, erreichbar zu sein, und falls sie sich verirrt hat oder in Gefahr ist, jemanden anrufen zu können. Sie willigt also ein und die Verkäuferin beginnt, ihre Daten aufzunehmen. Gleich nach dem Namen will sie den *CPF* wissen.

»*Cepe... quê?*«, fragt Linda, die mit der Abkürzung nichts anfangen kann.

Die Verkäuferin schaut sie mit einem plötzlich misstrauischen Blick von oben bis unten an und stupst einen Kollegen an, dem sie zuflüstert: »*Eih, ela não sabe o que é CPF.*« – Sie weiß nicht, was ein *CPF* ist. Der Kollege schaut sie nun ebenfalls an, als sei sie eine ausländische Schwerverbrecherin.

Linda ist genervt: »*Uma estrangeira não pode comprar celular?*« – Kann eine Ausländerin kein Handy kaufen? Wäre doch seltsam, wenn die Verkäufer noch nie mit ausländischen Handykäufern konfrontiert worden wären. Die beiden beratschlagen sich, verschwinden im hinteren Raum des Ladens – ah, jetzt fragen sie endlich den Chef oder die Chefin, da schöpft Linda schon Hoffnung –, um dann wiederzukommen, mit den Schultern zu zucken und zu sagen: »*Sem CPF não tem como*« – Ohne *CPF* geht es nicht.

»Dreist«, murmelt Linda und verlässt grußlos den Laden.

Die Sonne blendet, es ist heiß, der Bürgersteig zu klein und voller Stolperfallen, es stinkt, es ist laut – Linda hat keine Lust mehr. Sie lässt sich trotzdem weitertreiben, denn so schnell will sie nicht aufgeben. Sie will kein Weichei sein, sondern den Schwierigkeiten dieses Landes trotzen. Eine Art Zeltlager zieht ihre Aufmerksamkeit auf sich. Beim Näherkommen bemerkt sie, dass es sich um eine Art Basar handelt – eine Ansammlung von Mini-Geschäften, in denen vor allem Elektronik und raubkopierte DVDs feilgeboten werden. Einige Stände haben Musikboxen aufgebaut, und es ist ein wenig gruselig, wie sie sich nun durch die dunklen, überdachten Gänge schiebt, dem fröhlichen Musikmix lauscht, während um sie herum ein Treiben wie in einem mexikanischen Gangsterfilm herrscht. Sie bemerkt, dass viele Händler dabei sind, ihre Stände und Geschäfte zu schließen. Ein Blick auf die Uhr sagt ihr, dass es erst kurz vor zwölf ist. Lohnt sich ja gar nicht für die Händler, denkt sich Linda, tritt wieder hinaus auf den blendenden Platz und läuft in die andere Richtung weiter. Hier finden sich kleine Straßen mit Kolonialbauten, bunte Häuschen mit sympathischen Geschäften für Schmuck, Bademode, Jeans, ein paar Drogerien und Apotheken. Die alle gerade schließen.

Was ist diesmal schiefgelaufen?

Linda will ins Stadtzentrum. Dass die Angabe »*centro*« dem Taxifahrer zu schwammig ist, und er bei einer solch großen Stadt wie Rio ein genaueres Ziel wissen will, hätte sich Linda fast denken können.

Zudem ist es äußerst unüblich, samstags durch die Innenstadt zu schlendern. Das hat auch Linda gemerkt. Innenstädte sind sowieso nicht besonders beliebt, da sie in den meisten brasilianischen Städten durch die Hitze, den Schmutz und fehlende Fußgängerzonen nicht zum Flanieren einladen. Dort fährt man nur hin, wenn man etwas zu erledigen hat oder etwas besonders günstig kaufen will. Auch Wohnraum in der Innenstadt Rios ist nicht begehrt – in den Hochhäusern wohnen dicht gedrängt arme Familien.

Und eine Handy-SIM-Karte kann Linda ohne den ominösen *CPF* tatsächlich nicht erstehen, da wäre sie auch bei anderen Anbietern erfolglos geblieben. Aber woher hätte sie das wissen sollen?

Linda ist von dem basarartigen Treiben fasziniert und zugleich verunsichert. Als Ausländerin in die Marktatmosphäre einzutauchen, ist nicht zwangsläufig gefährlich, erfordert aber doch etwas Mut. Die Elektronikartikel, die angeboten werden, sind selten von bester Qualität, aber wenn Sie einfache Dinge wie eine Mehrfachsteckdose suchen, können Sie ruhig zuschlagen. Raubkopierte DVDs zu kaufen ist selbstverständlich illegal; es gibt Leute, die sie trotzdem kaufen, und Leute, die sich sehr darüber aufregen. Die Polizei veranstaltet regelmäßig Razzien gegen die *camelôs* (fliegende Händler) und insbesondere gegen die, die raubkopierte Medien verkaufen.

CPF – nur eine Nummer

Die Nummer zur Registrierung natürlicher Personen besitzt nahezu jeder in Brasilien. Der *CPF*, *Cadastro de Pessoa Física*, ist zum Abschluss von Verträgen unabdingbar. Jeder mit einem festen Wohnsitz kann sie beim *Ministério da Fazenda* (Finanzamt) beantragen, also auch Menschen ohne brasilianische Staatsangehörigkeit. Dazu brauchen Sie Ihren Pass und eine Adresse, die nicht überprüft wird, da es in Brasilien keine Meldepflicht gibt.

Für den Handykauf ist die Nummer besonders wichtig, da die Polizei Verbrecher und Drogenbosse über deren Telefone versucht zu schnappen. Das Szenario, dass einem das Handy geklaut wird und dann mit dem eigenen *CPF* Verbrechen geplant werden, ist weithin gefürchtet. Daher werden Sie nur mit viel Glück jemanden finden, der Ihnen seinen *CPF* für einen Handykauf zur Verfügung stellt.

Was können Sie besser machen?

Wenn Sie in ein Taxi steigen, überlegen Sie sich vorher, wo Sie hin wollen. Legen Sie sich sowohl die Adresse als auch den Namen des Stadtviertels oder einer großen Kreuzung bereit, die sie dem Taxifahrer nennen können.

Flanieren Sie am Wochenende im Shoppingcenter. Klar ist das nicht so schön wie in einer historischen Altstadt in Europa, aber dort werden Sie immerhin in Gesellschaft brasilianischer Familien Kaffee trinken können, und die Geschäfte sind geöffnet. Die Shoppingcenter haben wie die großen Supermärkte auch sonntags bis spät abends geöffnet. Die Innenstadt empfiehlt es sich, unter der Woche zu erkunden, da haben die Geschäfte übrigens schon ab morgens früh, nicht selten ab sieben Uhr, geöffnet. Abends sollten Sie die Innenstadt lieber meiden, da kann es durchaus gefährlich werden. Samstags schließen die Geschäfte in der Regel um zwölf Uhr mittags und am Sonntags öffnen sie gar nicht.

Wenn Sie sich länger in Brasilien aufhalten, kann es nützlich sein, beim Finanzamt vor Ort einen *CPF* zu beantragen, etwa um ein Handy kaufen oder einen Mietvertrag abschließen zu können.

Straßenmärkte, wie Linda ihn zufällig gefunden hat, sind in der Regel nicht gefährlich, allerdings auch nicht ganz so sicher wie ein Shoppingcenter, wo Sie in regelmäßigen Abständen Sicherheitsleute sehen. Sie sollten ähnlichen Verhaltensregeln folgen wie sonst auch, z.B. nicht mit großen Geldscheinen hantieren. Als Ausländer auffallen werden Sie durch Ihr Aussehen und interessiertes Verhalten im Zweifelsfall sowieso. Vom Kauf raubkopierter DVDs ist eher abzuraten, da Sie damit den Versuch der brasilianischen Polizei untergraben, diesen Handel zu stoppen.

10 Linda isst kiloweise

Warum man Essen messen muss

Linda geht durch die leeren Straßen des *centro* von Rio und ärgert sich, dass sie sich nicht vorher über die Öffnungszeiten an Samstagen erkundigt hat. Völlig umsonst hat sie sich das Taxi hierher gegönnt, und die Handyverkäufer haben sich auch noch gegen sie verschworen. Ihre trotzigen Schritte führen sie am Eingang eines einfachen Restaurants vorbei. Hm, Frustessen wäre jetzt genau das Richtige, und schon ist sie drin im sterilen Raum mit Buffet und Selbstbedienung.

So weit das Auge reicht Menschen in Arbeitsuniformen, die die Angestellten noch so kleiner Läden tragen. Vor dem Buffet steht kein Mensch – erhöhter Schwierigkeitsgrad durch Unmöglichkeit der Imitation, notiert Linda in ihrem inneren Logbuch. Sie schnappt sich einen Teller und häuft alles darauf, was sie finden kann: Salatblätter, Tomaten, *chuchu*, ein Gemüse, dessen deutsche Entsprechung sie nicht kennt, Reis, Pommes frites, ein Stück Rinderfilet, eine Hähnchenkeule, die obligatorische Bohnensoße *feijão* und noch ein paar Scheiben Ananas und Orange. Kein Kellner ist hinterm Buffet postiert, und die Kasse befindet sich erst am Ausgang. Dann werden die 7,28 Reais, die groß an die Wand geschrieben sind, wohl ein All-you-can-eat-Festpreis sein. Weniger als 2,80 Euro – wie billig, denkt sich Linda und setzt sich zufrieden vor ihr Mahl, das sich als überaus lecker herausstellt.

»So günstig kommen wir nie wieder zusammen«, murmelt sie ins Rinderfilet, als sie eine Stimme aufschreckt: »*Com licença, você já pesou seu prato?*« – Entschuldigung, hast du deinen Teller schon gewogen? Linda schaut auf, begegnet dem Blick einer besorgten Angestellten und einem Dutzend Augenpaare aus dem gesamten Raum, die neugierig bis entsetzt an ihr kleben, und wird knallrot.

»*Ah ... desculpe, não sabia ... ahm ... não vi ...*« – Entschuldigung, ich wusste nicht … ich habe nicht gesehen …, stammelt sie.

»*Deixa ela, é gringa*«, verteidigt sie eine der Essenden als unwissende Ausländerin. Tatsächlich lächelt die Angestellte milde. Sie nimmt Lindas Teller, stellt ihn auf die Waage neben dem Buffet, die Linda ganz übersehen hat, füllt ihr einen Zettel aus und bringt dann Teller und Zettel zurück zu Lindas Platz.

»*Obrigada*«, bedankt die sich brav und immer noch etwas rot. Sie liest sich den Zettel genauer durch. Da steht *R$ 16,36* in der Spalte, die mit *R$ 7,28 por kilo* überschrieben ist. Jetzt versteht Linda endlich. Der Kilopreis war günstig – aber so voll, wie sie sich den Teller geschaufelt hat, bezahlt sie fast so viel wie in einem Restaurant ohne Selbstbedienung. Aber sie hat ja schon einiges abgegessen. Hat sich also doch gelohnt! Linda kichert, und die Angestellte wirft ihr einen bösen Blick zu. Sie isst so schnell wie möglich auf, um der peinlichen Situation zu entkommen, und gibt ihren Zettel an der Kasse ab. Sie bezahlt mit einem Zwanzig-Reais-Schein und bekommt 3,50 Reais und zwei einzeln verpackte Kaugummis zurück. Der Fettnäpfchen waren es schon genug für heute, denkt sich Linda und fragt nicht weiter nach, warum sie ohne ihre Zustimmung zwei Kaugummis gekauft hat, sondern stopft sich ein Kaugummi in den Mund, und als es nach drei Minuten den Geschmack verliert, gleich das zweite hinterher.

Comida a kilo – kiloweise Essen

Sogenannte Kilo-Restaurants sind recht weit verbreitet, besonders in den Innenstädten, wo viele »kleine« Angestellte dort ein einigermaßen günstiges Mittagessen bekommen. Oft haben diese Angestellten Menüschecks von ihrer Firma, die eine Kooperation mit einem *restaurante a kilo* hat. Das Buffet bietet in der Regel typische brasilianische Gerichte in halbwegs ordentlicher Qualität. Wer dort essen möchte, muss zeitig kommen: Die Restaurants öffnen bereits um 11:30 Uhr und schließen gegen 14 Uhr. Samstags sind nur wenige geöffnet, sonntags keine.

Da die Gassen nun wirklich menschenleer sind, genießt Linda die bunten Häuserfassaden und trifft mit der Zeit auf immer mehr koloniale Bauten, von denen die meisten in keinem guten Zustand sind. Auf dem Stadtplan verfolgt sie, dass sie jetzt in Lapa sein müsste. Viele Cafés, Bars und Restaurants tauchen vor ihr auf, allerdings liegen alle in Grabesruhe hinter verschlossen Türen. An einer Kreuzung, an der es verschiedene Bushaltestellen und dadurch immerhin ein paar Menschen gibt, sieht Linda einen Imbiss, dessen Auslage voller Früchte ist. Auf der Tafel stehen bestimmt zwanzig Fruchtsorten, von denen sie vielleicht acht kennt. *Pinha*, *cajú*, *goiaba*, *cupuaçú*, *jabuticaba*, *tamarindo*, *graviola*, *acerola* ... Wer weiß, was sich da für Geschmäcker hinter verstecken. Um es noch komplizierter zu machen, stehen hinter jeder Frucht drei Preise: einmal *c/água*, wobei Linda davon ausgeht, das es »mit Wasser« heißen soll, einmal *c/leite*, also »mit Milch«, und einmal *c/creme*, also »mit Sahne«. Sie lässt ein paar Leute vor, um in Ruhe abzuwägen, welches die erste exotische Frucht wird, die sie an einer brasilianischen Saftbar probiert. Oder sollte sie doch lieber eine bekannte Frucht nehmen? Wer weiß, womöglich hat sie gegen *tamarindo* oder *cupuaçú* eine

Allergie, ohne es zu ahnen. Und eigentlich ist sie ja auch satt. Da entdeckt sie noch einen extra Absatz auf der Karte, der mit açaí überschrieben ist. Da gibt es *suco de açaí* und *açaí na tigela* in verschiedenen Größen. Daneben ein Bild von einer Schale mit einem Haufen dunkler Masse. Hm, in einer optimistischen Interpretation sieht das wie Eis aus, denkt sich Linda und spürt dabei doch noch einen freien, allein für Eis reservierten Platz in ihrem Magen. Und schon schaut sie der emsige Mann hinter der Theke fragend an.

»*Açaí na tigela 400 ml*«, bestellt Linda, und ein paar eilige Armbewegungen des Mannes später hält sie ihre Schale, die allerdings doch nur ein Plastikbecher ist, in der Hand. Die dunkellila Masse sieht aus wie gefärbt. Misstrauisch löffelt Linda den ersten Happen. Interessant, auch wenn die Konsistenz etwas flüssiger ist als gedacht – wie Sorbet. Und genau wie beim gewöhnungsbedürftigen *feijão* wird aus dem anfänglichen »interessant« beim letzten Happen ein »megalecker«.

Früchte

In jedem brasilianischen Haushalt werden Sie einen Mixer finden, der hauptsächlich zur Produktion von Saft verwendet wird: Saft ist populär, und durch den unglaublichen Reichtum an Obstsorten wird man einer einzelnen Frucht nie überdrüssig. Allerdings ist zu beachten, dass die Säfte oft arg gesüßt werden. *Laranja* (Orange) und *abacaxi* (Ananas) reifen in Brasilien so süß heran, dass man eigentlich keinen Zucker mehr braucht – die in Deutschland erhältlichen Früchte sind für brasilianisches Empfinden tendenziell unreif –, andere Früchte sind so sauer (z.B. *maracujá*) oder bitter (z.B. *tamarindo*, die Frucht des Tamarindenbaums, auch Sauerdattel genannt), dass Sie sie nicht ohne Zucker bestellen sollten.

Einigen der Früchte wird eine bestimmte Wirkung nachgesagt: *Açaí* (Acai-Beere, eine kleine schwarze Beere aus dem Amazonasgebiet) verzehrt man gegen Müdigkeit, *acerola* (die Acerola-Kirsche) wegen ihres extrem hohen Vitamin-C-Gehalts gegen Erkältungen und *maracujá* vorm Schlafengehen, weil sie müde machen soll. Je nach Region finden sich unterschiedliche frische Früchte: Im Süden können Sie getrost Erdbeer- oder Apfelsaft bestellen, in Rio gibt es gute Orangen, Ananas, Melonen, Mangos und Pfirsiche und auch schon einige Tropenfrüchte wie *cajú* (die Frucht des Cashewbaums) oder *goiaba* (Guave). Die werden allerdings je weiter Sie nach Norden reisen immer größer und schmackhafter. Früchte, die wie *açaí* und *cupuaçú* (großblütiger Kakao) nur in unwegsamen Teilen des Amazonasgebiets wachsen und sich nicht lange halten, bekommt man dagegen fast immer in Form von *polpa*, dem – oft gefrorenen – Fruchtmark. Das aufputschende *guaraná* gibt es in der Regel nur in Pulverform oder natürlich als allseits beliebten Softdrink, der allerdings von der eigentlichen Pflanze wenig erkennen lässt.

Die meisten Brasilianer sind sich ihres Reichtums an Früchten bewusst, und es erregt die Gemüter ungemein, wenn mal wieder ein ausländischer (Pharma-)Konzern daherkommt und auf eine Frucht und ihren Namen ein Patent anmeldet, wie kürzlich bei *cupuaçú* geschehen. Dagegen wird sich Brasilien in Zukunft sicherlich besser zu schützen versuchen.

Die Bedeutung der Früchte spiegelt sich auch in der kulturellen Produktion: Schon Carmen Miranda tanzte in den Dreißigerjahren mit *banana* und *abacaxi* behangen für ihr nordamerikanisches Publikum, Luíz Gonzaga sang in den Siebzigern melancholisch von süßen *tamarindos*, João Sebastião malt *cajús* als Herzen und zu Funk Carioca – der in den 90er-Jahren populär gewordene brasilianische HipHop – lutscht man *mangas* (Mangos).

Was ist diesmal schiefgelaufen?

An der Saftbar gar nichts, im Restaurant dagegen hat sich Linda nicht ausreichend umgeschaut, sonst hätte sie bestimmt gesehen, dass die 7,28 Reais *por kilo* zu bezahlen sind. Dass sich Linda nicht über die zwei Kaugummis beschwert hat, war genau richtig, das ist eine gängige Praxis, wenn in der Kasse gerade nicht genug Wechselgeld ist. Überhaupt werden Centbeträge selbst im Supermarkt auf einen Fünf-Cent-Betrag auf- und abgerundet, da niemand gerne mit Ein-Cent-Münzen hantiert.

War Linda im *centro* zu spät bzw. am falschen Tag dort, so ist sie in der Lapa zu früh. Dort erwacht das Leben nachts: Die Bars und Restaurants bleiben tagsüber geschlossen, und die Straßen liegen wie ausgestorben; nachts dagegen ist kaum ein Durchkommen möglich, da halb Rio in der Lapa ausgeht.

Was können Sie besser machen?

In einem Kilo-Restaurant kommen die Kilos schneller zusammen, als man denkt. Wer auf sein Budget achten muss, sollte sich in kleinen Schüben Essen holen: Auf dem Kassenzettel kann man sich unkompliziert immer neue Posten aufschreiben lassen, da erst beim Verlassen des Restaurants gezahlt wird.

Durch die Lapa zu laufen, ohne überfallen zu werden, war noch vor zehn Jahren fast unmöglich. Heutzutage ist es tatsächlich entspannter, trotzdem sollten Sie ein gesundes Maß an Misstrauen mitbringen, wenn Sie tagsüber durch das ärmliche Viertel gehen. Nur bei den Saftbars ist kein Misstrauen angesagt: Auf die hohe Qualität und die sättigende Wirkung der Angebote können Sie sich in der Regel verlassen. Auch die hygienischen Verhältnisse sind nicht schlechter als in Europa – durch den Überfluss an günstigem Obst wird einem kaum jemals etwas Faules untergejubelt. In der Auslage können Sie sehen, welche Früchte es frisch gibt, alle anderen werden aus Tiefkühl-Fruchtmark gemixt.

11 Linda freundet sich mit Dona Maria an

Wie deutsche Planung mit brasilianischer Ordnung kollidiert

Donnerstagmorgen, neun Uhr. Selbst an ihrem freien Tag steht Linda gerne früh auf und nimmt sich Zeit, um in aller Ruhe zu frühstücken. Als sie ins Esszimmer kommt, ist das Frühstück – wie immer – schon zubereitet. Maria, die hier alle Dona Maria, also »Frau« Maria nennen, dekoriert den Tisch immer so schön mit ein paar Blumen aus dem Garten.

»*Bom dia! Tudo bom?*« – Guten Morgen! Alles klar?, begrüßt sie Maria, die Linda auch vorsichtshalber mit »Dona« anspricht – vielleicht ist es ja unhöflich, nur Maria zu sagen, als wäre sie eine Freundin.

Weil sie keine Lust hat, alleine am Tisch zu sitzen, nimmt Linda ihre Mango und ihr Frischkäse-Brötchen mit in den Hof hinter der Küche. Da stehen der Herd und die gesamte Arbeitsfläche, und dort leistet sie Maria Gesellschaft. Die schaut sie verdutzt und fast ein wenig unsicher an, schickt sie aber nicht zurück ins Esszimmer. Linda beobachtet die Hausangestellte, die gerade dabei ist, die Polstermöbel, die offensichtlich ein Sonnenbad nehmen sollten, zurück ins Wohnzimmer zu stellen. Linda nutzt die Gelegenheit, um ihre Portugiesischbrocken anzuwenden – da Dona Maria kein Englisch spricht, ist es die perfekte Übung für Linda. Dabei versucht sie auch, etwas über das Verhältnis der *empregada*, der Hausangestellten, zur Familie zu erfahren. Denn Linda wohnt jetzt schon ein paar Wochen bei der Familie ihres Chefs, hat auch das Gefühl, sich ganz gut eingelebt zu haben, aber eines hat sie bis jetzt noch nicht so ganz verstanden: Woher kommt Dona Maria, warum arbeitet sie als *empregada* und warum geht die Familie so herablassend mit ihr um?

Ohne sie geht gar nichts: *empregadas*

Empregada doméstica heißt so viel wie »Hausangestellte«. Es sind Millionen von Frauen, die sich im Morgengrauen auf den Weg von ihrem armen in ein nobleres Stadtviertel machen. Da sie in der Regel für den Mindestlohn, also für etwa 150 Euro im Monat arbeiten, leistet sich jede Familie, die etwas auf sich hält, eine *empregada*. Dieses Erbe des feudalen Zeitalters entspannt das Geschlechterverhältnis in den wohlhabenden Familien: Weder Frauen noch Männer müssen kochen, waschen oder putzen. Frauen sind fast immer berufstätig – nur vom Gehalt des Mannes können die wenigsten Familien gut leben. Die sozialen Schichten werden dagegen zementiert: An den Frauen, von denen viele aus dem armen Nordosten Brasiliens auf der Flucht vor dem Hunger in die Randgebiete der großen Städte des Südostens gezogen sind, bleibt die gesamte Hausarbeit des Landes hängen. Überspitzt: Entweder man hat eine *empregada* oder man ist eine.

Einen tieferen Einblick in den Alltag der *empregadas* bietet der Dokumentarfilm *Domésticas* (*Dienstmädchen*, 2001, Regie: Fernando Meirelles und Nando Olival).

Da steht Dona Maria stoisch gut gelaunt am Herd und bereitet das Mittagessen vor. Ob sie wohl auch eine Familie hat? Schließlich ist sie von morgens bis abends hier, außer sonntags. Sie kümmert sich um alles, was im Haus anfällt: Gestern Abend hat sie noch die Wäsche gemacht, und wann sie morgens zur Arbeit kommt, weiß Linda gar nicht. Jedenfalls bevor Linda aufsteht.

»Dona Maria, was wirst du am Wochenende machen?«, wagt sich Linda vor. Vielleicht erzählt sie ja jetzt etwas von ihrer Familie?

In die Kirche gehe sie jeden Sonntagvormittag, lautet die Antwort. Hm, ob sie auch katholisch ist? Wie die meisten Brasilianer? Aber die gehen doch immer sonntagnachmittags. Das hat Linda schon an ihrem ersten Sonntag in Brasilien so verwirrt. Ganz anders als zu Hause.

Da holt Dona Maria einen Flyer aus ihrer Küchenschürze. »*Igreja Universal do Reino de Deus*« prangt da unter dem Bild eines Heiligen. Auf einmal steht die Hausangestellte ganz aufrecht, spricht laut und selbstsicher. Linda ist sich nicht ganz sicher, aber sie glaubt etwas wie »Ich bin eine Sklavin Gottes« zu verstehen. Sie kommt richtig in Fahrt, doch Linda versteht ihren Monolog nicht so recht. *Igreja Universal do Reino de Deus* – ist das vielleicht eine Sekte? Als Sklavin Gottes versteht sie sich also, dann muss sie sich nicht als Dienerin einer Familie fühlen. Gar nicht so dumm, denkt sich Linda.

Igreja Universal do Reino de Deus

Eine der größten evangelikalen Kirchen in Brasilien. Ihre Anhänger rekrutiert sie aus dem einfachen Volk, ihre Prediger sind in den Straßen und im Radio präsent. Der Name der Kirche lässt sich wörtlich mit »Allumfassendes Königreich Gottes« übersetzen. Mehr zum Thema »Evangelikale Kirchen« siehe Kapitel 28, S. 206.

In diesem Moment kommt Patrícia zur Tür herein und grüßt kurz angebunden. In scharfem Ton sagt sie etwas zu Dona Maria und rauscht aus der Küche. Was da wohl los sein mag? Dona Maria macht ihre Arbeit in der Küche unbeirrt weiter.

»Linda, kennst du *brigadeiro*?«, fragt sie.

»*Não*, was ist das?«

»*É um doce*« – Eine Süßigkeit.

»Mmh, süß?! Das hört sich gut an.«

Doch eigentlich wollte Linda sich langsam mal fertig machen und verabschiedet sich von Dona Maria. Am Wochenende will sie mit João, ihrem eifrigsten Deutschschüler, mit dem sie sich ein wenig angefreundet hat, und Freunden von ihm in den Badeort Paraty fahren und jetzt schon einmal vorsorglich ihren Rucksack packen. In ihrem Zimmer legt sie ihre Sachen zusammen und geht anschließend ins Bad. Das ist schon ein schöner Luxus, ein eigenes Bad am Schlafzimmer zu haben. Da kann Linda sich so richtig ausbreiten und muss nicht immer warten, bis sie duschen kann, so wie das in ihrer WG in Deutschland der Fall ist. Und nicht einmal putzen muss sie selbst. Auch das macht Dona Maria. Anfangs hat sie noch nach Putzmitteln gefragt, aber da hat Patrícia sie nur verständnislos angeschaut und gesagt, dass dafür ja nun wirklich die *empregada* da sei.

Nach einiger Zeit kommt Linda frisch und fertig aus dem Bad. Und erstarrt: Wo ist denn ihr Rucksack und all die Sachen, die sie schon für morgen gepackt hat? Gerade vor einer halben Stunde stand er doch noch mitten in ihrem Zimmer! Das kann doch nicht sein ... Sie öffnet ihren Kleiderschrank und sieht den leeren Rucksack darin. Direkt unter den fein säuberlich zusammengelegten Kleidern.

Sie könnte sich jetzt ärgern oder einfach morgen packen, kurz bevor es losgeht. Aber da tritt dann doch ihre – wahrscheinlich deutsche – Liebe zu Vorbereitungen auf den Plan. Sie packt ihre Sachen erneut und versteckt diesmal vorbeugend den reisefertigen Rucksack im Schrank. Albern eigentlich.

In der Küche meckert Patrícia über Dona Marias Mittagessensvorbereitungen. Linda tritt vorsichtig dazu, schließlich will sie nicht stören. Doch als Patrícia sie sieht, strahlt sie Linda an und fragt, wie es ihr ginge und was ihre heutigen Pläne seien. Soll sie jetzt von dem Rucksack erzählen? Eigentlich wäre es ihr ja schon am liebsten, wenn sie ihr Zimmer selbst aufräumen könnte. Aber vielleicht würde Dona Maria, die es ja sicher nur gut meint, dann Ärger bekommen? Also lieber nichts sagen.

»Ich treff' mich heute Abend mit João. Wir wollen überlegen, was wir am Wochenende in Paraty machen.«

Da kommt auch schon Dona Maria aus der Küchenzeile im Hof hervor. Sie hält Linda ein Tablett mit kleinen runden Pralinen vor die Nase und strahlt.

»*Brigadeiro! Para você*« – Für dich!

Das ist also diese Süßigkeit, von der Dona Maria vorhin gesprochen hat. Kleine Schokokugeln und außen herum Schokostreusel. Linda probiert eine. Und ist hin und weg. Die sind ja total süß. Wie Karamell. Mmh!

»*Muito obrigada! É muito gostoso!*« – Vielen Dank! Das ist sehr lecker!, bedankt sie sich bei Dona Maria. Die strahlt, als sei sie es gewesen, der man eine Freude gemacht hat.

Süß, süßer, *brigadeiro*

Süßigkeit aus *leite condensado* (gezuckerter Kondensmilch) und Kakaopulver, meist dem ebenfalls schon süßen Nestlé-Kakao. Zum Nachmachen: Die *leite condensado* in einem Topf unter ständigem Rühren aufkochen und das Kakaopulver unterrühren – wer es mit dem Zucker nicht übertreiben möchte, nimmt ungezuckertes Kakaopulver. Das Ganze köcheln lassen, bis es am Löffel hängen bleibt. Aus der Masse kleine Kugeln formen und in Schokostreuseln wälzen. Bei Raumtemperatur oder im Kühlschrank abkühlen lassen.

Patrícia greift beherzt nach einer süßen Kugel, überlegt es sich im letzten Moment jedoch anders. Obwohl es so aussieht, als ob sie wirklich gerne genascht hätte, denkt Patrícia wohl noch an die sportliche Anstrengung ihrer Morgen-*caminhada* – den Spaziergang – und murmelt »ach, lieber nicht«. Dann ruft sie: »Gleich gibt's Mittag! Wenn Dona Maria damit heute noch mal fertig wird«, und rauscht aus der Küche.

Tatsächlich, es ist schon 11:45 Uhr. Und pünktlich um zwölf wird hier schließlich gegessen. Eigentlich wäre es doch schön, wenn sie alle zusammen äßen, aber Dona Maria sitzt nie mit am Esstisch. Sie isst immer erst, wenn alle anderen fertig sind, das, was noch vom Mittag übrig geblieben ist, in der Küche auf anderem Geschirr.

»Der Boden ist ja immer noch dreckig!«, ruft Patrícia aus dem Wohnzimmer.

»Na ja«, murmelt Linda in sich hinein, »schließlich hat Dona Maria ja auch schon so viel anderes heute gemacht.« Aber sie sagt nichts. Immerhin ist es schon etwas peinlich, dass sowohl sie als auch Patrícia bis zum Mittagessen noch nichts gemacht haben, außer zu frühstücken und um den Block zu walken beziehungsweise zweimal einen Rucksack zu packen. Linda blickt aus dem Fenster und sieht, wie Dona Maria schnell noch die Veranda mit dem Gartenschlauch abspritzt. So wie jeden Tag – obwohl auf den glänzend blanken Kacheln kein Staubkorn zu finden ist.

Was ist diesmal schiefgelaufen?

Linda hat schon oft beobachtet, wie viel Dona Maria arbeitet und trotzdem nicht unbedingt nett behandelt wird, weil immer noch mehr von ihr erwartet wird. Da hat sich Lindas Unrechtsbewusstsein geregt. Doch wenn Linda *nicht* das Verhalten der Hausherren imitiert, kann dies als Beleidigung seitens ihrer Gastfamilie aufgefasst werden. Patrícia fühlt sich in ihrem Verhalten kritisiert, als sie Linda mit der *empregada* plauschend in der Küche sieht. Eine solche Kränkung würde sie jedoch nie gegenüber ihrem Gast thematisieren.

Dona Marias Herz hat Linda zweifelsohne erobert, und die revanchiert sich routiniert, indem sie Lindas Leben so bequem wie möglich zu machen versucht und z.B. den Rucksack auspackt, der da unschön mitten im Zimmer steht. Sie konnte ja nicht ahnen, dass Linda ihren Rucksack packt, ohne direkt zu verreisen. Sie wollte ihr etwas Gutes tun und ihre Arbeit erledigen, zu der es eben auch gehört, die Schlafzimmer aufzuräumen. Dass Linda nicht mehr selber putzen muss, ist ja die eine Sache, aber dass ihr auch noch das Aufräumen abgenommen wird, war ihr nicht bewusst und ist für sie doch ein wenig gewöhnungsbedürftig.

Was können Sie besser machen?

In den Häusern der brasilianischen Ober- und Mittelschicht herrscht eine klare Hierarchie: Sie führt vom Vater über die Mutter und Kinder steil hinab zur *empregada*, nur die Hunde oder Katzen, die im Hof dösen, sind manchmal, aber nicht immer, noch niedriger gestellt als sie. Diese Hierarchie wird von allen Seiten als gott- oder naturgegeben aufgefasst und daher nicht infrage gestellt. Es ist kein ungewöhnliches Szenario, dass eine *empregada* die Kinder der Familie aufzieht, ihre eigenen Kinder – denn die existieren in der Regel auch – viel weniger zu Gesicht bekommt als die ihrer Arbeitgeber und trotzdem von den Zieh-Kindern und deren leiblichen Eltern wie eine unliebsame Putzfrau behandelt wird. Die Hausangestellten nehmen eine Stellung in den Familien ein, die ihnen einen Blick in das familiäre Privatleben ermöglicht, der uns Europäern unangenehm vorkommen kann.

Linda hat sich mit Dona Maria angefreundet und kann durch sie eine neue Seite Brasiliens kennenlernen: perfekt. Die Gastfamilie mag das zwar etwas ungewöhnlich finden, es aber im Zweifelsfall aus Höflichkeit tolerieren. Selbst wenn Sie sich sehr gut mit der Hausangestellten verstehen, sollten Sie diese Bekanntschaft nicht enger darstellen, als Ihre Beziehung zur Gastfamilie ist, da diese sich sonst beleidigt oder möglicherweise hintergangen fühlen könnte. Die Familie damit zu konfrontieren, unter welchen Bedingungen sie ihre *empregada* arbeiten lässt, wird zu nichts führen und Sie als rechthaberisch und vielleicht auch als undankbaren Gast dastehen lassen.

Wenn *empregadas* oder Zimmermädchen im Hotel etwas nicht so machen, wie Sie es gerne hätten, wenden Sie sich nicht gleich an deren Vorgesetzte. Da hat Linda Feingefühl bewiesen, sich nicht bei Patrícia über den ausgepackten Rucksack zu beschweren. Im Gegenteil: Sie hatte die schlaue Idee, den Rucksack im Schrank zu verstauen, und ist so ein weiteres Missverständnis einfach umgangen. Dieses Prinzip lässt sich auch auf andere Situationen übertragen: Die *empregada* wird Ihre Sachen nur anrühren, wenn sie so verteilt sind, dass der Eindruck von Unordnung entsteht. Beachten sie aber, dass Unordnung manchmal subjektiv ist und ein Chaos mit System möglicherweise nicht als solches erkannt wird.

12 Linda sucht eine Waschmaschine

Warum *frau* ihre Unterwäsche nie aus der Hand geben sollte

Was Linda an der Hitze am besten gefällt, ist die damit einhergehende Sparsamkeit an verwendeten Kleidungsstücken. Ist das immer ein langwieriges An- und Ausziehen in Deutschland, beim Aufstehen, beim Verlassen des Hauses, beim Heimkommen und Schlafengehen. Hier schlüpfte sie beim Aufstehen nur schnell vom Nachthemd in ein Kleidchen und beim Hinausgehen in *chinelos*, den von allen getragenen Flipflops. Der einzige Nachteil ist, dass ihre Kleidung schnell durchgeschwitzt ist und sie schon nach kürzester Zeit keine sauberen Sachen mehr hat. Also begibt sie sich im Haus auf die Suche nach der Waschmaschine. In keinem der Badezimmer wird sie fündig, in der Küche auch nicht und selbst in der Kochzeile im Hof, wo sich Dona Maria meistens aufhält, sieht sie keine Spur einer Waschmaschine.

»*O quê você está procurando?*« – Was suchst du?, fragt Dona Maria sie vom Herd.

»*Ehm ... uma máquina de lavar*« – Eine Maschine zum Waschen, versucht Linda zu erklären.

Dona Maria schaut etwas verunsichert, dann meint sie: »Bring mir einfach deine Wäsche.«

Linda trabt also wieder hoch in ihr Zimmer und schmeißt ihre Schmutzwäsche in eine große Tüte, die sie Dona Maria bringt. Wahrscheinlich wäscht Dona Maria sie in einem Waschsalon.

Wäsche waschen

Waschmaschinen sind in Brasilien noch immer eine neumodische Erscheinung. Überraschenderweise sind sie nicht in allen wohlhabenden Haushalten zu finden, da diese sich eine *empregada* leisten können, die die Wäsche auf altmodische Weise per Hand wäscht. Der arme Teil der Bevölkerung kann sich weder Waschmaschine noch *empregada* leisten. Meist sind es berufstätige Frauen der unteren Mittelschicht, die sich eine Waschmaschine anschaffen und so neben dem Job entlastet werden.

Alle Arbeit nimmt sie ihnen jedoch nicht ab: Die Maschine erledigt eher einen Vorspülgang, weder schleudert noch säubert sie die Wäsche komplett. Daher wird die Wäsche nach dem Maschinengang oft zusätzlich per Hand geschrubbt und erst dann aufgehängt. Männer sind äußerst selten am Waschplatz zu sehen, doch es gibt sie auch, die Junggesellen, die ihre eigene Wäsche waschen. Waschsalons sind ebenfalls rar, eher gibt es Reinigungen, die auch gleich einen Bügelservice anbieten. Bei Aufenthalten im Hotel suchen Sie entweder eine solche Reinigung auf oder lassen Sie durch das Hotelpersonal waschen – die Preise können dabei stark variieren, daher vergleichen Sie am besten vor Ort.

Wenn Sie in Brasilien Kleidung kaufen und auf das Waschzettelchen schauen, steht da mit hoher Wahrscheinlichkeit: nicht für die Maschinenwäsche geeignet. Das ist vor allem damit zu erklären, dass man den brasilianischen Waschmaschinen nicht traut und deren Waschprogramme nicht so klar einstellbar sind wie etwa in Deutschland. Möchten Sie brasilianische Kleidung nach Ihrer Rückkehr in der eigenen Maschine waschen, stehen die Chancen, dass die Kleidung nicht kaputt geht, also ziemlich gut.

Zwei Tage später kommt Patrícia mit dem Stapel gewaschener und gebügelter Wäsche in Lindas Zimmer. Wortlos stellt sie den Stapel ab und verlässt das Zimmer. Huch, was ist der denn über die Leber gelaufen? Ratlos beginnt Linda, ihre Wäsche in den Schrank zu räumen. Ganz oben liegen ihre

Unterhosen, fein säuberlich gebügelt. Das hätte ja nicht sein müssen, denkt sich Linda. Hoffentlich hat Patrícia sie nicht gebügelt und ist deswegen sauer.

Überhaupt findet Linda die Arbeitsteilung im Haus sehr undurchsichtig. Sie hat erwartet, ihr würden bestimmte Dienste zugeteilt, aber nichts dergleichen ist passiert. Sie lebt wie in einem Hotel und fühlt sich deswegen irgendwie schuldig. Sie überlegt, was sie als Entschädigung putzen könnte, aber alles blinkt vor Sauberkeit, da Dona Maria ja selbst die Badezimmer täglich putzt.

»Ich werde mal sonntags kochen«, nimmt sie sich vor. Da ist Dona Maria nicht da, und letzten Sonntag hat Patrícia Essen aus einem Restaurant bestellt – scheinbar kochen weder sie noch Marcelo gerne.

Was ist diesmal schiefgelaufen?

Patrícia war nicht etwa beleidigt, weil sie Lindas Wäsche gebügelt hat, sondern weil Linda gegen die Etikette verstoßen hat, indem sie ihre Unterhosen in die Wäsche gegeben hat. Unterwäsche wird bei Frauen als eine sehr intime Angelegenheit betrachtet und nicht in die normale Wäsche gegeben, die in der Regel von den *empregadas* per Hand gewaschen wird. Mit Sicherheit befindet sich nahe der Kochnische von Dona Maria auch ein Becken zum Wäschewaschen und -schrubben. Da es in den allermeisten Haushalten kein fließendes warmes Wasser gibt, ist das eine doppelt anstrengende Tätigkeit. Warum Männer ihre Unterwäsche waschen lassen dürfen, ist bis heute ungeklärt. Vielleicht hat der Unterschied etwas mit der weiblichen Monatsblutung zu tun? Auf jeden Fall ist es ein Spannung versprechender Stoff für zukünftige soziologische Forschungen.

Was können Sie besser machen?

Waschen Sie als Frau Ihre Unterwäsche unter der Dusche! Ernsthaft, so machen es auch die Brasilianerinnen (es sei denn, sie waschen sowieso ihre gesamte Wäsche selbst). Gerade in Häusern und Wohnungen der gehobenen Mittelschicht, wo jedes Zimmer über ein eigenes Bad verfügt, bleibt Ihre Unterwäsche auf diese Weise ganz diskret in ihrem Reich. Sie wird unter der Dusche mit Seife geschrubbt und dann, in der Regel am Badezimmerfenster, zum Trocknen aufgehängt. Wenn Sie in einem Haus mit *empregada* leben, können Sie ihr das Leben leichter machen, indem Sie ordentlich sind und keine sehr schmutzigen Sachen in die Wäsche geben, wie etwa Socken, auf denen Sie durch das ganze Haus gelaufen sind. Zu putzen oder selbst per Hand zu waschen, würde Ihre Gastgeber beschämen, und auch mit Kochaktionen sollten Sie vorsichtig sein und sich langsam vortasten und erspüren, ob das überhaupt erwünscht ist. Schließlich müsste sich Patrícia für eine von Linda gekochte Mahlzeit revanchieren, und viele Frauen aus der Mittelschicht sind nicht geübt im Kochen, die Männer, bis auf wenige Ausnahmen, erst recht nicht.

13 Linda geht bei Grün

Warum der Schwächere besser nachgibt

Heute riskiert Linda mal was. Sie will alleine von der Sprachschule nach Hause finden, anstatt sich von Marcelo mitnehmen zu lassen. Das Stück mit der Metro bis zur Station Saens Peña ist für sie noch ein Kinderspiel. Dann noch ein Stück zu Fuß. Sie geht in Richtung Avenida Maracanã, die ihr als Orientierung dient, doch schon der Weg dahin ist beschwerlicher als erwartet: Der Bürgersteig ist uneben und überall dort, wo Garageneinfahrten sind, ist er durch eine kleine Schlucht unterbrochen. Linda stolpert fast, als sie auf einen Kanaldeckel tritt, der deutlich nachgibt. Jetzt muss es besser werden, denkt sich Linda, denn nun erreicht sie die Avenida, die über einen breiten, gut ausgebauten Bürgersteig verfügt. Hier ist es zwar laut, denn auf der Straße überholen sich Autos, Motorräder und Busse kreuz und quer, aber zumindest kann Linda einigermaßen komfortabel gehen. Sie hält großen Abstand vom Straßenrand, der Verkehr ist ihr nicht geheuer. Zu oft hat sie schon von tragischen Verkehrsunfällen in Brasilien gehört, besonders in Rio.

Da schießt auf einmal ein Stahltor direkt über Lindas Kopf wie ein Fallbeil hinab und schließt die Einfahrt zu einer Werkstatt. Linda erschrickt zu Tode, weiß nicht, auf welcher Seite des Tores sie sich in Sicherheit bringen soll, und schafft es gerade noch, am Tor vorbeizuspringen.

»So was dürfte es nicht geben!«, schimpft Linda vor sich hin. »Nicht so ohne Vorwarnung.«

Also ab jetzt nicht mehr nur nach vorne und auf den Boden gucken, sondern hin und wieder auch nach oben, das wäre ja gelacht, wenn unsere studierte Deutsche dieser Herausforderung nicht gewachsen wäre. Aus der Klimaanlage eines Hochhauses tropft es ihr auf die Stirn. Igitt. Linda wischt sich den Tropfen weg und blickt nach oben, als ein Auto direkt vor ihr den Bürgersteig überquert, um auf die Tankstelle zu fahren. Schon wieder fühlt sich Linda in ihren Rechten als Fußgängerin überfahren – im wahrsten Sinne des Wortes – und nimmt sich vor, nun zusätzlich noch nach links und rechts Augen und Ohren aufzuhalten. Langsam aber sicher wird sie schreckhaft. Sie erreicht eine Seitenstraße, die mit einem vielversprechenden Zebrastreifen ausgestattet ist, und setzt einen Fuß auf die Straße, als sie sieht, wie ein Auto in die Straße einbiegen will. Überzeugt, dass der Autofahrer anhalten wird, entschließt sie sich weiterzugehen. Wenn man sich nur entschlossen genug zeigt, respektieren einen die Leute, legt sie sich zurecht. Doch der Autofahrer hält sich nicht an Lindas Regelkatalog. Er gibt erst recht Gas und hupt empört im Vorbeifahren. Linda macht einen Satz nach vorne, der ihr möglicherweise das Leben rettet. Ihr Herz klopft. Das war doch ein Zebrastreifen! Sind die nur aus Jux und Dollerei auf den Boden gemalt?

Um nach Hause zu kommen, muss sie lediglich noch eine große Kreuzung überqueren, und da gibt es zum Glück eine Ampel extra für Fußgänger. Linda sieht erstaunt, wie die Menschen die dreispurige Straße bei Rot überqueren, obwohl an der Ecke ein Polizist steht. Der guckt aber nur gelangweilt durch die Gegend. Linda wartet trotzdem lieber auf Grün – sie hat für heute schon genug Glück gehabt. Die Ampel springt auf Grün, und die noch übrig gebliebenen Fußgänger setzen sich in Bewegung. Sie kommen jedoch nur bis zur Verkehrsinsel in der Mitte, dann haben erst einmal wieder die Linksabbieger Vorrang: zahlreiche Autos, ein Bus, ein Müllwagen, noch mehr Autos, eine Kutsche ... Eine Kutsche? Linda hat richtig gesehen – und verpasst den einzigen kurzen Moment, in dem sie unversehrt auf die andere Straßenseite hätte kommen können. Jetzt heißt es warten, warten, warten. Mitten auf der Straße. Sie schaut der Kutsche nach, die da in Seelenruhe die Kreuzung überquert. Sie ist kurz vorm Auseinanderfallen, beladen mit Metallschrott, und der Kutscher ist ein Haufen Lumpen ohne Gesicht, oder zumindest ist dasselbe von einem ausgeblichenen Schlapphut verdeckt.

Linda fühlt sich geschafft von den Strapazen eines ihr unendlich lang erscheinenden Weges. Sie verspürt ein bisher ungekanntes Bedürfnis nach Sicherheit, Ordnung und Gerechtigkeit und kann sich nicht vorstellen, wie die Brasilianer mit dem Stress der Straßen tagein, tagaus zurechtkommen. Wie sehr sie sich auf ihr Zimmer freut! Denn da ist es ruhig, sauber und sicher.

Was ist diesmal schiefgelaufen?

Linda läuft wie ein scheues Reh durch die Straßen, nachdem sie die ersten Kontakte mit realen Gefahren gemacht hat. Sicherer ist es, sich von vorneherein klar zu machen, welche Position man als Fußgänger oder auch als Radfahrer in der Hierarchie des Straßenverkehrs einnimmt: ganz unten. Da hilft kein Schimpfen und kein Beharren auf dem eigenen Recht.

Dabei ist es nicht so, dass die Rechte von Fußgängern und Fahrradfahrern im brasilianischen Straßenverkehr nicht festgeschrieben wären: Autos müssen an Zebrastreifen warten, der abbiegende Verkehr muss kreuzende Fußgänger vorlassen und bei Rot muss gehalten werden. Diese Gesetze gelten jedoch nur als grobe Orientierung. Tatsächlich finden andere Regelungen Anwendung, nach denen der motorisierte Verkehr fast immer Vorrang vor Fußgängern hat. Brasilianer nennen dieses Phänomen schlicht *essa lei não pegou* – das Gesetz wurde nicht angenommen.

Vom eigenen Auto

Warum wird der Verkehr in brasilianischen Großstädten eigentlich vom Individualverkehr dominiert? – In Brasilien glaubt man fest daran, dass das Land Fortschritt braucht, und das US-amerikanische und europäische Modell gilt dabei als Vorbild. So hat man besonders in der Ära Kubitschek (1956–1961) voll auf die Automobil- und Ölindustrie gesetzt. Auch heute gilt das eigene Auto als Statussymbol ohnegleichen, was in den Großstädten folglich zu erheblichen Staus führt. Denn auch beim öffentlichen Nahverkehr setzte man zum größten Teil auf Busse. Rio ist hier mal wieder eine Ausnahme, da es immerhin einige Metrolinien und Züge in die Vorstädte gibt.

Hin und wieder findet man auch auf den schnellsten Straßen Rios Kutschen. Sie sammeln Müll und alles andere, was irgendwie wiederverwertet werden kann. In unseren Augen mag das einigermaßen romantisch wirken, brasilianische Autofahrer regen sich aber regelmäßig über diese Störung auf.

Was können Sie besser machen?

Vergessen Sie alle Regeln, die Sie zum Begehen oder Befahren von deutschen Straßen fleißig gelernt haben. Seien Sie stattdessen aufmerksam! Dies gilt besonders nachts: Dann findet auch mal ein kleines Autorennen zwischen alkoholisierten Freunden statt. Sie sollten auch wissen, dass es auf leeren Straßen in der Dunkelheit üblich ist, als Autofahrer mit der Lichthupe von Weitem zu signalisieren, dass er gleich in vollem Tempo über die Kreuzung rasen wird. Eine rote Ampel hat hier der Angst, nachts im Auto überfallen zu werden, nichts entgegenzusetzen. Die Wahrscheinlichkeit, mit einem anderen Auto auf der Kreuzung zu kollidieren, ist auch nicht erwähnenswert. Haben Sie also bestenfalls tags und nachts stets alles im Blick und orientieren Sie sich am Verhalten brasilianischer Fußgänger.

Und was das Verhalten an der Ampel anbelangt: Manchmal kann es sogar sicherer sein, bei Rot zu gehen, denn dann hat man den Verkehr im Blick, während man bei Grün von abbiegenden Autos quasi von hinten überrascht wird. Erwarten Sie keine Rücksicht – es gibt für dieses Wort schließlich keine Entsprechung im Portugiesischen!

14 Linda an der Copacabana

Wo die Freizügigkeit ihre Grenzen kennt

Linda ist jetzt schon einige Wochen in Rio und hat noch immer nicht den Strand erkundet. Gibt's das denn! Das will sie an ihrem freien Nachmittag nun endlich nachholen und es sich so richtig gut gehen lassen. In Deutschland hat sie sich noch extra einen neuen sportlich-schicken Badeanzug gekauft, weil ihr alter ihr nicht brasiliengerecht schien. Bepackt mit Sonnencreme Faktor fünfzehn, einem großen Handtuch und ihrem neuesten Buch in der Tasche steht sie nun an der Copacabana und blickt sich um, wo sie wohl ein schönes – vielleicht auch ruhiges – Plätzchen findet.

So wirklich ruhig scheint es hier nirgends zu sein, aber da ist ein Fleckchen Strand, das ihr gefällt. Sie breitet ihr Handtuch aus und beginnt ihr Strandritual: Kleid ausziehen (den Badeanzug hat sie schon zu Hause angezogen), eincremen, Buch rausholen, umschauen, wer da noch so alles sitzt. Ihre fabelhafte Laune schmälert sich ein wenig, als ihr klar wird, dass sie ungefähr dreimal so viel Stoff an sich trägt wie die Brasilianerinnen. Die kaufen ja alle Kinderbikinis, denkt sich Linda, da muss man erst mal die Figur zu haben. Aber nein, ausnahmslos. Auch die Gruppe von Muttis, die in einer Plauderrunde sitzen und rauchen, haben die gleichen Minibikinis über die reife Haut gezwängt. Na, ob die das schön finden oder einfach nichts anderes gefunden haben? Wobei sie sich davon gar nicht demoralisieren lassen will und sich deshalb auf den Bauch dreht, damit sie endlich in ihrem Buch über Bossa Nova, das sie sich in Búzios gekauft hat, weiterlesen kann.

Strandetikette

Brasilien ist für seine Strände und Bikinis bekannt. In Filmen und auf Fotos sind die Bikinis möglichst klein und die Frauen natürlich alle gertenschlank und blutjung. Erstes Klischee hält einer Überprüfung stand, zweites definitiv nicht. Brasilianerinnen sind nicht dünner oder jünger als der Rest der Welt, tragen aber in jedem Alter gerne Bikinis – je jünger sie sind, desto knapper der Stoff. Auch wenn die Bikinis den Blick auf viel Haut zulassen, ist es undenkbar, dass man oder frau sich nackt an den Strand legt. Männer haben die Wahl zwischen großzügigen Shorts oder eng anliegenden Badehosen, *sunga* genannt. Beide sind gleichermaßen sozial akzeptiert. Während man in Deutschland auch im Park Frauen oben ohne sieht, ist dies in Brasilien am Strand – von Parks ganz zu schweigen – nicht gerne gesehen, gilt als öffentliches Ärgernis und ist teils sogar verboten. *Naturismo*, also FKK, gibt es in Brasilien seit Ende der 80er-Jahre, ist allerdings nur wenig verbreitet.

»*Oi, linda*«, hört sie da plötzlich und schaut erschrocken gegen ein Paar Beine, die direkt vor ihr stehen. Sie blickt hoch, ruft automatisch »*oi!*« – hallo! Aber anstatt dort einen Bekannten – so viele hätten es ja auch noch nicht sein können – zu sehen, fragt ein fremder Junge: »*Quer um guaraná?*«

»Äh, nein danke.«

»*Mas é bem gostoso, como você*« – Aber das ist sehr lecker, genauso wie du, versucht sie der fliegende Händler zu überzeugen. Die Bemerkung versteht Linda allerdings nicht so recht und dreht sich wieder weg.

»*Protetor solar, protetor solar*«, schallt es wenig später gefühlt direkt neben ihrem Ohr. Was ist das jetzt schon wieder? Ah,

Sonnencreme. Nee, das erst recht nicht, die hat sie ja selbst mitgebracht, denkt Linda und schmiert sich nochmals das Gesicht ein – man weiß ja nie, wie stark die Sonne ist.

»*Óculos de sol*« – Sonnenbrillen diesmal.

Linda hat noch nicht einmal zwei Seiten geschafft, schüttelt nur wieder den Kopf, um den Angreifer – ja genau, denn sie fühlt sich in ihrer freien Nachmittagsruhe angegriffen – direkt abzuwehren. Entnervt packt sie ihr Buch weg und ändert ihre Erholungsstrategie: ab ins Wasser. Da kann ihr auch niemand etwas verkaufen.

Auf dem Weg kommt sie an einem Typen vorbei, der ihr zuruft: »*Ohhh, vai pra academia fazer aeróbica?*« Dass jemand fragt, ob sie auf dem Weg ins Fitnessstudio ist, versteht sie nicht ganz, aber sie realisiert, dass er von Aerobic spricht. Pfff, ob der ihr damit sagen will, dass sie mal wieder Sport machen sollte? Unverschämt!

Die Abkühlung tut gut. Als sie wiederkommt, sieht sie schon den nächsten fliegenden Händler. Er hat eine Holzkonstruktion mit verschiedenen bunten Tüchern bei sich. Das sind sicher diese Tücher, auf denen all die Leute hier am Strand sitzen. Die sind wirklich schön und aus der Nähe würde sie sich die schon gerne mal ansehen. Aber irgendwie ist ihr das Ganze zu aufdringlich. In dem Moment schreit ihr der Händler auch schon »*Cangas, Cangas!*« entgegen. Ach, so heißen die wohl, kombiniert Linda, läuft aber schnell an ihm vorbei, Blick starr geradeaus, damit er bloß nicht auf sie aufmerksam wird.

Erst diese minimalistischen Bikinis überall, dann keine Ruhe zum Lesen und aufdringliche Strandverkäufer. Jetzt will ich mir nicht auch noch eine Erkältung holen, denkt sich Linda. Darum wickelt sie sich in ihr Handtuch, streift sich ihren nassen Badeanzug ab und zieht schwuppdiwupp ihr Kleid über, eben so, wie sie das in Köln am Badesee immer macht. Dass sie jetzt noch mehr angestarrt wird, fällt ihr gar nicht auf. Würde sie sich nämlich umschauen, sähe sie, dass die Menge der Strandbesucher sich in zwei Gruppen teilt: Die einen schauen Linda fassungslos an, die anderen pikiert zu Boden. Spätestens jetzt wissen alle, dass sie eine *gringa* ist.

Gringo

Gringo (oder *gringa* in der weiblichen Form) ist in Brasilien die Bezeichnung für Fremde, also Ausländer, die eine andere Sprache sprechen. Meistens sind Nordamerikaner oder Europäer damit gemeint. Das Wort wird sowohl im Portugiesischen als auch im Spanischen vor allem in Lateinamerika verwendet, wobei die Bedeutung in manchen Regionen und Ländern variiert. Mit *gringo* kann z.B. ein negativer, teils höhnischer Beigeschmack einhergehen. Er kann jemanden bezeichnen, der geradezu darauf wartet, betrogen zu werden, weil er sich nicht auskennt. Der Ausdruck kann aber auch benutzt werden, um das Verhalten von jemandem zu entschuldigen, der nicht von den Regeln eines bestimmten Ortes weiß. Wie es gemeint ist, hängt also oft von der Situation ab. In diesem Fall verhält sich Linda völlig anders als Einheimische und fällt sofort auf, somit legt sie das typische Verhalten einer *gringa* an den Tag.

Estrangeiro ist ein anderer portugiesischer Ausdruck für Ausländer, wobei dieser wertfreier ist und Personen aus allen Teilen der Welt bezeichnen kann.

Was ist diesmal schiefgelaufen?

Linda ist mit voller Wucht in verschiedene Fettnäpfchen gestapft. Sie wollte ihre Ruhe zum Lesen und suchte diese am Strand im Stadtviertel Copacabana. Dass es hier wenig ruhig ist und sich Touristen und Einheimische gleichermaßen tummeln, hätte sie eigentlich schon vom Bekanntheitsgrad des Strandes herleiten können. Dass ihre Sonnencreme mit

Lichtschutzfaktor 15 zu schwach ist, merkt sie erst am Abend, als sie mit hochrotem Kopf in den Spiegel blickt.

Obwohl sie schon am ersten Tag erfahren hat, dass ihr Name auf Portugiesisch »hübsch« bedeutet, hat sie sich vom Strandhändler angesprochen gefühlt. Er wusste natürlich nicht ihren Namen, sondern nannte sie lediglich »Hübsche«, was Teil des alltäglichen Flirtens und sicherlich auch schmeichelnde Verkaufsstrategie ist.

Der Mann, der Linda zuruft, wollte nicht ihre Figur kritisieren, sondern hat ihren »großen« sportlichen Badeanzug kommentiert, der ihn eher an Aerobic- denn an Badekleidung erinnert. Auch ihr Buch und das Handtuch sind untypisch für einen brasilianischen Strandbesuch. Als sich Linda dann auch noch auszieht, wenn auch in ihr Badetuch gewickelt, ist das ein Schock oder zumindest eine bizarre Faszination für alle Umsitzenden. Es gibt wohl kaum etwas, womit Linda mehr Aufmerksamkeit hätte erregen können.

Was können Sie besser machen?

Wenn Sie an die Copacabana gehen, stellen Sie sich darauf ein, dass Sie dort weder allein sein noch ihre Ruhe haben werden. Genießen Sie entweder das Bad in der Menschenmenge oder baden Sie an einem anderen Strand außerhalb der Stadt, der weniger belebt ist. Auch unter Brasilianern ist die Copacabana für ihre Touristenmassen bekannt, sodass es hier gerade für Strandhändler lukrativ ist. Wenn Sie sich die feilgebotenen Dinge lediglich anschauen möchten, gehen Sie auf die lockere Art der Verkäufer ein. Als Frau können Sie ein bisschen mit ihnen flirten und somit den Händler bei Laune halten. Als Mann liegt es nahe, locker ein paar kumpelhafte Sätze oder Gesten zu wechseln. Daumen hoch, begleitet von einem *tudo bem* passt in so einem Moment immer. Das Gros der Verkäufer wird es Ihnen nicht übel nehmen, wenn Sie am Ende nichts kaufen. Wehrt man sie dagegen von Anfang an ab, womöglich mit starker Gestik, wird das von Verkäufern als grobe Verletzung empfunden. Ist Ihnen überhaupt nicht nach Reden zumute, können Sie freundlich, aber bestimmt lächeln und mit einem *não, obrigado/a* (nein, danke) verdeutlichen, dass Sie gerade keine Lust auf einen Plausch haben. Wenn Sie partout nicht angesprochen werden möchten, meiden Sie lieber den Strand. Hier ist man nie alleine, auch wenn man es sich vielleicht wünscht.

Lichtschutzfaktor 15 wird in Brasilien vorwiegend von Leuten genutzt, deren Haut viel Sonne verträgt – sehr viel Sonne. Sollten Sie auch nur annähernd empfindlich sein, soll heißen nicht dunkelhäutig, besorgen Sie sich in einer Drogerie, Apotheke oder Supermarkt eine Sonnencreme mit deutlich höherem Faktor, am besten 50. Natürlich können Sie die auch am Strand kaufen, aber da wissen Sie nicht, wie alt die Creme schon ist bzw. wie viele Runden sie bereits in der Sonne gedreht hat.

Badekleidung in Brasilien ist knapper als in Deutschland. Lassen Sie sich von dieser Tatsache nicht stören, allerdings auch nicht davon, dass Sie möglicherweise mit Ihrem deutschen Badeanzug oder Bikini auffallen. Wenn Sie dem vorbeugen möchten, blicken Sie über Problemzonen hinweg und kaufen Sie sich einen brasilianischen Bikini (siehe Kapitel 16, S. 116). Sie können sich am Strand kaum besser tarnen als mit wenig Stoff.

Beachten Sie, dass man sich am Strand nicht umzieht. Nehmen Sie einen *canga* mit, ein großes Tuch in bunten Farben, auch Pareo genannt, auf das Sie sich setzen oder das sie sich als Rock oder Kleid umwickeln können. Das ist luftig, sodass Ihre Badekleidung problemlos trocknen kann. Alternativ können Sie auch eine Toilette in der Nähe aufsuchen und sich dort fernab brüskierter Blicke umkleiden.

15 Linda schaut die Telenovela

Warum man manchmal lieber weinen als lachen sollte

Der Nachmittagsunterricht ist vorbei, heute lief es ganz gut. Aber Linda ist doch immer wieder verwundert, dass trotz des eigentlichen Eindrucks, den sie bislang vom brasilianischen Zeitverständnis bekommen hat, all ihre Schüler immer pünktlich zum Unterricht erscheinen. Und sie gehen auch ebenso pünktlich, selbst wenn sie noch mitten in einer Übung sind. Abgelenkt durch diese Gedanken, merkt Linda gar nicht, dass sie schon an ihrem Haus vorbei ist. Sie dreht auf der Stelle um, der Hund des Hauses, vor dem sie steht, begleitet ihre Hundertachtzig-Grad-Wendung mit misstrauischem Kläffen. Armer Hund, denkt sich Linda, sie hat ihn noch nie außerhalb seines Zauns gesehen. Überhaupt dämmert in fast jedem Vorhof ein Hund vor sich hin. Dass einer von ihnen Gassi geführt würde, hat sie noch nicht beobachten können.

Als sie an ihrem Heim ankommt und aufschließt, hört sie auch schon ein Stimmengewirr aus dem Wohnzimmer. Ob heute Abend Besuch da ist? Hat Patrícia beim Mittagessen gar nicht erwähnt.

»*Oi querida, tudo bom?*« – Na, meine Liebe, alles gut?

»*Tudo.*« – Alles gut.

»Schau, das ist mein Schwester Daniela.« Ganz schön laut ein einzelner Gast.

Daniela begrüßt Linda herzlich und fordert sie auf, sich zu den beiden zu setzen. Da entdeckt Linda auch, woher die ganzen Stimmen kommen: aus dem Fernsehen.

»*É a novela das sete*« – Das ist die Sieben-Uhr-*novela*, erläutert Patrícia.

Fast gleichzeitig beginnen Patrícia und Daniela ihr zu erklären, worum es geht. Linda versteht irgendetwas von Márcia, die verliebt in Fernando ist, der wiederum in Iracema verliebt ist und diese zusammen mit Caio entführt hat, in der Hoffnung, dass sie entweder seine Liebe erwidert oder er wenigstens von ihrem Ehemann ein Lösegeld bekommt ... Das scheint Linda ja alles sehr verworren.

Sie versucht sich zu konzentrieren und der Telenovela zu folgen. Die Darsteller sprechen natürlich in normaler Geschwindigkeit Portugiesisch, und Linda hat nicht die Möglichkeit, sie zu bitten, etwas langsamer zu sprechen. Stattdessen haben sie so starke Gesichtsausdrücke und Gesten, dass Linda doch schon nach fünf Minuten das Gefühl hat, wenigstens einzelnen Szenen folgen zu können. In der nächsten Minute schmeißt sich Fernando vor Iracema auf die Knie, gesteht ihr unter Tränen seine Liebe, während diese mit verbundenen Augen gefesselt in der Ecke sitzt und auf theatralische Art zurückschmachtet. Linda beginnt lauthals zu lachen. Wie übertrieben das alles und so melodramatisch! Sicherlich eine ironische Komödie. Als sie sich beruhigt hat, sieht sie, wie Patrícia und Daniela sie entgeistert und mit Tränen in den Augen anstarren.

Was ist diesmal schiefgelaufen?

Linda hat nicht damit gerechnet, dass Patrícia und Daniela die Sendung so ernst nehmen, vor allem da sie die Szenen als schlecht gespielt empfand und die Handlung in ihren Augen fast schon nach Parodie aussah. Sie musste an einer Stelle lachen, an der die beiden schon Tränen in den Augen hatten, und hat sich somit nicht nur über die *novela* lustig gemacht, sondern gewissermaßen auch über die beiden Frauen. Das kam logischerweise nicht ganz so gut an.

Die Telenovela

Ein brasilianisches Nationalheiligtum ist seit 60 Jahren die Telenovela. Es gibt unter der Woche mehrere am Tag, aber die wichtigste ist die sogenannte *novela das oito* – die Acht-Uhr-Seifenoper, die nicht unbedingt pünktlich um acht Uhr anfängt, weil da erst noch die Nachrichten kommen. Die schauen alle (Frauen): von der armen Greisin bis zur pubertierenden Mittelschichtstochter. Die wichtigsten *novelas* laufen auf dem privaten Fernsehsender TV Globo und bestimmen in den meisten Fällen den häuslichen Abend brasilianischer Familien unter der Woche.

Eine *novela* besteht aus verschiedenen Episoden, die meist über ein Jahr hinweg an fünf Tagen die Woche ausgestrahlt werden. Während Umgebung und Zeit variieren – manche spielen in der Kolonialzeit, eine in Marokko, andere im Hier und Jetzt in Rio –, geht es thematisch immer um Liebe, Drama und andere mehr oder weniger alltägliche Dinge. Und die allermeisten *novelas* spielen in wohlhabenden Kreisen (ohne dass die Protagonisten arbeiten müssten).

Die Hauptzielgruppe sind Frauen jeglichen Alters und Bildungsstandes, nicht selten sitzen ganze Familien vor dem Fernseher – ob aus Interesse oder Solidarität bleibt der Interpretation überlassen.

Die Geschichten sind unterhaltsam und wenig komplex, und die Darsteller spielen überzogen. Dadurch wiederum ist die Handlung – auch für Ausländer – leicht verständlich, sodass man teils schon nach einer Folge versteht, worum es geht.

Brasilianische Telenovelas sind außerdem ein Exportschlager, sei es nach Mexiko, in die USA, nach Osteuropa oder in die Türkei. Die halbe Welt weint mit den Brasilianerinnen, nur in Nordeuropa scheinen sie nicht so recht zu den Fernsehgewohnheiten zu passen.

Was können Sie besser machen?

Mitweinen! Machen Sie sich bewusst, dass eine *novela* zwar übertrieben theatralisch und sentimental erscheinen mag, aber dennoch täglich unzählige Frauen (und etwas weniger Männer) vor den Fernseher lockt. Ob die Zuschauer sich in den Personen wiedererkennen, Unterhaltung oder einen Kanal suchen, um ihren Gefühlen freien Lauf zu lassen, sei dahingestellt. Die Flucht nach vorne ist ratsam: *Novelas* sind, gerade weil sie recht simpel gestrickt sind, auch für Ausländer mit wenigen Sprachkenntnissen relativ leicht zu verstehen und bieten darum eine gute Möglichkeit, sich ins Portugiesische hineinzuhören und so das Hörverstehen zu trainieren. Außerdem erfahren Sie als Zuschauer auch noch etwas über den brasilianischen Alltag, Romanzen und Dramen – sowohl im Fernsehen als auch auf dem heimischen Sofa. Gesellschaftlich relevante Diskussionen werden nicht selten in der Telenovela entschieden – so sorgte vor Kurzem der erste homosexuelle Kuss für Aufsehen, und was an nackter Haut und Erotik gezeigt wird, setzt Maßstäbe dafür, was allgemein als akzeptabel oder nicht akzeptabel gilt. Schauen Sie also gespannt zu und versuchen Sie, möglichst viele passende Emotionen zu zeigen, so haben Sie zusätzlich die Chance, das Bild vom kühlen Deutschen zu revidieren.

Rede Globo

Globo betreibt nicht nur den erfolgreichsten Fernsehsender Brasiliens, TV Globo, sondern ist ein Medienimperium mit Zeitungsverlagen und Kinoproduktionen – eines der größten der Welt und das größte Lateinamerikas. Seine Macht als Meinungsmacher und auch als politischer Akteur ist damit kaum zu überschätzen. Traditionell ist Globo bekannt für seine konservative Grundhaltung – schließlich wurde das Unternehmen 1965 während der Militärdiktatur gegründet und konnte in ihr groß werden.

Im Fernsehprogramm wird auf Sensationen gesetzt, sei es in den Nachrichten oder den *novelas*, alles ist ein bisschen zu bunt und zu grell für unsere Sehgewohnheiten. Staatliche TV-Angebote können da nicht mithalten, und da nur ein sehr kleiner Teil der Bevölkerung Zeitung liest, aber in jeder noch so armen Hütte ein Fernseher steht, ist Globo der Kanal, aus dem sich die Mehrheit der Brasilianer ihr Weltbild vermitteln lässt.

16 Linda fühlt sich unzureichend bedeckt und zu viel befreundschaftet

Warum im Land der Bikinis dieselben so knapp sind

Linda sitzt die Blamage am Strand noch in den Knochen. Schließlich ist ihr deutscher Bikini an der Copacabana aufgefallen wie ein Taucheranzug im Planschbecken. Für den nächsten Strandbesuch will sie vorbereitet sein. Also nimmt sie den Bus zum Rio Sul-Shopping, ein Shoppingcenter, das Linda ganz nett findet, weil es einigermaßen interessante Geschäfte gibt, schön kühl ist und ruhiger als die kleinen Läden an der Straße, in denen sie sich im Stress der Hitze und der Enge nie entscheiden kann. Außerdem will sie danach noch ein wenig durch das pittoreske Viertel Urca um den Zuckerhut spazieren, das ist ganz in der Nähe.

Im Shoppingcenter findet Linda ohne Probleme einen Laden, der auf Bademode spezialisiert ist.

»*Oi, posso te ajudar?*« – Hallo, kann ich dir helfen?

»*Não, obrigada*« – Nein, danke, wehrt Linda ab.

»*Meu nome é Marina, qualquer coisa você me chama, tá? Como você se chama?*« – Ich heiße Marina, wenn du irgendetwas brauchst, ruf mich, ja? Wie heißt du?, überrascht die Verkäuferin Linda mit ziemlich viel Text.

»Linda«, entgegnet die knapp, fragt sich aber schon, warum sie sich jetzt in einem Geschäft namentlich vorstellen muss.

»*Ai que nome legal. Fica à vontade, Linda.*« – Was für ein toller Name. Fühl dich hier wohl, Linda.

Es ist ihr ein wenig lästig, dass sie in dem leeren Laden von drei Verkäuferinnen beobachtet wird. Ihr ist es am liebsten, sie fällt gar nicht auf und kann einigermaßen anonym durch die Geschäfte bummeln und ihre Einkäufe erledigen. Insbesondere wenn sie Bikinis anprobiert!

Kleine Angestellte – wird Deutschland »brasilianisch«?

In Deutschland wird verstärkt von der »Brasilianisierung« des Arbeitsmarktes gesprochen. Darunter versteht man, dass die Menschen zwar Arbeit haben, diese jedoch so gering vergütet ist, dass sie davon kaum würdevoll leben können.

In Brasilien springen einem die zahllosen Portiers und Verkäufer(innen) ins Auge. Auch an Tankstellen und in Copyshops wird man von vorne bis hinten bedient, und zum Wasser- und Stromablesen kommt monatlich ein Angestellter vorbei. Da fragt man sich: Wer bezahlt die alle? Tatsächlich verdienen sie so wenig, dass dieser Kostenpunkt für Arbeitgeber nicht besonders relevant ist. Daher gibt es auch kaum Automaten, etwa für den Metroticketkauf, sondern stets besetzte Schalter.

Diese kleinen Angestellten werden meist mit dem Mindestgehalt bezahlt, das in der brasilianischen Verfassung verankert ist. In Deutschland bedeutet die »Brasilianisierung« des Arbeitsmarktes einen Abstieg, in Brasilien dagegen hat sich die Situation der Angestellten verbessert, da der Mindestlohn seit Jahren stärker steigt als die Inflation. Bei Lulas Amtsanstritt 2003 lag das *salário mínimo* noch bei 240 Reais (ca. 90 Euro), 2011 liegt es bei 545 Reais (ca. 205 Euro). Dieses Mindestgehalt verdienen außer Angestellte im Dienstleistungsbereich, beispielsweise Haushälterinnen, vor allem Arbeiter in der Landwirtschaft. Im Süden sind es etwa zehn Prozent der Bevölkerung, die von diesem Gehalt leben, im Nordosten über 50 Prozent, die anderen Regionen bewegen sich zwischen diesen Werten. Der Anstieg des Mindestlohns kommt allerdings einer noch breiteren Masse zugute: Viele Gehälter, beispielsweise im Öffentlichen Dienst, werden in Mindestgehältern gemessen, also kann ein kleiner Beamter drei Mindestgehälter verdienen und am Mindestlohnanstieg teilhaben. Selbstverständlich sind 545 Reais nicht viel, gerade bei den stolzen Lebensmittelpreisen. Doch lässt sich nicht von der Hand weisen, dass sich die Situation der kleinen Angestellten in den letzten zehn Jahren positiv, wenn auch noch immer nicht ausreichend, gewandelt hat.

Mit Verkäufern und Portiers verkehren Brasilianer übrigens sehr freundlich, und beide Seiten stellen sich namentlich vor. Ausnahmen sind Kassierer im Supermarkt: Ein Lächeln werden sie von ihnen nicht so schnell erhaschen.

Linda sieht Bikinis in allen Farben des Regenbogens, manche mit aufgenähten Muscheln, andere mit Mustern und Ornamenten, und eine Handvoll schlichte Modelle findet sie auch. Es gibt die meisten in drei Größen: *P*, *M* und *G*. Nur findet Linda die Schnitte nicht besonders abwechslungsreich, sie reichen von sehr knapp bis zu höllisch knapp und setzen sich aus Dreiecken zusammen (zwei Dreiecke plus Bänder macht ein Oberteil, zwei Dreiecke aneinandergeheftet und Bändchen macht eine Hose). Voller Zweifel zieht Linda drei von der Stange und zwar in Größe *M*. Die Verkäuferin nimmt ihr die Bikinis ab und hängt sie in die Umkleidekabine, deren Vorhang sie hinter Linda wieder zuzieht. Die fühlt sich behandelt wie ein Prinzesschen. Sie zieht sich um und muss feststellen, dass alle von ihr ausgewählten Bikinis zu eng sind. Viel zu eng.

Die Verkäuferin ruft von der anderen Seite des Vorhangs: »*Como é que ficaram?*« – Wie sitzen sie?

»*Muito pequenos*« – Sehr klein, antwortet Linda. Die Verkäuferin sagt etwas, das Linda nicht versteht, dann kommt sie mit den drei Bikinis in Größe *G* wieder. Linda ist dankbar, dass sie sich nicht selbst wieder umziehen musste, um die anderen Größen zu holen. Diesmal passen die drei so gerade.

Sie ist sich zwar klar darüber, dass sie für den brasilianischen Durchschnitt groß und kräftig ist, aber es gibt doch auch in Brasilien große Frauen und vor allem nicht wenige mit einem gemütlichen Bäuchlein, und Linda fragte sich, wo die wohl ihre Bikinis kaufen, wenn das hier die größte Größe sein soll. Obwohl die Teile jetzt großzügiger sitzen, überdecken sie doch kaum ihre Scham, und Linda überlegt, ob die Brasilianerinnen sich wohl jeden Tag rasieren. Sie hat ja schon mal von *Brazilian Waxing* gehört und nimmt sich vor, bei der nächsten Gelegenheit Patrícia zu fragen, was es damit genau auf sich hat. Sie zieht sich wieder um und wägt ab, welches Stück sie nehmen soll. Etwas mit fröhlichen Farben will sie. Es gibt ein gelb-grün gemustertes Modell, das würden ihre Freunde in Deutschland gleich als Andenken aus Brasilien erkennen.

»*Vou pegar esse aqui*« – Ich nehme diesen hier.

»*Vai pegar ele grande mesmo?*« – Nimmst du ihn wirklich in groß?, vergewissert Marina sich. Linda nickt. »*Tá, então vão ser cinquenta Reais, por favor*« – Okay, dann macht das bitte fünfzig Reais.

»*Posso pagar com cartão?*« – Kann ich mit Karte zahlen?

»*Pode, claro. Crédito ou débito?*« Linda versteht nicht, und die Verkäuferin wiederholt freundlich: »*Com cartão de crédito ou débito?*« – Mit Kredit- oder Debitkarte?

»*Crédito*«, antwortet Linda, *débito* sagt ihr nichts. Sie hat sich extra für die Monate hier eine VISA-Karte ausstellen lassen, doch das Gerät nimmt ihre Karte nicht an. Nach zwei erfolglosen Versuchen kommt Linda ein wenig ins Schwitzen und gibt der Verkäuferin ihre EC-Karte. Mit der klappt die Bezahlung einwandfrei.

Marina packt den neuen Bikini in eine schöne bunte Tüte und strahlt ihre Kundin an: »*Aproveita a praia, Linda!*« – Genieß den Strand, Linda!

»*Obrigada, um ótimo dia para você*« – Danke, dir einen exzellenten Tag, revanchiert sich Linda für die Nettigkeiten, die ihr am Ende doch ein gutes Einkaufsgefühl beschert haben.

Konfektionsgrößen

Linda hat eigentlich richtig geraten: Größe *M* bedeutet *médio*, also mittel, *P* steht für *pequeno*, klein, und *G* für *grande*, groß. In manchen Geschäften gibt es die europäischen Größen 38, 40 usw. Dabei fallen diese Größen stets kleiner aus als in Deutschland, am besten sucht man sich also eine oder zwei Größen größer heraus als gewohnt. Das gilt besonders bei Frauenkleidung, die extrem eng geschnitten ist, Männerkleidung präsentiert sich dagegen eher luftig. Man kann es nicht anders sagen: Kräftigere Frauen haben in Brasilien schlichtweg Pech gehabt. Nicht zuletzt deshalb quetschen sich viele korpulentere Brasilianerinnen in dehnbare Leggins und Stretch-Tops.

Eine interessante Ausnahme gilt für Schuhe: Bei ihnen muss man ein bis zwei Größen herunterrechnen. Wer in Deutschland Flipflops in Größe 42 trägt, sollte in Brasilien *chinelos* in Größe 41 oder sogar 40 anprobieren.

Was ist diesmal schiefgelaufen?

Namen haben Linda ja nun schon häufiger zu schaffen gemacht. Sie kann sich doch nicht die Namen von jeder Person, die ihr begegnet, merken, denkt sie. Muss sie nicht, doch Brasilianer pflegen diese Angewohnheit. Es ist ein Ausdruck von Höflichkeit, sein Gegenüber beim Namen zu kennen und explizit mit dem Namen anzusprechen. Wenn jemand immer nur »du« sagt, ohne den Namen seines Gesprächspartners zu nennen, ist das ein Zeichen dafür, dass der Name vergessen wurde – was als ziemliche Blamage gilt. Die Verkäuferin geht über Lindas namenlose Anrede hinweg, aber sie hatte sicherlich schon angenehmere Kundengespräche.

Die Bezahlung per Kreditkarte kann mal klappen, mal nicht ... Hier hat Linda einfach Pech gehabt.

Was können Sie besser machen?

Nicht so sehr förmliche Höflichkeit wird in Brasilien geschätzt, sondern Freundschaftlichkeit. Dazu gehört es, sich mit dem Vornamen vorzustellen, ein paar Sätze zu wechseln und dabei gerne immer wieder den Vornamen des Gegenübers einzuwerfen. Wäre Linda weniger schroff gewesen, hätte sich Marina sicherlich weiter vorgewagt und sie gefragt, woher sie kommt, wonach genau sie sucht usw.

Kartenzahlung ist in Brasilien sehr verbreitet, da die Menschen aus Angst vor Überfällen nicht gerne Bargeld in der Kasse haben, und so kann man in der Regel auch sehr kleine Beträge per Karte bezahlen. Die Kartenzahlung ist in jedem noch so kleinen Tante-Emma-Laden und sogar bei mobilen Verkäufern fast schon selbstverständlich. Dabei gibt es in der Regel die Optionen *débito*, bei der sofort vom Konto abgebucht wird, und *crédito*, also per Kredit.

Generell ist es zu empfehlen, auch eine Kreditkarte wie Visa-Karte oder Mastercard dabeizuhaben, z.B. wenn man ein Auto mieten möchte. Mit ihr kann man jedoch nicht in allen Geschäften bezahlen oder an allen Automaten Geld abheben. In der Banco do Brasil könnte es beispielsweise schwierig werden; bei internationalen Banken wie HSBC oder Santander dürften Sie bessere Chancen haben.

17 Linda will schön sein und muss leiden

Wie man in Deutschland mit brasilianischem Wachs reich wird

Als Linda ihren neuen tropentauglichen Bikini in den Händen hält und spürt, wie sie rot wird, als sie »*Brazilian Waxing*« nuschelt, versteht Patrícia sogleich: »*Você quer fazer depilação?*« – Willst du dich epilieren lassen?

Linda hätte am liebsten erst mal ein paar Informationen eingeholt, doch für Patrícia scheint Epilation eine so selbstverständliche Sache, dass sie gar nicht darauf kommt, Linda in die Geheimnisse der brasilianischen Definition davon einzuweihen.

»Ich mach' dir einen Termin in meinem Salon.«

Drei Tage später macht sich Linda also auf den Weg zum *salão de beleza*, der nur zwei Straßen von ihrem Haus entfernt liegt. Beim Eintreten erscheint ihr der Raum wie der eines normalen Friseursalons. Zwei junge Frauen sowie eine Dame und ein Herr mittleren Alters begrüßen Linda. Eine der jungen Frauen ist gerade dabei, einer Kundin die Haare zu glätten, die andere lackiert einer Kundin die Nägel.

Hoffentlich wird mich nicht der Mann epilieren, denkt sich Linda und ist erleichtert, als sich die ältere Frau als Célia vorstellt und ihr den Weg ins Hinterzimmer weist. Sie hat diese milchkaffeebraune Hautfarbe, die Linda so schön findet, dazu das typische Bohnen-Bäuchlein, wie Linda es nach der blähenden Lieblingsbeilage der brasilianischen Küche nennt, das so viele Menschen über vierzig hier mit Gleichmut vor sich hertragen. Die Haare sind ordentlich nach hinten gegelt und in einem strengen Zopf zusammengehalten, die Kleidung ist einfach, aber makellos sauber. Frauen wie sie hat Linda auf den Straßen, in Geschäften und in den Bussen schon viele gesehen und durch ihre *empregada* kennt sie ihren Alltag ein wenig.

Célia will nun wissen, was genau sie epilieren soll: »*Você quer fazer meia perna, perna inteira, virilha?*«

Linda ist überfordert und muss nachfragen, die Erklärungen werden aber nur komplizierter und treiben ihr die Schamesröte ins Gesicht. Um die Sache zu vereinfachen, sagt sie: »*Tudo*«.

Célia weist auf einen Stuhl, auf dem sie ihre Kleidung ablegen kann. Linda zieht ihre Hose aus, und als Célia auf ihre Unterhose deutet, zieht sie auch die Unterhose aus, was sie irgendwie beruhigt, da Célia verstanden zu haben scheint, dass sie sich die Bikinizone epilieren lassen will. Linda legt sich auf die Liege und schaut Célia zu, die mit Topflappen an den Händen einen Metallbehälter hereinträgt, in dem sie kräftig rührt, und dann die erste Schicht Wachs auf Lindas linker Wade aufträgt. In Ordnung, werden die Beine also gleich mitgemacht. Kann auch nicht schaden.

»*Tá bom assim a temperatura?*« – Ob der Wachs auch nicht zu heiß sei?

»*Tá bom*«, gibt Linda ihr Okay und versucht, nicht an den Schmerz zu denken, der gleich kommen wird.

Geschickt legt Célia einen Streifen Papier auf und zieht ihn mit einem kräftigen Ruck wieder ab. Linda zuckt zusammen, doch mehr aus Schreck denn aus Schmerz. »*Doeu?*« – Hat's weh getan?

Als Linda verneint, erzählt Célia, dass das an der speziellen Wachsmischung liege, die sie selbst anfertige. Ein Gemisch abgerundet mit Honig, der den Wachs besonders zart mache, meint Linda zu verstehen.

»Bisher hast du dich nicht epilieren lassen, stimmt's?«, bemerkt Célia.

»Stimmt, in Deutschland ist das zu teuer für mich«, erklärt Linda.

»Ach, du bist Deutsche? Aber in Deutschland können sich doch alle alles leisten, oder?«

Inzwischen hat Célia ihre Unterschenkel enthaart und geht über zu den Oberschenkeln, bei denen sie etwas vorsichtiger ist und ein Tuch statt eines Papierstreifens benutzt. Linda sieht ihren geschickten Bewegungen einigermaßen gebannt zu.

»Ich kann es dir beibringen, wenn du willst«, bietet sich Célia an. Sie lädt Linda zu sich nach Hause ein und schmiedet schon den Plan, dass diese dann bei ihrer Rückkehr nach Deutschland ein eigenes Geschäft aufmachen könne.

Linda muss lachen: »Gute Idee, Célia! Ich mache in Deutschland einen Salon auf mit einem Schild *Waxing à la Célia* und werde damit reich!«

Wie Célia Linda so enthusiastisch sieht, muss auch sie lachen. Während Linda bereits in den Details der Inneneinrichtung ihres brasilianischen Salons in Köln schwelgt, wird es plötzlich an einer empfindlichen Stelle ziemlich heiß. Aua! Da ist Célia nun also an der gefürchteten Intimzone angekommen. Linda beißt die Zähne zusammen und schwitzt in dem kleinen Kabuff, das nur mit Ventilator, aber keiner Klimaanlage ausgestattet ist und höchstens fünf Quadratmeter misst. Viel zu lange dauert es, und als Célia fertig ist und Linda an sich herunterschaut, ist sie schockstarr: alles weg! Sie sieht aus wie mit acht Jahren. Zu spät. Resigniert zieht sie sich an und geht wieder in den vorderen Bereich des Salons.

»*Foi tudo bem, querida?*« – War alles okay, meine Liebe?, fragt sie der Mann dort fürsorglich.

»*Tudo ótimo*« – Alles bestens, lügt Linda, um Célia nicht in Schwierigkeiten zu bringen.

Der Mann bringt ihr einen *cafezinho*, stellt sich als Antônio vor und will wissen, woher sie kommt, was sie in Rio macht und ob sie bald wiederkäme in den Salon. Puh, erst mal nachwachsen lassen, denkt Linda, dann sehen wir weiter.

»*Deixa a gente fazer sua unha!*« – Lass uns deine Nägel machen, schlägt er vor.

Na ja, zur Entspannung wäre das gar nicht schlecht. Und die Brasilianerinnen haben tatsächlich immer so gepflegt Nägel, das schafft sie selbst nicht. Diesmal lässt sie sich auf der Preistafel genau erklären, was was heißt, und dann säubert ihr eine der jungen Angestellten zuerst Hände und Füße, manikürt und pedikürt, um sie dann in dem Bordeaux anzumalen, das sich Linda aus einem riesigen Kasten voller Nagellacke aussucht. Wie die Angestellte da zu ihren Füßen kauert, fühlt sich Linda unwohl. Wie schon im Laden, wo sie den Bikini gekauft hat, fühlt sie sich wie eine Prinzessin umgeben von Sklaven, und das ist nun wirklich kein Gefühl, nach dem sie sich sehnt. Dabei schwirrt Antônio unermüdlich um sie herum, bringt ihr Wasser, zeigt ihr Fotos aus Zeitschriften von Schauspielerinnen, die er mag, dann eigene Fotos von Frauen, an denen er die Starschnitte ausprobiert hat. Linda kommentiert hier und da, die Zeit verfliegt, und am Ende kann sie nicht gehen, ohne sich noch einen Friseurtermin bei Antônio geben zu lassen und zu versprechen, auch nur mal zum Plausch vorbeizuschauen. Ihre Rechnung beläuft sich auf stolze achtzig Reais (knapp dreißig Euro) – so viel hat sie eigentlich nicht ausgeben wollen ... Da sie Antônio und Célia aber sehr freundlich findet, gibt sie ihnen zusätzlich noch fünf Reais, also rund zwei Euro Trinkgeld.

Salão de beleza

Brasilianerinnen achten in der Regel sehr auf ihr Erscheinungsbild. Kein Wunder, bei dem Klima zeigt man natürlicherweise mehr Haut. Da kommt keine Brasilianerin auf die Idee, ihr Leben lang ihre Beine mit dem Rasierer zu malträtieren, zumal die Haare ja auch schnell und in harten Stoppeln nachwachsen. Alle paar Straßen findet sich ein Schönheitssalon, der Haareschneiden, Maniküre, Pediküre und Epilation anbietet. Epilation heißt hier immer wachsen, allerdings variieren die Arten von Wachs und die Techniken der Epiliererinnen. Es gibt auch einige Ketten, die Epilation anbieten, etwa *PelloMenos* (wörtlich: weniger Haar) in Rio de Janeiro. Oft benutzen diese Ketten eine effiziente Wachsmischung, die allerdings sehr aggressiv ist. In den unscheinbaren kleinen Salons dagegen bekommt man meist recht natürlichen Wachs verabreicht, der nur in seltenen Fällen zu Hautirritationen führt. Darüber hinaus lassen sich viele Brasilianerinnen in einem Schönheitssalon die Haare frisieren und ein perfektes Make-up verpassen, bevor sie auf ein Fest gehen.

Körperteil-Vokabeln für den Besuch im Schönheitssalon

meia perna	Unterschenkel
perna inteira	gesamte Beine
virílha (comum, cavada, total)	Intimbereich (Rand, intim, beides)
axila	Achseln
sobrancelha	Augenbrauen
unha (do pé, da mão)	Nägel (Fuß, Hand)

Was ist diesmal schiefgelaufen?

Hilfe, hätte Linda doch nur nicht *tudo* gesagt! In dem Moment, als sie es aussprach, ahnte sie schon Schlimmes, wusste sich aber nicht besser auszudrücken. »Alles« heißt beim brasilianischen Epilieren tatsächlich »alles«. Und das schlägt sich auch in den Ausgaben nieder: Die zumeist einzeln aufgeführten Preise für das Epilieren der Unterschenkel, Oberschenkel und Intimzone werden addiert. Bei den Nägeln werden Füße und Hände einzeln berechnet und Säubern, Schneiden inklusive Feilen und Nagelhautentfernen sowie Lackieren sind ebenfalls oft getrennte Posten. Das kann natürlich teuer werden. Ein Trinkgeld hingegen hätte Linda nicht geben müssen. Im Gegenteil, es führt nicht selten zu Irritationen, da die Angestellten auf so eine Situation nicht vorbereitet sind und nicht wissen, wohin mit dem Geld.

Wie ernst Célias Angebot gemeint ist, Linda das Epilieren beizubringen, ist schwer zu sagen. Würde Linda ehrliches Interesse zeigen und sie nach ihrer Telefonnummer fragen, könnte es sogar sein, dass Célia sie tatsächlich in die Geheimnisse ihrer Wachsmischung einführt.

Dass sich Linda wie von Sklaven umgeben fühlt, ist verständlich: Es ist ohne Zweifel eine erniedrigende Arbeit, anderen Menschen den Schmutz unter den Zehennägeln hervorzuziehen, dazu kommen die tiefen Hocker, auf denen die Angestellten sitzen, während die Kundin auf einem bequemen Sessel thront. Dabei haben die Angestellten in *salões* und bei anderen eher schlecht bezahlten Arbeitsstellen oft eine dunkle Hautfarbe, während Kunden und Arbeitgeber meist Weiße sind. Diese Korrelation zwischen ethnischer Abstammung und sozialer Klasse geht tatsächlich auf die Sklaverei zurück.

Sklaverei – Geschichte und Realität bis heute

Brasilien hält den traurigen geschichtlichen Rekord, als letztes Land Lateinamerikas erst 1888 die Sklaverei abgeschafft zu haben. Die ersten Opfer der Sklavenhaltung waren im 16. Jahrhundert Indigene. Da sie bei der Arbeit auf den Plantagen sehr schnell starben oder Selbstmord begingen, wurden ab

Mitte des 16. Jahrhunderts Afrikaner nach Brasilien verschifft. Die meisten kamen aus der Gegend des heutigen Angola. Bis 1853 waren es schätzungsweise vier Millionen, die die unmenschliche Überfahrt überlebten und von Recife und Salvador aus an die Zuckerbarone verkauft wurden.

Die Mehrzahl von ihnen musste unter großen Strapazen auf den Zuckerrohrplantagen schuften, eine Minderheit lebte in den Herrenhäusern als Haussklaven. Sprache und Religion ihrer Heimat durften sie nicht pflegen. Daher entstanden synkretistische Religionen wie Candomblé und Umbanda, in denen unter dem Mantel des Katholizismus afrikanische Gottheiten angebetet werden. Viele Sklaven flohen und schlossen sich besonders im Hinterland des Nordostens in *quilombos* zusammen, illegale Siedlungen, in denen sie sich selbst organisierten und oftmals gegen Angriffe des Militärs verteidigen mussten. Hier konnte sich – wenn auch in großer Armut – die afrobrasilianische Kultur von *capoeira* (brasilianischer Kampftanz) bis Candomblé entfalten, daher gelten *quilombos* in ihr bis heute als starker Referenzpunkt.

Im Laufe des 19. Jahrhunderts begann das System der Sklaverei bereits zu bröckeln: In den städtischen Regionen des Südostens erhielten viele einen Freibrief, ab 1871 waren alle Neugeborenen von Sklaven frei. 1888 schließlich unterzeichnete das Königshaus (seit 1922 war Brasilien ein unabhängiges Land mit konstitutioneller Monarchie) das Gesetz zur Abschaffung der Sklaverei, womit es sein eigenes Ende besiegelte: Die Republikaner kamen dadurch in Aufwind und riefen ein Jahr später die Republik aus. Für die meisten befreiten Sklaven änderte sich das Leben kaum: Der Übergang von Sklavenarbeit in unterbezahlte Lohnarbeit stellte keinen signifikanten Einschnitt dar, viele blieben als Arbeiter bei ihren vormaligen Herren.

Durch die ungleiche Verteilung von Besitz konnte sich Brasilien bis heute nicht ganz aus dieser Situation befreien: Viele Nachkommen der Sklaven sind heute arme Städter. In ländlichen Gegenden gibt es sogar weiterhin Sklavenarbeit, z.B. bei Menschen, die in Schulden stehen und diese bei ihrem »Herrn« abarbeiten müssen – diese Praktiken werden jedoch inzwischen von der Regierung verfolgt.

Was können Sie besser machen?

Bevor Sie als Frau (als Mann kann man als Äquivalent zum Schönheitssalon das Fitnessstudio als Ort der männlichen Schönheitspflege aufsuchen) den Besuch in dieser faszinierenden kleinen Welt der Sehnsucht nach Schönheit ganz von ihrer Liste streichen, weil er Ihnen zu kompliziert erscheint, legen Sie sich lieber ein paar Sätze zurecht. Etwa *quero fazer a virília, mas deixa um triângulo*, also: die Intimzone soll gemacht werden, aber ein Dreieck sollte übrig bleiben. Wenn Sie dann noch einen achtsamen Blick auf die Preise haben, kann nicht mehr viel schiefgehen. Besuchen Sie auf keinen Fall unter Zeitdruck einen *salão de beleza*, denn gerade zu Feierabend kann es auch mal länger dauern, und einen Plausch mit den Mitarbeitern sollte man ebenfalls nicht ausschlagen.

Trinkgeld können Sie dann geben, wenn eine Schüssel auf dem Tresen mit der Aufschrift »*gorjeta*« steht – das gilt auch in Imbisslokalen und kleinen Geschäften.

18 Linda erobert den öffentlichen Nahverkehr

Wie man Bus fährt, ohne eine Stadtrundfahrt zu machen

»Fahr doch mit dem Taxi«, hört Linda es aus der Küche rufen. Offensichtlich sind Patrícia und Dona Maria zu diesem Schluss gekommen, nachdem sie bei ihrem *cafezinho* darüber debattiert haben, wie eine junge Dame aus der Ersten Welt von Grajaú nach Ipanema zu kutschieren sei, ohne dabei allzu viele hässliche Seiten Rios sehen zu müssen.

»Ich fahre eigentlich ganz gerne mit dem Bus«, erwidert Linda, die auch in Deutschland alle Wege mit dem öffentlichen Nahverkehr und dem Fahrrad bewältigt.

»Ich zahle dir die Taxifahrt«, versucht es Patrícia ein letztes Mal.

»Danke, das ist wirklich nicht nötig.« Linda zupft sich ihr Top zurecht, das knapper sitzt, als es ihr lieb ist. Aber so – und vor allem mit brasilianischer Flagge darauf – fällt sie vielleicht nicht ganz so als Ausländerin auf.

»*Você é linda!*« – Du bist wunderhübsch!, ruft Dona Maria ihr bestätigend zu, »*bem alemã*« – ganz die Deutsche!

Na super. Linda wird jetzt wieder bewusst, dass sie noch weit davon entfernt ist, für eine Einheimische gehalten zu werden.

Normalerweise würde Linda einen solchen Tagesausflug besser planen. In Wien zum Beispiel hat sie sich Stadtpläne mitgenommen, sich einen Plan des Schienennetzes ausgedruckt und wusste die Abfahrtszeiten der Straßenbahnen auswendig. Aber als sie Dona Maria gefragt hat, wann der

Bus nach Ipanema abfahre, entgegnete die nur verwundert: »Der Bus kommt, wann er kommt.« Und Linda hatte es bei dieser Aussage belassen.

Sie biegt an der *farmácia* rechts in die große Straße und sucht nach der Haltestelle für den 226er-Bus, die sie hier vermutet, aber in dem geschäftigen Treiben findet sich keine Bushaltestelle.

Farmácia, *drogaria* und *posto de saúde* – rund um Apotheke und Arztbesuch

Farmácia dürfen sich seit ein paar Jahren nur noch die Apotheken nennen, die selbst Arzneimittel herstellen und einen Apotheker beschäftigen. Manche *farmácias* haben auch einen angrenzenden Behandlungsraum, in dem Ohrlöcher gestochen und Medikamente verabreicht werden. Die eigentliche Behandlung steht dem Personal der *farmácia* jedoch nicht zu, wird aber bei harmlosen Erkrankungen nicht selten praktiziert, denn hier kann es unkomplizierter sein, als sich in die Schlange der staatlichen Gesundheitszentren einzureihen oder einen verhältnismäßig teuren Arzttermin zu vereinbaren.

Die sehr beliebten *drogarias* hingegen verkaufen neben Medikamenten auch Drogerieartikel und Eis und erfüllen so eher die Funktion eines Kiosks. Ob *drogaria* oder *farmácia*: In Brasilien bekommt man nicht selten verschreibungspflichtige Medikamente wie Antibiotika ohne ein Wimpernzucken.

Neben einem privaten Gesundheitssystem versorgt das staatliche *Sistema Único de Saúde* (Einheitsgesundheitssystem, meist einfach *SUS* genannt) die allermeisten Brasilianer. Es steht für alle gleichermaßen zur Verfügung – also auch für Touristen – und ist dabei für alle Nutzer kostenlos. In den *postos de saúde* kann man sich eine Ration Kondome geben lassen, und es werden sogar einige Medikamente kostenlos nach der Behandlung vergeben. Das *SUS* hat allerdings den Nachteil, dass die Wartezeiten für die meisten Arten von Behandlungen sehr lang sind, weswegen ihm spöttisch nachgesagt wird, dass die Patienten in den Schlangen sterben. Wenn es sich nicht gerade um eine dringliche Operation oder ein allzu harmloses Wehwehchen handelt, vereinbart man in den *postos de saúde* einen Termin mehrere Monate im Voraus.

Als Reisender in Brasilien haben Sie also die Wahl: Sie können einen *posto de saúde* aufsuchen, wenn Sie langfristig am gleichen Ort oder harmlos erkrankt sind und nicht für Ihre Behandlung zahlen wollen oder können. Hier werden Sie möglicherweise nach einer Adresse gefragt, da man verpflichtet ist, sich in der Nähe seines Wohnorts behandeln zu lassen. Eine Hoteladresse wird in der Regel akzeptiert. Wenn Sie über eine Auslandskrankenversicherung verfügen oder den Arzt gleich in bar bezahlen wollen, können Sie jeden Arzt, der nicht dem *SUS* angeschlossen ist, oder ein privates Krankenhaus aufsuchen. Wenn es schnell gehen soll und Sie auf medizinische Fachlichkeit verzichten können, lassen Sie sich einfach in der nächsten *farmácia* beraten.

Linda fragt den Verkäufer im Kiosk nach dem *ponto de ônibus*.

»*É logo alí*« – Ist gleich da vorne. Er deutet auf eine Gruppe von Menschen, die vor einem *supermercado* im Schatten stehen.

Die hat Linda gar nicht bemerkt. Kein Wunder. Bei der starken Sonneneinstrahlung vermeidet sie jeden Blick nach vorne und schaut stattdessen die meiste Zeit auf den Boden. Da kommt ein Bus angeschossen und bremst aus voller Fahrt, als die Wartenden aus ihrem schützenden Schatten hervorspringen. Während die Passagiere sich in den Bus quetschen, rast ein anderer Bus am Haltepunkt vorbei. Der 226er! Eine Schar von Menschen läuft ihm noch wild fuchtelnd hinterher, aber der Busfahrer ignoriert sie.

»Immer das Gleiche!«, schimpft eine ältere Dame.

Nach einer Viertelstunde kommt zum Glück noch ein Bus mit Aufschrift »Ipanema«, die Nummer kann Linda nirgends entdecken. Der Bus hält, als einige Leute diesmal mit wesentlich stärkerem Körpereinsatz den Fahrer zum Anhalten auffordern. Sofort bildet sich eine Menschentraube an der Vordertür. Linda steht ganz hinten. So hat sie wenigstens genug Zeit, um das Einstiegsprozedere zu beobachten: Es wird eine Karte gegen einen Sensor gehalten oder man bezahlt beim *cobrador* – dem Kassierer, der etwas erhöht schräg hinter dem Busfahrer sitzt und dabei von Absperrungen aus Stahlstangen umgeben ist. Nach dem Bezahlen gibt er das Drehkreuz zum Passieren frei. Kaum ist die Tür hinter Linda geschlossen, schießt der Bus los, und Linda muss sich mit beiden Händen festhalten. Eine Frau mit fünf Kindern zahlt mit einem grünen Plastikchip, während ihre Kinder sich unter dem Drehkreuz hindurchquetschen. Und da das Kreuz bis fast auf den Boden reicht, schrubben sie diesen dabei kräftig mit dem Rücken. Die Frau selbst muss sich mit aller Kraft durch das Hindernis zwängen, obwohl der *cobrador* auf der anderen Seite schon am Drehkreuz mitdrückt. Linda sieht den Fahrpreis auf einem Aufkleber am Fenster: *Tarifa 2,10.* Sie hat nur einen Zehn-Reais-Schein, den der Kassierer mit einem Stirnrunzeln entgegennimmt, als hätte noch nie jemand mit einem solchen Schein bezahlen wollen. Er kramt in seiner Kasse, die sich in einer Art Pult vor ihm unter einem Deckel versteckt befindet. Mit breitem Lächeln hält er Linda den Schein hin und sagt etwas, das Linda nicht versteht. Er deutet mit seiner Hand an, dass sie warten soll, wo sie steht. Draußen sieht Linda das Maracanã-Stadion an den Fenstern vorbeirauschen. Der *cobrador* lächelt ihr immer wieder freundlich zu, und Linda fragt sich, ob sie schon wieder als Exotin auffällt.

Cobrador

In einem brasilianischen Bus arbeiten zwei: Fahrer und Kassierer. Der *cobrador* ist der Kassierer. Er sitzt am Drehkreuz im vorderen Bereich des Busses und überwacht, dass auch jeder zahlt, auch wenn heute in jeder großen Stadt der Fahrpreis überwiegend maschinell von einer Karte abgebucht wird. Außerdem wirkt er mit Armbewegungen aus dem Fenster auf den nachfolgenden Verkehr ein, wenn der Bus z.B. die Spur wechselt. Ein gefährlicher Job, viele schon wurden bei Überfällen erschossen. In der Regel sind es junge Männer, die diese risikoreiche Arbeit annehmen. Frauen, die diesen Beruf ausüben, gelten als besonders mutig.

Glücklicherweise ist der Bus mit Schiebefenstern ausgestattet und somit bei dem rasanten Fahrstil auch gut belüftet. Zwei Mädchen singen zur Musik mit, die dezent aus den Lautsprechern schallt. Inzwischen hat der *cobrador* jemanden zum Geldwechseln gefunden, und Linda darf somit weiter durchrutschen. Nur am Ausgang des Busses ist noch ein Platz frei, aber bis dahin schafft es Linda nicht, sich durchzukämpfen. Eine junge Frau schaut sie verständnisvoll an. Sie deutet auf Lindas Tasche, aber Linda versteht nicht. Sie lächelt unsicher zurück und hebt zur Sicherheit mal den Daumen. Alles paletti, alles super, denkt sie sich. Jetzt sollte ich nur noch wissen, wann ich aussteigen muss, und dann geht's ab an den Strand.

Linda freut sich, dass ihr Bus wenigstens nicht durch das Zentrum fährt. Sonst bräuchte sie noch länger, hat João gewarnt. Doch als auf einmal fast alle Passagiere aussteigen, wundert sie sich doch. »Central do Brasil« steht auf dem Schild, das den Eingang zu einem umzäunten Gebäude markiert. Linda ist also doch am Hauptbahnhof. Sie hat natürlich den falschen Bus genommen, den, der über das Zentrum fährt. Linda wird unruhig: Hoffentlich wartet João so lange auf sie.

Central do Brasil

Eine Art Hauptbahnhof: Hier fahren die Züge in die armen Vororte von Rio de Janeiro ab. Berühmt und berüchtigt wurden Elend und Chaos des Bahnhofs durch den Film *Central do Brasil* (*Central Station*, 1998, Regie: Walter Salles). Wenn Sie beim Begriff »Hauptbahnhof« an deutsche Städteverbindungen denken und einen Zug nach São Paulo buchen wollen, werden Sie enttäuscht werden: Züge fahren – wenn es sie denn gibt – nur in die Vororte. Städte werden von Bussen und mit dem Flugzeug angesteuert. Busbahnhöfe (*rodoviárias*) genießen zwar ebenfalls keinen allzu guten Ruf, doch finden sich in ihnen noch ab und an Reisende aus der Mittelschicht, die die berühmt-berüchtigte Central do Brasil niemals betreten würden. Geschäftsleute, die häufig von Rio de Janeiro nach São Paulo pendeln, wünschen sich gewiss eine Zugstrecke, ist doch die »Luftbrücke« zwischen den Städten bekannt für ihre Verspätungen, und Fahrten von und zum Flughafen sind in beiden Metropolen mit erheblichem Zeitaufwand verbunden. Da kommt nicht selten der Buspassagier, der ohne außergewöhnliche Staus etwa sechs Stunden für die Fahrt von Rio nach São Paulo braucht, schneller ans Ziel als der Fluggast.

Der Bus füllt sich wieder und setzt seine Fahrt bald fort. Ein junger Mann mit einer Pappkiste vor dem Bauch ist eingestiegen. Gegen eine Packung Kaugummis für den *cobrador* darf auch er unter dem Drehkreuz hindurch. Am Anfang des Ganges stehend beginnt er nun, den Passagieren seine Kaugummis feilzubieten. Wie er da so mit langsamer, monotoner Stimme seinen Text vorträgt, erinnert er Linda an einen Pfarrer beim Vorbeten, nur verstehen kann sie lediglich Brocken: irgendetwas von Gott und seiner Tochter, und dass er nicht kriminell sei, sondern ein ehrlicher Mann. Die anderen Passagiere scheinen sich wenig für den Mann und seine Geschichte zu interessieren. Nur ein alter Mann kauft ihm Kaugummis für einen Real ab und so ist der Verkäufer an der nächsten Station auch schon wieder verschwunden.

Der Bus nähert sich seinem Ziel, als er um einen See herumfährt, den Linda als Lagoa Rodrigo de Freitas identifiziert. Der ist doch in Ipanema, erinnert sie sich, also bahnt sie sich ihren Weg in Richtung Hintertür. Dort angekommen sucht sie vergeblich nach einem Knopf zum Drücken. Ihr ratloser Blick scheint nicht unbemerkt zu bleiben. Der kaugummikauende alte Mann lächelt Linda zu, steht auf und zieht an einer Kordel, die entlang der Decke des Busses führt. Auch andere Passagiere schauen Linda freundlich an. Sie hebt den Daumen und ist erleichtert, als der Bus bremst, die Türen aufgehen und sie an die Strandpromenade geschwemmt wird. Und wer winkt ihr da zu? Auf der Mauer, die den Bürgersteig vom Strand trennt, sitzt João und trinkt aus einer Kokosnuss.

»Da bist du ja endlich!«, begrüßt er sie mit einer Umarmung und zwei Küsschen.

»Du wartest bestimmt schon lange«, will sich Linda entschuldigen.

»Bin gerad' erst gekommen«, grinst er sie an und hält ihr die Kokosnuss mit zwei Strohhalmen entgegen.

Was ist diesmal schiefgelaufen?

Linda ist eine mutige deutsche Frau: Busfahren in Brasilien – das trauen sich selbst manche Einheimische nicht. Sie hat die Haltestelle gefunden und den Bus nach Ipanema erkannt. Lediglich das Schild mit der Aufschrift »*Centro*« in der Windschutzscheibe des Busses hat sie übersehen, daher der Umweg über die Central do Brasil. Vielleicht hätte sie sich in dem ersten Bus, der vorbeigerauscht ist, den Umweg erspart. Das ist jedoch müßig zu spekulieren, denn entweder war dieser Bus heillos überfüllt oder aber er war verspätet im geheimen Zeitplan, den nur die Busfahrer kennen, und hatte daher keinerlei Motivation, an Lindas Haltestelle noch mehr Leute einzuladen und Zeit zu verlieren.

»Der Bus kommt dann, wann er eben kommt«, hat Dona Maria gesagt – und tatsächlich hängt an keiner Haltestelle ein Fahrplan aus. Bei all diesen Schwierigkeiten des Alltags haben Brasilianer ihre Strategien, sich das Leben gegenseitig zu erleichtern: Da war z.B. diese Dame, die auf Lindas Tasche zeigte. Sie wollte damit sagen, Linda könne ihre Tasche bei ihr auf dem Schoß abstellen. Dadurch nimmt die Tasche weniger Platz im Bus weg und Linda muss nicht so schwer tragen. Wie praktisch und nett!

Soweit Lindas Verständnisschwierigkeiten. Was bei Brasilianern auf Unverständnis stoßen dürfte, ist Lindas ständiges Bestreben, nicht als Deutsche erkannt zu werden. Die meisten merken sowieso, dass sie keine Brasilianerin ist. Nicht so sehr wegen Ihres Aussehens – der brasilianische Phänotyp ist äußerst abwechslungsreich. Eher wegen Ihrer Art, sich zu kleiden und zu bewegen. Von Dona Maria als typisch deutsch bezeichnet zu werden, war als Kompliment gedacht – dafür hätte sich Linda sogar bedanken können.

Was können Sie besser machen?

Es ist ganz verständlich, dass Gastgeber darum bemüht sind, ihren Gästen eine möglichst hohe Sicherheit zu gewähren, und wollen, dass sie nur die schönen Seiten Brasiliens sehen. Mit dem Bus zu fahren ist allerdings heutzutage in den Städten nicht unsicherer als mit dem Taxi. Überfälle auf Autos sind keine Seltenheit, auch wenn inzwischen kaum noch jemand mit offenem Fenster durch die Stadt kurvt, da dies als Einladung verstanden wird, dem Autofahrer eine Pistole an den Kopf zu halten und sein Portemonnaie zu fordern. Wer keine schusssicheren Fensterscheiben hat, kann auch bei geschlossenen Scheiben leicht vor einer roten Ampel zum Opfer eines Überfalls werden. So ist es eher die Beschwerlichkeit als die Unsicherheit, die viele Menschen davon abhält, mit dem Bus zu fahren. Wer jedoch ein bisschen Zeit mitbringt, sollte sich dieses Abtauchen in eine sehr authentische Seite des brasilianischen Lebens nicht entgehen lassen: Es wurden schon viele Freundschaften auf Busfahrten geschlossen. Und in einer Stadt wie Rio bekommen Sie »Schönes« und »Hässliches« unweigerlich zu sehen – es existiert so dicht beieinander, dass die eine Seite die andere kaum ignorieren kann. Was Sie allerdings vermeiden sollten, ist nachts Bus zu fahren und an einsamen Haltestellen zu warten.

Etwas entspannter könnte Linda mit der Erwartung an eine bestimmte Abfahrtszeit des Busses sein. Theoretisch weiß sie schon, dass nichts so recht planbar ist und Pünktlichkeit hier anders definiert wird, aber an irgendetwas muss man sich doch orientieren können! Da hilft es, vorher Bekannte zu fragen, und in Hotels weiß das Personal an der Rezeption Bescheid, da es mit höchster Wahrscheinlichkeit selbst mit dem Bus zur Arbeit fährt. Fragen Sie, wo der Bus abfährt, welche Nummer er hat und woran Sie erkennen können, dass Sie aussteigen müssen. Wenn Sie den Namen der Station oder ein markantes Gebäude kennen, können Sie auch den *cobrador* oder den Busfahrer bitten, Ihnen Bescheid zu geben, wenn die Station erreicht ist. Er wird nicht vergessen, Sie zu erinnern, und ist Ihre Frage auch schon eine halbe Stunde her. Und wenn es einmal doch nicht so läuft wie geplant: Bewahren Sie Ruhe und fragen Sie erneut nach.

19 Linda, *The Girl from Ipanema*

Wo Kontrolle gut und wo Vertrauen besser ist

Linda und João stehen am Strand von Ipanema, diesem viel besungen Ort voller junger, lebenslustiger und oft verrückter Menschen, und freuen sich auf die bevorstehende Abkühlung.

Ipanema

Ein beliebtes und teures Viertel in Rio de Janeiro. Als Tom Jobim und Vinícius de Moraes den Stadtteil mit *Garota de Ipanema* (*The Girl from Ipanema*) besangen, war er noch ein kaum bebautes Gebiet, an dessen gleichnamigem Strand sich die Boheme traf. Heute sind Nobelapartmenthäuser, Boutiquen und teure Restaurants die Kennzeichen des Viertels südlich der Copacabana, und auch den Strand bevölkern vor allem Menschen der oberen Mittelschicht und aufwärts. Im Unterschied zur Copacabana ist Ipanema immer noch etwas weniger überlaufen, sicherer und sauberer. An beiden Stränden befinden sich in Abständen von 800 Metern sogenannte *postos* mit Rettungsschwimmern und sanitären Anlagen, die auch zur Orientierung an den jeweils etwa vier Kilometer langen Stränden dienen. Ein beliebter Treffpunkt für junge Menschen ist der *posto nove* am Ipanema. Hier ist vieles geduldet, was an anderen Orten nicht so ohne Weiteres möglich ist: Haschischrauchen, Liebe zwischen Gleichgeschlechtlichen und manchmal sogar Oben-ohne-Sonnenbaden.

Doch vor dem Bad im Meer will João seine Fähigkeiten in Sicherheitsfragen unter Beweis stellen. Er schaut Linda ernsthaft an und zischt leise: »Hast du Geld mit?«

Linda kramt ihr Portemonnaie heraus und fischt einen Fünfzig-Reais-Schein heraus, den João sofort wieder in ihre Geldbörse drückt: »So geht das nicht.«

Er hält Linda eine offene Plastiktüte aus dem Supermarkt hin mit der Aufschrift »Reduzieren Sie den Gebrauch von Plastiktüten. Schützen Sie die Umwelt«: »Hier kannst du deine Wertsachen reintun.«

Linda ist sich unsicher, was das bringen soll, lässt aber ihr Portemonnaie in die Tüte fallen.

Dann hechten sie gemeinsam über den brennend heißen Sand, bis João zwischen spielenden Kindern und plaudernden Eltern stehenbleibt, sein T-Shirt auszieht und die Plastiktüte mit dem Portemonnaie unauffällig im Sand vergräbt.

»Hey, ich wollte eigentlich keine Schatzsuche spielen!«, ruft Linda.

»Du kannst dir das Geld auch in dein Bikini-Oberteil stecken, wenn dir das lieber ist«, schlägt João vor.

Da erscheint ihr ein verbuddeltes Portemonnaie doch die bessere Wahl. Ohne Mühe streift sich Linda T-Shirt und Rock vom Leib – diesmal ist sie präpariert.

Linda und João toben durch die Wellen, drücken sich gegenseitig die Köpfe unters Wasser und werden fast von heranbrausenden Kindern auf Wellenbrettern erfasst. Dann lassen sie sich erschöpft auf ihre Handtücher fallen und genießen die Sonne. Eigentlich hat Linda sich vorgenommen, diesmal am Strand ein bisschen mehr zu lesen, aber sie ist zu geschafft. Außerdem hat das Strand-Entertainment wieder begonnen: »*E aí, amigos*, wie wär's mit 'nem Eis?«

João hält den Daumen hoch und ruft zurück: »Danke, wir hatten gerade schon eins!«

Ein Mann bietet gegrillten Käse an. »Hat deine Freundin Hunger?«, ruft er João zu, der wiederum Linda anstupst. Die schüttelt den Kopf.

»Später vielleicht, Mann. Gute Arbeit noch!«, ruft João zurück.

Dann kommt noch einer, der scheinbar gar nichts verkaufen will: »Schönes Paar seid ihr!«

João lacht und nun muss auch Linda grinsen. Sie bewundert die freundliche Art, mit der João die manchmal nervigen Leute abwehrt und dabei scheinbar noch Freundschaften schließt. Da sieht sie einen jungen Mann mit einer Palette von Ohrringen auf sie zukommen. Sie will nicht unhöflich wirken, also lässt sie ihn erst mal gewähren.

»Schau mal, der steht dir gut«, fängt er an. Linda runzelt die Stirn. »Oder die hier.« Er nimmt zwei Ohrringe mit grünen Federn in die Hand, die Linda zugegebenermaßen direkt aufgefallen sind. »Passt super zu deinen Haaren.«

Linda fühlt sich geschmeichelt, hält sich die Ohrringe an und gefällt sich in dem kleinen Spiegel, den ihr der Verkäufer hinhält. Der Preis scheint ihr günstig – nur sechzehn Reais, also ungefähr sechs Euro –, und Linda schlägt zu. Aufmerksam wie João ist, hat er Lindas Portemonnaie im richtigen Moment unauffällig hervorgebuddelt. Triumphierend strahlt Linda João an.

»Gut gemacht! Aber du hättest handeln können. So wie der auf dich stand, hättest du dir die Ohrringe auch schenken lassen können!«

Wild entschlossen winkt Linda den Kokosnussverkäufer zu sich und fragt ihn nach dem Preis: »*Quanto tá a água de cocô?*«

Der Mann ignoriert ihren kleinen Aussprachefehler und verlangt drei Reais.

»*Três Reais é muito*« – Drei Reais sind zu viel, entgegnet Linda kopfschüttelnd.

»Für dich mach ich 2,50 draus«, bietet der Verkäufer an und beginnt die Kokosnuss mit einer Machete an einem Ende aufzuschlagen, obwohl Linda noch gar nicht eingewilligt hat. João holt einen nassen Zwei-Reais-Schein aus seiner Shorts.

»Wir haben nur zwei Reais mit.«

Der Verkäufer lässt sich darauf ein. Linda fühlt sich ein bisschen schlecht dabei. Sie hat doch das Geld, und der Verkäufer könnte es bestimmt gebrauchen.

Água de coco

Sie fragen sich, was so viele Menschen aus grünen Behältnissen mit Strohhalmen trinken? Kokoswasser! Die Kokosnuss ist in diesem Fall noch grün, erst später bekommt sie ihre braune, harte Schale, in der wir sie kennen. Dabei verliert sie das meiste ihrer Flüssigkeit und bildet das harte Kokosfleisch.

Kokoswasser ist mit seinem hohen Kaliumgehalt äußerst gesund und dank der vielen Elektrolyte, die es enthält, das ideale Getränk, wenn Sie sich in der Hitze ausgepowert haben. Es wird meist eiskalt getrunken.

Etwas Vorsicht ist bei der Aussprache angebracht: *Cocô*, also mit Betonung auf dem zweiten o, bedeutet Fäkalie. Richtig ist die Betonung auf dem ersten o.

»*Que calor!*« – Was für eine Hitze, seufzt João. »Auch ein Bierchen?«

Linda schüttelt den Kopf.

»*Já volto*« – Bin sofort zurück, versichert João, der seine Flipflops im Sand sucht, »und mach mir keinen Unfug!«

Das hat Linda gar nicht vor. Sie ist unendlich glücklich, das eiskalte Kokoswasser am heißen Strand von Ipanema genießen zu dürfen und dabei den Beachballspielern nebenan zuzusehen. Das reicht ihr heute zum Glück.

Ein junger Typ, der am Rande des Spielfeldes steht, schaut schon die ganze Zeit zu Linda hinüber. Jetzt kommt er auf sie zu.

»*E aí, tudo bom?*« – Na, alles klar? Er lächelt sie an.

Linda nickt. Er zieht seine Flipflops aus und holt ein Handy aus seiner Bermudas.

»Kannst du mal gerade auf meine Sachen aufpassen? Ich will mich kurz erfrischen.«

»Äh ... *claro*«, stammelt Linda.

»*Muito obrigado*«, bedankt sich der sportliche Typ und rennt ins brausende Meer.

Linda ist die Situation nicht ganz koscher. Kennt sie den jungen Mann irgendwoher? Oder ist es vielleicht ein Bekannter von João? Sie hat nicht viel Zeit nachzudenken, denn schon mit der nächsten Welle kommt er wieder aus dem Wasser hervor und setzt sich neben Linda.

»Das war lieb von dir, danke!«, keucht er. Und nach kurzer Pause: »*Você não é daqui, né?*« – Du bist nicht von hier, was?

Linda starrt in Richtung Meer. »*Não, sou da Alemanha.*« – Nein, ich bin aus Deutschland. Sie ist genervt. Ganz entspannt ihr Kokoswasser schlürfen und ziellos in der Gegend herumschauen, das wollte sie. Wann kommt João endlich zurück?

Als der Typ dann auch noch fragt, wie es denn in Deutschland so sei, wird es Linda zu viel. Sie gibt ihm unmissverständlich zu verstehen, dass sie eigentlich lieber alleine sein möchte. Der Typ schaut sie bedröppelt an, steht auf, entschuldigt sich und wünscht ihr noch einen schönen Tag.

Was ist diesmal schiefgelaufen?

Gut, dass João mit am Strand ist und sich auskennt. Linda war so unvernünftig, relativ viel Geld mitzunehmen; und es ist geradezu grob fahrlässig, Geldscheine an stark belebten Orten offen vorzuzeigen. Brasilianer holen zum Bezahlen kurz ihr Geld hervor und verstecken es sofort wieder, um keine unnötige Aufmerksamkeit darauf zu lenken und Diebstahl vorzubeugen. Gerade ein Portemonnaie oder Bargeld in der Hand laden förmlich dazu ein, einfach mal danach zu greifen.

Weniger dramatisch, wenn auch nicht unbedingt clever war es von Linda, die Ohrringe direkt zum erstgenannten Preis zu kaufen. Natürlich hat der Verkäufer direkt gemerkt, dass sie eine ausländische Touristin ist, und verlangte sicherlich gleich das Doppelte von dem, was er von einer *carioca*, einer Einwohnerin Rio de Janeiros, für die Ohrringe hätte haben wollen. Sich dafür schlecht zu fühlen, dass man den Preis herunterhandelt, ist daher nicht angebracht. Wenn man handelt, zeigt man, dass man sich nicht reinlegen lässt – und das ist brasilianisch.

Was will nun aber der Typ von Linda, der sie anspricht, als João nicht dabei ist? Wahrscheinlich wollte er Linda einfach kennenlernen, wollte ihre Gesellschaft, fand sie interessant. Sie zu bitten, auf sein Hab und Gut aufzupassen, ist eine nicht unübliche Strategie, um Vertrauen zu wecken und Kontakt herzustellen. Es gibt keinen Grund, sich nicht auf ein Schwätzchen mit ihm einzulassen. In Brasilien redet man immer, zumindest kurz, miteinander und geht – selbst wenn man sich offensichtlich nicht leiden kann – wie Freunde auseinander. Jemanden zu ignorieren oder ihm die kalte zu Schulter zeigen, ist eine unhöfliche Art, auf die Brasilianer oft beleidigt reagieren. Ein gewisses Misstrauen gegenüber Fremden ist natürlich gesund – das mussten auch die Indigenen lernen, als die Portugiesen ihnen Geschenke machten, um sie danach auszubeuten. Aber, wie gesagt, zum Alleinsein ist der brasilianische Strand – zumal der Ipanema – wohl der denkbar ungünstigste Ort.

Was können Sie besser machen?

Wenn Sie nach Brasilien kommen, erwarten Sie Gesellschaft, keine Einsamkeit. Überall – und vor allem am Strand – wird Geselligkeit gelebt und auch eingefordert. Öffnen Sie sich für neue Kontakte. Nur so können Sie die brasilianische Kultur wirklich kennen- und verstehenlernen.

Und wenn Sie dennoch mal jemanden meiden und dabei nicht unhöflich wirken wollen, denken Sie sich eine Ausrede aus. Es ist z.B. üblich zu behaupten, man müsste auf die Toilette, und kommt dann nicht wieder. Dieser Trick wird in Brasilien auch *saída pela direita* genannt, also »Flucht über die Flanke«. Klingt für Sie ungewöhnlich? Mag sein, aber mit dieser Haltung zeigen sie Taktgefühl, und es wird Ihnen weniger übel genommen als die deutsche Direktheit.

Einer erhöhten Gefahr setzen sich zwei extreme Verhaltensweisen aus: Naivität – die hat Brasilien früh verlernt – und Zögerlichkeit oder Unsicherheit – damit macht man sich zum leichten Opfer. Eine gesunde Grundeinstellung ist ein allgemeines Misstrauen und die vernünftige Vorsorge, die Sie aber für sich behalten. Nach außen zeigen Sie sich aufmerksam und sicher im Auftreten, dabei stets freundlich. Beim Lachen Zähne zeigen, Daumen hoch – und Ihnen wird niemand etwas Böses wollen.

Wenn Sie an öffentlichen Orten zahlen möchten, achten Sie darauf, Ihre Geldbörse erst kurz vor dem Bezahlen aus der Tasche zu holen. Am Strand sollten Sie nur das nötigste Geld dabei haben und ruhig mal eine so abenteuerlich anmutende Strategie wie das Verbuddeln von Wertsachen im Sand oder das Verstecken von Geldnoten unter der Badekleidung ausprobieren. Beachten Sie auch, dass Sie kleine Beträge oft nicht und nur schwerlich mit großen Geldscheinen bezahlen können. Eine Möglichkeit, nicht bei jedem Paar Ohrringe oder jedem Snack Ihr ganzes Portemonnaie hervorholen zu müssen, ist, etwas Bargeld in einer Hosen- oder Seitentasche aufzubewahren.

Gerade am Strand sind Preise verhandelbar. Nutzen Sie diese Möglichkeit, und sei es nur, um ihr Portugiesisch zu trainieren.

20 Linda badet und hätte am liebsten nur geduscht

Wie Rio für Linda zu einer großen Müllkippe wird

Linda ist ganz erschöpft vom Baden, In-der-Sonne-Liegen, Auf-den-Zuckerhut-Blinzeln, von der Kommunikation mit Strandverkäufern und vom Herumalbern mit João. Wie anstrengend so ein gutes Leben sein kann! In den wenigen Stunden hat sie eine *água de coco* getrunken, einen *guaraná* aus der Dose, sie hat eine *cocada* (eine Süßigkeit aus Kokosnuss) verspeist und einen *cachorro quente*, wie der Hot Dog hier rührend wörtlich übersetzt heißt.

Guaraná

Dieser populäre Softdrink wird aus den koffeinhaltigen Früchten der gleichnamigen Tropenpflanze hergestellt, und man kann ihn an jedem Stand neben Cola & Co. kaufen. Wer allerdings vor allem an der aufputschenden Wirkung interessiert ist und dafür auch einen bitteren Geschmack und eine schlammartige Konsistenz in Kauf nimmt, sollte mal *guaraná* in Pulverform probieren. Dieses wird in Wasser eingerührt und kräftig gesüßt. Zu kaufen gibt es das Wundermittel vor allem im Norden und Nordosten. In anderen Regionen finden Sie es in Geschäften, in den Naturprodukte verkauft werden, oder in Drogerien.

So eng ihr Bikini auch saß, Sorgen um ihre Figur machte sich Linda keine. Ein paar Fettpölsterchen schienen hier zum guten Ton zu gehören, und die kurvigen Brasilianerinnen fand sie unglaublich schön, wie sie so voller Selbstbewusstsein und mit spielerischer Energie den Körper auf dem Laufsteg Atlantikufer präsentierten.

»Langsam wird es dunkel, da kann es hier gefährlich werden. Lass uns noch irgendwo ein Bierchen trinken und dann fahren«, schlägt João vor.

Linda schaut bestürzt in den sich rötenden Himmel. Bei sommerlichem Wetter erwartet sie immer noch, dass es erst spät dunkel würde, und ist jeden Tag aufs Neue vom unvermittelten Einfall der Dunkelheit zwischen achtzehn und neunzehn Uhr überrascht. Sie könnte noch stundenlang hier sitzen und Leute beobachten. »Ist es hier wirklich abends so gefährlich?«, will sie von João wissen, bevor sie sich auf den Abzug einlässt.

»Es ist nicht mehr so schlimm wie früher mit den Überfällen, aber was willst du im Dunkeln am Strand zwischen all den Prostituierten und Dealern?«

Das leuchtet Linda ein und so beginnt sie, ihre Sachen zu packen. Den kleinen Haufen Müll, den sie angesammelt haben, trägt Linda Stück für Stück zum nächsten Mülleimer, der erst beim etwa fünfzig Meter entfernten *posto* steht. João schaut sie einen Moment verdutzt an, dann hilft er Linda. Zu guter Letzt schaut sie sich noch einmal um, ob sie auch nichts vergessen haben.

»Hier liegt ja überall noch Müll rum«, bemerkt sie. Viele ihrer Strandnachbarn sind schon gegangen und haben ihre Abfälle um ihre Liegeplätze herum verstreut liegen gelassen.

Meio ambiente – die Umwelt

Ein Meer von Plastiktüten im Supermarkt, zahllose Plastikbecher neben jedem Wasserspender, achtlos weggeworfene Bierdosen im Fluss – das sind wohl die offensichtlichsten Symptome eines Umweltbewusstseins, das sich gerade erst entwickelt und nur langsam verbreitet. Und vom Amazonasgebiet haben wir da noch gar nicht gesprochen.

Die Abholzung des Regenwaldes, v.a. zur Gewinnung von Weide- und Anbauflächen, geht weiter. Zudem ist Brasilien mit einem steigenden Bedarf an Energie konfrontiert. Die Debatte, ob Brasilien die Atomenergie ausbauen, auf Wasserkraft setzen – bisher ist Wasserkraft die wichtigste Säule der Energieversorgung – oder andere Techniken wie Solarenergie vorantreiben soll, ist in vollem Gange. Bisher gibt es zwei Atomkraftwerke in Brasilien, doch selbst nach dem Super-GAU in Fukushima hält die Regierung am Beschluss fest, weitere Atomkraftwerke zu bauen. Ebenso steht der Bau eines Staudamms im Amazonasgebiet fest, das den Lebensraum des indigenen Stammes Xingú zerstören wird.

Umweltpolitik war daher ein zentrales Thema im Wahlkampf 2010, und noch hat Präsidentin Dilma Rousseff ihre Position nicht ganz gefunden. So geriet sie ins Schwanken anlässlich einer Gesetzesänderung, die den strengen *Código Florestal*, das Waldschutzgesetz, lockern sollte, auch aufgrund der unterschiedlichen Meinungen von Mitgliedern der eigenen Partei PT. Die wirtschaftsfreundliche Politik hatte die PT bei der Wahl viele Stimmen gekostet: Marina Silva bekam als Spitzenkandidatin der Partido Verde (die Grünen) überraschende 20 Prozent der Wählerstimmen. Unter Lula war sie Umweltministerin und damit Gegenspielerin der Energieministerin Dilma Rousseff gewesen. Nun bemüht sich die Präsidentin um ein grüneres Image. Besonders in Hinblick auf die Weltmeisterschaft 2014 und die Olympiade 2016 sollen Brasiliens Städte sauberer und ökologischer werden.

Die Stadtverwaltung von Rio hat sich z.B. auf die Fahnen geschrieben, freie Flächen im Stadtgebiet wieder aufzuforsten und die bestehenden Wälder zu schützen. Angeblich zu diesem Zweck wurden am Rande von Favelas Mauern gebaut, damit das Siedlungsgebiet sich nicht mehr ausdehnen kann. Die arme Bevölkerung fühlt sich daher mit einigem Recht selbst wie Verschmutzung behandelt, die gestoppt werden muss; dafür sprechen außerdem die zunehmenden Polizeioffensiven in Favelas nahe der Innenstadt, mit denen versucht wird, Drogenbosse um ihre Waffen und die Kontrolle der Favelas zu bringen. Eine nachhaltige Politik, die die Interessen von Umwelt und armer Bevölkerung vereint, steht also noch aus.

»Du hast doch nicht etwa geglaubt, Brasilianer hätten ein ökologisches Bewusstsein? Wir haben zu viel Natur! Die Leute wollen sie so schnell wie möglich auslöschen«, poltert João in einem Anflug von Sarkasmus. »Hier kommen wenigstens Reinigungskräfte und säubern den Strand. Aber stell dir mal vor, wie dreckig es *im* Meer ist. Warst du mal an der *praia vermelha*?«

»Ist das der Strand neben dem Zuckerhut? Ja, schön ist es da.«

»Aber du hast da doch nicht gebadet, oder?« João sieht entsetzt aus.

»Nein, aber ich habe Leute baden sehen«, wirft Linda ein.

»Das ist ja das Verrückte. Dabei ist die Bucht die reinste Müllkippe! Und die Guanabara erst!«

»Die Gua-was?«

»Na die Bucht von Rio. Wo der Strand von Flamengo ist und der Hafen von Botafogo. Da wird das ganze Abwasser hingeleitet.«

»Das kann ich mir nicht vorstellen. Es gibt doch bestimmt Kläranlagen«, will Linda nicht wahr haben, was sie da hört.

»Ach was, Kläranlagen, hier doch nicht! Hallo, wir sind ein Dritte-Welt-Land!« João zieht die Wangen zusammen wie ein Hungernder, krümmt sich und macht bettelnde Gesten in Richtung Linda. Sie muss lachen, obwohl ihr dabei nicht ganz wohl in der Haut ist.

Brasilien – ein Dritte-Welt-Land?

In Deutschland würde es wohl kaum noch jemandem einfallen, Brasilien ein Dritte-Welt-Land zu nennen, vor Ort ist diese Bezeichnung aber tatsächlich noch üblich. Ein bisschen Übertreibung schwingt darin sicher mit, aber auch die Resignation, seit 70 Jahren als »Land der Zukunft« gehandelt zu werden (1941 erschien Stefan Zweigs euphorische Landesanalyse »Brasilien. Ein Land der Zukunft«), ohne dass Armut und Hunger bisher besiegt werden konnten. An das optimistische Versprechen, das in der Bezeichnung Schwellenland bzw. *país em desenvolvimento* liegt, können viele nicht glauben.

»Okay, aber das erklärt noch nicht, warum die Leute ihren Müll am Strand liegen lassen«, will Linda an den ernsten Anfang des Gesprächs anknüpfen.

»Es ist ihnen egal. Sie denken nicht darüber nach oder wollen nicht darüber nachdenken, damit es ihnen egal sein kann – was weiß ich. Vielleicht glauben sie, Müll verschwindet einfach so, wenn man ihn irgendwo hinkippt. Das glaubt sogar unsere Stadtverwaltung.«

»Inwiefern?«, erkundigt sich Linda.

»Na, die kippen den Müll auch einfach in die Natur. Da gibt es den berühmten Jardim Gramacho in Rio, das ist die größte Müllkippe Südamerikas. Recycelt wird da kaum was, auch nicht verbrannt oder so. Es gammelt einfach vor sich hin und verseucht die Küste. Der Jardim Gramacho soll jetzt zwar geschlossen werden, aber das erzählen sie schon seit Jahren.«

»Hm, dann sollte man vielleicht nirgendwo baden, wenn die ganze Küste verseucht ist?«

»Vielleicht besser nicht – schwer zu sagen. Immerhin sind ja die Copacabana, Ipanema und Barra da Tijuca am offenen Meer, das ist schon mal besser als die Buchten. Und die Strände werden sauberer, je weiter du von Rio entfernt bist.«

»Du, ich glaube, ich dusche lieber noch mal.«

João muss schmunzeln. Er hat sich schon abgeduscht, wartet aber geduldig auf Linda, die sich noch einmal bis auf den Bikini auszieht, unter eine der öffentlichen Duschen am Strand stellt und sich dann pudelnass wieder in ihre Shorts und ihr Shirt zwängt. Da Linda schon Leute gesehen hat, die sich triefend nass in den Bus oder eine Bar setzen, macht sie sich keine Gedanken und genießt den warmen Abendwind auf der nassen Haut. João wartet ohne Ungeduld, er mag an dieser *gringa*, dass er mit ihr über ernste Themen reden und ihr ein wenig seine Sicht auf Brasilien erklären kann, die sonst selten jemand hören möchte.

»Wollen wir hier noch ein Bierchen trinken?«, fragt João, als Linda tropfend wieder neben ihm geht. Sie setzen sich auf die Stühle einer Strandbar, die im schicken Ipanema ausnahmsweise aus Holz sind und nicht aus Plastik.

»*Ô garçom, traz dois chope pra a gente aí*«, bestellt Linda und muss dabei laut über die Terrasse rufen.

»*Igual malandro*« – Wie ein echter Gauner, lobt João Linda das lässige Fassbierbestellung.

Chope – ein Schoppen Bier

Fassbier ist nicht besonders verbreitet in Brasilien, das Angebot beschränkt sich auf eher vornehme Bars. Dabei ist das *chope* nicht viel teurer als das gängige Flaschenbier. Es ist genauso mild und süßlich und schäumt kaum. Meist ist nicht ausgewiesen, um welche Marke Fassbier es sich handelt.

In Brasilien gibt es weniger lokale Biersorten als in Deutschland. Weit verbreitet sind die Marken SKOL, Itaipava, Antarctica, Bavaria und Bohemia. Vom Reinheitsgebot sind sie alle ungefähr gleich weit entfernt: sehr weit. Auch wenn es kleine

Unterschiede im Geschmack gibt – verglichen mit deutschem Bier ist brasilianisches wässrig und sehr mild bis süß.

Eine Kuriosität, auf die Sie unter Umständen treffen, besteht darin, dass in wohlhabenden Zirkeln auf Partytischen Dosenbier steht, während in der nächsten schrammeligen Straßenkneipe Gläser um eine Flasche Bier versammelt stehen. Noch ist der Grund dafür unter Soziologen, Biologen, Kulturwissenschaftlern und Philosophen umstritten; Erklärungsansätze sind, dass 1. bei dieser Bierqualität nicht auffällt, wenn der Geschmack durch die Dose verändert wird, 2. bei den polaren Temperaturen, in denen das Bier serviert wird, sowieso sämtliche Geschmacksnerven betäubt werden, 3. eine Dose individuell getrunken wird, was für einen luxuriösen Lebensstil steht, während die 0,5-Literflaschen in einer Gruppe geteilt werden, was etwas kollektiv-armseliger daherkommt, 4. Flaschen billiger sind als Dosen, und wer was auf sich hält, kauft das teurere und 5. Dosen mehr Müll produzieren, und wer Müll produziert, der hat den gesellschaftlichen Aufstieg geschafft ...

Was ist diesmal schiefgelaufen?

Wenn viele Menschen, vor allem Einheimische, an einem Ort baden, muss er doch einigermaßen sauber sein – dachte Linda. Brasilianer achten eigentlich sehr auf Hygiene, etwa was Essen und Kleidung betrifft, bei ihrer Umgebung sind sie dagegen oft nicht zimperlich. Es gibt ja auch die Duschen, unter denen man sich später säubern kann. Trotzdem gehen nicht alle *cariocas* in Rio baden. Besonders die, die es sich leisten können, fahren gern an die entfernter gelegenen Strände außerhalb Rios und der gegenüberliegenden Stadt Niterói.

Übrigens ist es tatsächlich kein Problem, dass Linda ihren klitschnassen Bikini anbehalten hat und sich so in eine Bar setzt. Das wäre höchstens in Innenräumen nicht gern gesehen, aber die sind meist so stark klimatisiert, dass man sie schon aus gesundheitlichen Gründen meiden sollte, wenn man nicht trocken und ausreichend bekleidet ist.

Dass Linda über die Terrasse brüllend Bier bestellt hat, hat João positiv überrascht. Er hätte es wohl eher von einem männlichen Freund erwartet, womit Lindas Verhalten nicht falsch, sondern einfach nur ungewöhnlich war.

Was können Sie besser machen?

Informieren Sie sich vorab, z.B. bei einheimischen Bekannten oder im Hotel, über Strände und Flüsse, an denen sie baden wollen.

Wenn Sie über eine eigene Wohnung verfügen, können sie auch Mülltrennung betreiben, dafür gibt es in den meisten Vierteln Rio de Janeiros eine spezielle Müllabfuhr. In anderen Städten existieren andere Systeme: Städte des Südens wie Curitiba pflegen ein »grünes« Image, in anderen Städten etwa des Nordens gibt es gar keine Möglichkeit, Müll zu trennen. Informieren können Sie sich auf der Website der jeweiligen *prefeitura*, also der Stadtverwaltung.

Malandro

Ein *malandro* ist ein Lebemann oder Gauner. Er ist ein Nationalheld bzw. Anti-Held, der mit dem *jeitinho brasileiro* in ausgefeilter Form durchs Leben kommt. *Malandragem* ist die dazu passende Lebensart, die u.a. in Sambaliedern besungen wird. Während der *jeitinho* am Rande des Legalen bleibt, beinhaltet die *malandragem* auch Gaunereien und Kleinkriminalität. Das Bild, das der Begriff *malandro* bei Brasilianern hervorruft, ist das eines älteren schwarzen Mannes in weißem Anzug und mit weißem Hut, der in den *botecos*, den Straßenkneipen, zu Hause ist – in dieser Form findet man ihn auf zahllosen Bildern und als Figürchen.

21 Linda gerät zwischen die Mühlen der Flirttechniken

Wie man sich küssen lässt, ohne mit dem Rücken zur Wand zu stehen

Linda ist zu Hause und ruht sich auf dem Bett vom Tag aus. Sie muss noch ein paar Übungen zur Unterscheidung von Akkusativ und Dativ für den Unterricht morgen vorbereiten. Es klopft an der Zimmertür.

»*Sim?*« – Ja?

Keine Reaktion. Es klopft erneut.

»Äh ... *pode entrar*« – Du kannst eintreten, versucht sie es, diesmal etwas lauter.

Dona Maria steckt ihren Kopf durch den Türspalt und hält Linda das Telefon hin.

»*É o João*« – Es ist João, flüstert sie mit einem geheimnisvollen Lächeln.

»*Oi João*« – Hallo João, spricht Linda in den Hörer, und Dona Marias Kopf entfernt sich aus der Türöffnung.

João lädt Linda zu einer Party von einem Freund ein. Linda ist nicht so recht nach Party zumute. Sie hat sich eigentlich auf einen ruhigen Abend gefreut, an dem sie zu Hause bleibt, sich den Deutschbüchern widmet und vielleicht ein bisschen Portugiesisch lernt. Doch João scheint es besonders wichtig zu sein, dass Linda mitkommt: »Ganz viele wollen dich kennenlernen. Das ist der beste Portugiesischkurs!«

»Mag sein, aber wieso muss die Party denn an einem Dienstag sein? Morgen müssen doch alle früh raus.«

»Na, gerade deswegen! Wie soll man denn dieses Leben aushalten, wenn man es nicht zwischendurch genießt!«

Diese Logik erschließt sich Linda zwar nicht, doch irgendetwas sagt ihr, dass es gut wäre, wenn sie mitkommt. Schließlich hat sie nur eine begrenzte Zeit in Brasilien und sich vorgenommen, möglichst viele Erfahrungen mitzunehmen. Also willigt sie ein. Nachdem sie aufgelegt hat, bereut sie ihre Zusage fast schon wieder. Wie soll sie denn morgen aus dem Bett kommen, wenn sie heute ausgeht? Sie nimmt sich vor, sich spätestens um Mitternacht auf den Heimweg zu machen, um wenigstens noch etwas Schlaf zu bekommen.

Nach einer ellenlangen Hinfahrt kommt Linda gegen elf bei der beschriebenen Adresse in Santa Teresa an. Sie passiert ein geöffnetes Tor neben dem Haus und folgt dem Stimmengewirr, dem Lachen und der Musik in einen geräumigen Hinterhof. Hier muss sie richtig sein. Linda erlebt ein Szenario, wie sie es sich nicht vorgestellt hat: Sie sieht einen bunt beleuchteten Hof voller fröhlicher Menschen, einige tanzen, manche liegen in Hängematten, die zwischen Palmen angebracht sind, andere haben sich offensichtlich zu einer Jam Session mit Gitarren, Trommeln und lautem Gesang zusammengefunden. Es ist eine überwältigend warme Atmosphäre, die Linda gleich ansteckt. Nur ist alles so anders, als sie es kennt, dass sie gar nicht weiß, wie sie sich verhalten soll. Sie steht da, schaut eine Weile in der Gegend herum und fühlt sich ganz schön steif. In der Hoffnung, João bald zu finden, stolziert sie schnurstracks auf einen als Theke fungierenden Tisch zu, um sich dort eine Caipirinha zu bestellen. Mit einem Glas in der Hand würde sie sich zumindest etwas beschäftigter fühlen.

»*Com limão ou com abacaxi?*«, will der hastige Barkeeper wissen, der im Akkord einen Haufen Limetten mit der einen und eine saftige Ananas mit der anderen Hand zerstückelt.

Linda versteht ihn nicht bei dem Lärm. Eine herumstehende Gruppe bemerkt Lindas Verständigungsschwierigkeiten und mehrere Personen reden in flottem Tempo auf sie ein. Bevor sie ihre Caipirinha-Wünsche näher spezifizieren kann, hat sie längst ein Bier in der Hand, das man ihr bestellt hat, und ihre neuen Gesprächspartner wollen alles Mögliche von ihr wissen. Wo sie herkomme, wie ihr Rio gefalle, was sie von den brasilianischen Männern halte. So vergehen Stunden wie im Flug, Linda lernt immer mehr Leute kennen – nur von João keine Spur.

Irgendwann sieht sich Linda einem gutaussehenden Typ gegenüberstehen, der sie in ein Gespräch verwickelt. Alle anderen sind auf einmal aus dem Gesprächskreis getreten, ohne dass sie es recht bemerkt hat. Sie genießt es, so viel Aufmerksamkeit zu bekommen – in Deutschland lagen ihr die Männer nicht so zu Füßen wie hier. Nur versteht sie kaum etwas von dem, was der Typ sagt, und da es ihr unangenehm ist, so oft *como?* (wie?) oder *não entendi* (ich verstehe nicht) oder *de novo, por favor* (noch einmal, bitte) nachzufragen, nickt sie hin und wieder einfach oder sagt brav *sim, claro* (ja, klar) oder *é* (etwa: so ist es) oder *com certeza* (sicher). Sie spürt etwas an ihrem Rücken. Als sie mit den Händen nachfühlt, fällt ihr auf, dass sie an eine der Palmen gestoßen ist. Sie hat den ganzen Hof rückwärts durchquert, im Versuch, etwas mehr Abstand zu ihrem Gesprächspartner zu erlangen! Desorientiert schaut sie an der Palme hoch, ob da nicht eine Kokosnuss locker geworden ist, die sie jetzt erschlagen könnte, als sie sich sicher ist, aus dem Redeschwall ihres Gegenübers deutlich einen Satz zu identifizieren: »*Posso te beijar?*« – Kann ich dich küssen?

Er schaut sie an. Linda erstarrt. Hat sie richtig gehört? In ihrem Entsetzen bringt sie nur ein stumpfes »Öhmmm« hervor. Da hört sie eine vertraute Stimme neben sich: »Hey, du bist ja doch noch gekommen. Hätt' ich gar nicht gedacht.«

Es ist João, den Linda erleichtert mit einer herzlichen Umarmung an sich heranzieht.

»Wo warst du, João? Ich hab' dich überall gesucht!«

»*Mentira!* Das stimmt nicht. Ich hab' schon gehört, dass du dich hier prächtig amüsierst, während ich einen Umweg nehmen musste, weil die Metro streikt.«

Der vernachlässigte Verehrer tritt währenddessen einen Schritt zurück, als wollte er die Intimitäten der beiden nicht stören. Er murmelt noch etwas vor sich hin und trottet in Richtung Theke.

Was ist diesmal schiefgelaufen?

Damit hat Linda wohl nicht gerechnet: von einem Fremden völlig unvermittelt um einen Kuss gebeten werden. Dabei hat er die ganze Zeit schon Andeutungen gemacht und die nickende und bestätigende Linda schien ihm nicht uninteressiert. Für solche Gelegenheiten existiert in Brasilien eine gesellschaftliche Institution, die gern von jungen Menschen genutzt wird: *ficar*. Und selbst wenn Linda tatsächlich interessiert gewesen wäre, hat ihr João einen Strich durch den Flirt gemacht: Dadurch, dass er die zwei in ihrem Gespräch gestört hat, hat er einen Anspruch auf Linda angemeldet, den der Fremde respektiert und sich deswegen zurückzieht. Wenn Linda das wüsste ...

Ficar – Zweisamkeit auf Zeit

Ficar bedeutet eigentlich »bleiben«, »verweilen«, kann aber auch auf eine Art von Beziehung mit sexueller Betonung anspielen, bei der die beiden Involvierten kaum gegenseitige Verpflichtungen haben. Dieses Miteinander kann eine

Nacht dauern, es kann sich aber auch über Monate hinziehen – dann nennt man es auch *rolo* –, ohne sich dabei zu einem *namoro*, einer festen Beziehung, zu entwickeln.

Im *ficar* kann man sich ausprobieren, ohne sich dabei binden zu müssen. Diese Praxis ist in Brasilien weitgehend akzeptiert, besonders unter jungen Menschen, aber zunehmend auch unter Erwachsenen.

So könnte man Sie auf einer Party z.B. ansprechen:

»*Tá ficando com alguém?*« oder »*Tá pegando alguém?*« – Hast du was mit jemandem?

»*Quer ficar com minha amiga?*« – Hast du Lust, was mit meiner Freundin zu haben?

»*Tó enrolada/o.*« – Ich bin gebunden (wörtlich: eingewickelt). Damit können Sie auch andeuten, dass Sie überlegen, ihren *rolo* in einen *namoro* zu verwandeln.

»*Você tem namorado/a?*« – Hast du eine/n feste/n Freund/in?

»*Sou casada/o.*« – Ich bin verheiratet. Das muss keine Heirat auf dem Papier sein, sondern kann auch bedeuten, dass sie informell, aber fest gebunden sind.

Dies alles als kleinen Einblick in die Vielfalt an Möglichkeiten, welche die brasilianische Gesellschaft für mehr oder minder romantische Beziehungen bereithält.

Was können Sie besser machen?

In Brasilien kommen Sie unweigerlich körperlich mit ihren Mitmenschen in Berührung. Man umarmt sich, fasst sich beim Gespräch an den Armen oder berührt einander beim Sitzen am Oberschenkel oder Knie. Derartige Herzlichkeiten können einem sehr willkommen sein, wenn man aus einem Land kommt, in dem der einzige Körperkontakt mit einem Fremden gerade mal aus einem Händeschütteln besteht. Manche stören sich aber auch daran, fühlen sich geradezu betatscht. Machen Sie sich bewusst, dass Sie durch Ihre Körpersprache immer eine Stimmung und Ihre Haltung zu Ihrem Gegenüber vermitteln. Nutzen Sie also Ihre Körpersprache. Aber fliehen Sie nicht, wie Linda, entspannen Sie sich lieber und denken Sie daran, dass der normale Gesprächsabstand zwischen zwei Personen in Brasilien einfach enger ist als in Deutschland und dass darin nicht immer ein Annäherungsversuch liegt. Falls Sie sich doch bedrängt fühlen, nutzen Sie lieber die *saída pela direita* und verschwinden auf Nimmerwiedersehen gen Toilette.

Ähnliches gilt, wenn man Ihnen eine Affäre anbietet – wobei das brasilianische *ficar* eine wesentlich unbeschwertere und sozial akzeptiertere Konnotation als das deutsche Wort »Affäre« hat. Bleiben Sie locker und denken Sie nicht gleich, ihr Gegenüber sei an einer festen Beziehung interessiert. Wenn Sie aber klare Zeichen setzen wollen, hilft ein *estou namorando*, mit dem Sie darauf hinweisen, dass Sie in einer festen Beziehung sind. Das wird meist als Grenze akzeptiert, denn niemand möchte sich gern in mögliche Streitereien begeben, die in Brasilien oft bitterernst sind.

Warum João auf der Party nicht mehr mit Linda gerechnet hat, obwohl sie doch – zwar zögerlich, aber offiziell – zugesagt hat, wird Linda erst in den nächsten Tagen verstehen ...

22 Linda will lieber alleine sein

Warum man besser erst in letzter Minute absagt

Für Linda ist es schon fast zur Routine geworden, jeden Abend mit Patrícia die *novela das sete* oder *das oito* zu schauen, dazwischen die Nachrichten, die Linda nicht minder faszinierend und melodramatisch findet. Patrícias Schwester Daniela ist häufig dabei. Manchmal kommt sie mit ihrem Mann, der dann mit Marcelo auf der Terrasse sitzt und Bier trinkt. Auch diesen Freitag, als Linda erschöpft von der Woche im bequemen Schlafanzug ins Wohnzimmer tritt, sitzt Daniela bereits da. Linda grüßt sie mit »*Oi Daniela*« und setzt sich in einen Sessel. Die Beine lässt sie über der Seitenlehne baumeln – angenehm! Sie fühlt sich schon ganz zu Hause hier. Als in der *novela* eine Partyszene beginnt, fällt Daniela ein: »Linda, ich gebe am Sonntag ein *churrasco*. Komm dazu!«

»*Churrasco*, was ist das genau?«, will die erst einmal wissen.

»Wie, du hast noch kein *churrasco* mitgemacht?! Patrícia, du hättest sie ja wenigstens mal in eine *churrascaria* ausführen können!«

»Linda isst Fleisch wie ein Vögelchen – hier ein Bissen, da ein Bissen, und dann ist sie schon satt«, verteidigt sich Patrícia.

Pure Fleischeslust: *churrasco*

Eigentlich ist *churrasco* für Deutsche keine exotische Sache: eine Variation des Grillens. Im Unterschied zu Deutschland fällt der Fleischkonsum noch üppiger aus, es gibt selten Salat dazu und man grillt nicht im Grünen, sondern meist in

Höfen. Viele Apartmenthäuser haben eine Grillecke im Hof, die von allen genutzt werden kann, ebenso wie Einfamilienhäuser in besseren Gegenden. Für einen exemplarischen Grill-Ablauf siehe Kapitel 23, S. 165.

Churrasco gibt es auch in Form eines Restaurants: der *churrascaria*, besonders berühmt und beliebt im Süden Brasiliens. Daher heißen sie oft *churrascaria gaúcha*, nach den Cowboys aus dem Süden, den *gaúchos*, benannt. Es sind meist große Säle mit Tischen für große Gruppen. Kellner gehen mit Fleischspießen, Würstchen und Steaks herum, und wenn man nicht aufpasst, bekommt man kiloweise Fleisch auf den Teller gehäuft. Meist gibt es einen Festpreis, für den man sich (mehr als) satt essen kann. Dazu werden in kleinen Mengen Reis und Kartoffeln gereicht und es gibt auch ein Salatbuffet. Für Vegetarier ist der Besuch einer *churrascaria* trotzdem nicht zu empfehlen, allein der schieren Mengen an Fleisch wegen, die dort durch den Raum getragen werden. In Deutschland ist eine ähnliche, wenn auch weniger üppige Art der brasilianischen *churrascaria* als Rodizio bekannt und in größeren Städten immer mehr verbreitet.

»Na, Linda, wenn wir Schweinefleisch wie in Deutschland machen, isst du doch auch mit, oder?«, wendet sich Daniela wieder an Linda.

»Ich mag auch gerne brasilianisches Fleisch, aber ich glaube, ich brauche mal einen ruhigen Sonntag.«

»*Churrasco* ist ganz ruhig, ich habe nur ein paar gute Freunde eingeladen und wir genießen einfach den Sonntag am Swimmingpool«, probiert Daniela weiter, Linda zu überzeugen. Die allerdings mag es generell nicht, wenn man sie zu etwas überreden will.

»Danke für die Einladung, Daniela, aber ich brauche wirklich immer so einen Tag in der Woche einfach mal für mich, und weil ich morgen schon mit Leuten verabredet bin, wird das diese Woche der Sonntag.«

Daniela und Patrícia sind mit einem Schlag still und starren auf den Fernseher. Na ja, man wird ja wohl noch für seine eigenen Bedürfnisse einstehen dürfen. In einer Werbeunterbrechung geht Linda hinaus auf die Terrasse, wo sie Marcelo und Danielas Mann Afonso findet. Den begrüßt sie mit Handschlag, nimmt ein Bier an, das Marcelo ihr reicht, und streckt sich auf zwei Gartenstühlen aus. Sie mag die kühle Abendluft gepaart mit einem kühlen Bier doch lieber als diese grellen Dramen im warmen Wohnzimmer, und die Männer haben auch immer etwas unkompliziertere Gesprächsthemen.

Was ist diesmal schiefgelaufen?

Oje, da hat Linda aber einen schlechten Abend gehabt. Schon ihr Auftritt hat die Toleranzgrenze ihrer Gastgeber ausgetestet: Im Schlafanzug zeigt man sich nur vor der eigenen Familie, also nicht einmal vor der Gastfamilie. Es wird als anstößig betrachtet, sich so leicht bekleidet Fremden zu zeigen, zumal es für Frauen absolut unüblich ist, irgendwo ohne BH aufzutreten. Und dann fläzt sich Linda auch noch so unweiblich auf Sofa und Gartenstühle, da wirkt sie auf ihre Gastgeber wie ein vierzehnjähriger Junge. Darüber hinaus war es unhöflich von Linda, weder Daniela noch ihren Mann mit Küsschen zu begrüßen. Klar, einen schlechten Tag hat jeder mal, aber das dadurch auszudrücken, indem man jedweden Anstand über Bord wirft, fällt auch nur *gringos* ein.

Das Schlimmste war jedoch die schroffe Art, in der Linda Danielas Einladung abgewiesen hat. Die Begründung, sie wolle lieber allein sein, ist die denkbar schlechteste – denn gar keine Gesellschaft über die Gesellschaft von Daniela und ihren Freunden zu stellen, ist ihnen völlig unverständlich und kann daher nur als große Beleidigung verstanden werden.

Was können Sie besser machen?

Wenn Sie ihren Pyjama tragen und mitbekommen, dass Besuch da ist, sollten Sie sich schnell wieder ins Zimmer zurückziehen und erst komplett angekleidet wieder herauskommen. Wenn Sie wie Linda in einer Gastfamilie leben, in der Sie ein eigenes Bad haben, können und sollten Sie das Herumlaufen im Schlafanzug sogar ganz vermeiden. Ansonsten gilt: Sie dürfen noch so einfach gekleidet sein, das ist innerhalb der eigenen vier Wände völlig okay, nur sollte es nicht unbedingt das Nachtgewand sein.

Die Formalität der Begrüßung einzuhalten, ist von immenser Bedeutung. Wer nur aus der Ferne winkt oder die Hand gibt, ist schnell als arrogant oder Sonderling verschrien. Nehmen Sie sich daher stets die Zeit, auf ihre Bekannten mit Küsschen und einem freundlichen *tudo bem?* (alles gut?) zuzugehen.

Bei Einladungen sollten Sie unbedingt die Höflichkeit an den Tag legen, erst einmal zuzusagen – absagen können Sie immer noch, das ist gar nicht schlimm. Es zählt der geäußerte Wille, sich mit anderen zu treffen. Ausreden oder Begründungen wie »ich habe keine Zeit« oder »ich bin lieber alleine« sind nicht so akzeptiert wie in Deutschland. Wenn Sie ein paar Wochen lang den Satz »ich habe keine Zeit« nicht mehr gehört haben, werden Sie sich tief entspannt fühlen und das zu schätzen wissen, versprochen. Es ist ja nicht so, dass Sie sich in Partystress begeben müssen, nur weil Sie immer zusagen – Brasilianer können gut damit umgehen, wenn Sie ordentlich ausschlafen müssen und erst ein paar Stunden später kommen oder doch noch anrufen, um zu sagen, dass Ihr Auto kaputt sei und Sie leider, leider nicht kommen können.

23 Linda versucht beim *churrasco* mitzuhalten

Wie ein Teller mehrere hungrige Mäuler stopfen kann

Linda sitzt vor dem Fernseher, direkt neben sich hat sie den Ventilator aufgebaut und schaufelt die süßen *brigadeiros* vom Vortag in sich hinein. Sie sieht Patrícia und Marcelo zu, die sich fertig machen für das *churrasco* bei Daniela und ihrem Mann Afonso. Ihr ist etwas langweilig und sie weiß noch nicht, wie sie diesen heißen Tag herumkriegen soll. Manchmal geht es Linda so, dass sie sich nichts sehnlicher wünscht als einen freien Tag, keine Verpflichtungen, sich einfach mal treiben zu lassen, und wenn der freie Tag dann da ist, weiß sie gar nicht so recht, was sie damit anfangen soll.

»Willst du nicht doch mitkommen, Linda?«, fragt Patrícia da im richtigen Moment.

Linda denkt noch einmal kurz nach, ob sie Lust hat, bei dieser Hitze zu kochen – schließlich hat Dona Maria wenigstens sonntags frei –, und entscheidet dann spontan, sich das Grillfest doch nicht entgehen zu lassen: »Na gut, ich komme mit«. Sie läuft nach oben in ihr Zimmer, zieht sich kurz um und schon ist sie fertig zum Gehen.

»Oh, du bist aber schnell«, kommentiert Patrícia, die noch dabei ist, sich einzucremen, während Marcelo seine frisch gekämmten Haare vor dem Ventilator ruiniert.

Zehn Minuten später sind alle so weit, schwupp in den geräumigen Wagen, los geht die Fahrt nach Barra da Tijuca. Ganz schön langer Weg. Dass Daniela und Afonso den so oft zurücklegen. Immerhin geht es durch ein schönes Waldgebiet, und aus dem Nichts tauchen auf einmal fantastisch glänzende Hochhäuser auf. Miami, L.A. oder Mallorca? Wo sind wir denn hier gelandet? Linda schaut gebannt aus dem Fenster und sieht, wie sie in eine breite, aber nur leicht befahrene Straße einbiegen und schließlich vor einem opulenten Tor halten. Marcelo spricht mit dem Portier, der neben dem Tor in einem Häuschen sitzt. Nach einem Anruf gibt der die Einfahrt frei, und sie fahren auf das Grundstück des Hauses, nein, einer ganzen Wohnanlage.

Wo man lieber unter sich bleibt: *condomínio fechado*

Condomínios fechados (wörtlich: abgeschlossene Hausgemeinschaften) sind ganze Wohnanlagen mit Straßen und mehreren Häusern, die durch Mauern, Zäune und private Sicherheitsdienste vor der Welt dort draußen abgeschirmt sind. Die meisten finden sich in den Vorstädten der Metropolen. Einige besitzen eine komplette Infrastruktur mit Supermarkt, Shoppingcenter und sogar Schulen, sodass die Bewohner autark von der Außenwelt leben. Selbstverständlich wird diese Strategie der Reichen, sich zu isolieren und zu verbarrikadieren, vom Rest der Gesellschaft kritisiert, man wirft ihnen Arroganz und Weltfremdheit vor. Letztendlich sind die *condomínios fechados* ein Symptom der großen Schere zwischen Armen und Reichen, durch die die Reichen sich selbst in einer Art Paranoia vor der kriminellen Welt wegsperren.

Sie fahren noch ein paar Minuten eine von makellosem Rasen gerahmte Straße entlang, an der sich ebenso makellose Einfamilienhäuser reihen, dann parkt Marcelo den Wagen vor einem in Terrakotta gehaltenen Haus mit griechischen Säulen. Vom Hof dringt bereits ohrenbetäubend laute Musik nach draußen. Einer der zwei Söhne von Daniela und Afonso kommt ihnen entgegen, stellt sich Linda als Washington vor und führt sie nach hinten in den Bereich des Pools, neben dem die Grillanlage steht. Auf der Ladefläche eines Jeeps, den sie passieren, sind riesige Boxen montiert, mit denen man ein Fußballstadion beschallen könnte. Linda hält sich die Ohren zu, als die Basswelle durch ihren Körper rauscht. Hat Daniela nicht gesagt, das *churrasco* würde ganz ruhig werden?

»*Que legal que você veio, pensei que você não quisesse*« – Wie schön, dass du gekommen bist, ich dachte, du wolltest nicht, begrüßt Daniela sie.

Linda ist es etwas unangenehm, erst abgesagt zu haben und dann doch zu kommen und nun auch noch mit leeren Händen dazustehen – in Deutschland hätte sie zumindest einen Nudelsalat mitgebracht –, doch viel Zeit, darüber nachzudenken, hat sie nicht, denn nun wird sie dem zweiten Sohn, Wagner, vorgestellt, seiner Freundin Denise, der Tochter Graciela und so weiter und so fort. Afonso kann sie erst zum Schluss begrüßen, da er konzentriert am Grill steht und von den Gesprächen um ihn herum kaum Notiz nimmt. Wie in Deutschland, denkt sich Linda in Erinnerung an ihren grillenden Vater und muss schmunzeln. Afonso deutet in seiner trockenen Art gleich auf eine Kühltruhe. Linda macht sie auf und blickt auf unzählige Dosen Bier und ein paar Flaschen Cola, *guaraná* und Fanta, alles auf Eis gebettet. Sie bedient sich mit Bier, das sie allerdings erst einmal wieder beiseitestellt, als sie merkt, dass darin Eisklumpen schwimmen.

»*Vocês gostam de cerveja quente, não é?*« – Ihr mögt warmes Bier, nicht wahr?, will Washington wissen.

»*Quente não, mas também não tão gelado assim*« – Nicht warmes, aber auch nicht ganz so eiskaltes, erklärt Linda die deutschen Biergewohnheiten. Ihre neuen Bekannten fragen sie weiter zu deutschem Bier aus, und sie schlägt sich so gut, wie sie es mit ihrem Portugiesisch eben kann, und freut sich, als ihr der erste Teller Fleisch gereicht wird. Na, der meint's aber gut mit ihr! Sie nimmt sich ein Brötchen dazu, setzt sich an den Pool und beginnt zu essen. Ganz schön fettig, diese Fleischstücke. Sie holt sich ein Plastikmesser und schneidet die fettigsten Stellen heraus. Afonso ruft vom Grill herüber, ob es schmecke, und Linda hebt den Daumen.

Fleischkonsum und Vegetariertum

Fleisch ist das Statussymbol, das allen zeigt: Wir sind wohlhabend. Wer es sich leisten kann, isst in Brasilien jeden Tag Fleisch und das nicht selten in Mengen, die selbst fleischgewöhnten Deutschen obszön erscheinen. Fett wird nur in den seltensten Fällen weggeschnitten. Besonders die *gaúchos* im Süden wetteifern mit den für ihre Steaks berühmten südlichen Nachbarn, den Argentiniern. Freunde des Fleisches freuen sich über die hervorragende Qualität desselben, da die Rinder in der Regel auf Weiden gehalten werden und nicht in Ställen, in denen sie mit Antibiotika gefüttert werden.

Für Vegetarier dagegen ist das Leben hier wahrlich schwer und sie laufen immer Gefahr, Fisch oder Hühnchen aufgetischt zu bekommen, da die nicht im engeren Sinne als Fleisch gelten. In Restaurants und Imbissen gibt es nur selten ein vegetarisches Gericht, und oft kann einem etwas als vegetarisch verkauft werden, worin sich letztendlich Schinken oder Speck findet, denn das ist ja schon kein Fleisch mehr, sondern eben Speck oder Schinken, so die Logik.

Die vegetarische Bewegung Brasiliens (im Internet: www.vegetarianismo.com.br) schätzt die Zahl der Vegetarier zurzeit auf immerhin fünf Prozent der Bevölkerung. Noch erfordert es viel Kraft und Mut, für eine vegetarische oder vegane Gesinnung einzutreten, nur in studentischen und intellektuellen Kreisen ist Verständnis und Sympathie zu erwarten. In großen Städten gibt es dementsprechend die ersten vegetarischen Restaurants.

Um klar zu machen, dass Sie kein Fleisch essen, können Sie sagen, dass Sie nichts essen, was ein Gesicht hat(te).

Das ist anschaulich und schließt auch alle Ausnahmen aus. Immerhin, wer auf Milchprodukte verzichtet, hat es relativ einfach in Brasilien, da Milch als eher teures Produkt in der traditionellen Küche nicht verankert ist.

Linda ist jetzt eigentlich satt und würde am liebsten wieder nach Hause und einen Mittagsschlaf halten. Aber sie ist nun mal mit Patrícia und Marcelo – und deren Wagen – da und will auch nicht als unhöflich dastehen. Sie gesellt sich also zu den anderen in der Grillecke, die alle noch essen. Sie nehmen nur ab und zu ein Stück Fleisch, und so zieht sich ihre Mahlzeit über den ganzen Nachmittag. Linda bekommt immer wieder etwas angeboten, kriegt aber keinen Bissen mehr hinunter. Sie langweilt sich etwas, die Musik nervt sie, und so ist sie ganz glücklich, als die Anlage plötzlich rappelt und dann ganz verstummt. Washington und Wagner eilen sofort hin und versuchen sich an einer Reparatur, was jedoch scheitert, was wiederum nicht zuletzt an dem gestiegenen Alkoholpegel der Brüder liegt. Den spürt auch Linda, die aus Langeweile immer mit einer Dose Bier in der Hand herumsteht. Nach einer Weile ohne Musik haben einige der Gäste plötzlich Musikinstrumente in der Hand: eine kleine Gitarre, ein paar Rasseln und eine seltsame Minitrommel mit einem Stab, der aus dem Trommelinneren zu kommen scheint.

Cuíca – das Heulen im Samba

Das äußere Erscheinungsbild einer Trommel täuscht: Die *cuíca* quietscht und heult in verschiedenen Tonlagen und gibt dem Samba so, je nachdem, eine sinnliche oder melancholische Note. Das Quietschen entsteht durch einen Stab, meist aus Bambus, der vom Innern der Trommel durch das Trommelfell reicht. Ist die Lederbespannung der Trommel angefeuchtet, entsteht durch die Reibung mit dem Stab der gequälte Ton.

Woher sie die Instrumente plötzlich haben, ist Linda ein Rätsel. Alle reihen sich um die Spontanmusiker, die spielen einen Rhythmus, den Linda recht kompliziert findet, den anderen aber schnell ins Ohr zu gehen scheint, da sie gleich mitsingen und tanzen. Sogar Afonso bringt sich jetzt aktiv ein. Indem er mit zwei aufeinanderliegenden Löffeln auf den Tisch schlägt, bringt er einen beachtlichen Rhythmus hervor. Linda schwingt ein bisschen mit der Hüfte, besonders elegant kommt sie sich dabei aber nicht vor. Sie ist beeindruckt davon, wie aus diesen etwas steifen Leuten so gewandte Musiker und Tänzer geworden sind, und fragt sich, warum sie nicht gleich ihre Instrumente herausgeholt haben, anstatt die Nachbarn mit dieser Mörderanlage zu foltern. Nach einiger Zeit in der geschlossenen Runde löst sich die Gesellschaft wieder etwas, ein paar beugen sich übers Fleisch, und mit einem überschwänglichen »platsch« landet Wagner im Pool. Er krabbelt wieder heraus und schmeißt nun eines der Mädchen ins Wasser, und einer nach dem anderen landen alle Teenager im Pool, die Hälfte davon in voller Montur. Linda schaut amüsiert zu. Sie ins Wasser zu stoßen, traut sich scheinbar niemand. Irgendwann springt sie einfach dazu, viel hat sie schließlich eh nicht an – die Meute jubelt.

Was ist diesmal schiefgelaufen?

In dieser Episode ist eigentlich fast alles gut gegangen. Linda konnte sogar ihr Missgeschick, die ablehnende Haltung gegenüber der Einladung, wieder bereinigen, indem sie doch noch mit zum *churrasco* gekommen ist. Nur eine Kleinigkeit ist schiefgelaufen: Linda hätte den Teller voller Fleisch nicht alleine leeren sollen. Das war ziemlich egoistisch, mussten doch alle anderen so noch weiter warten, während Linda sich schon den Bauch vollgeschlagen hat.

Mit leeren Händen zum Grillfest zu erscheinen, war in diesem Fall nicht tragisch, da der Gastgeber für alles gesorgt hat. Eine direkte Frage, wie man es in der Familie von Patrícias Schwester hält, hätte Linda ihre Unsicherheit nehmen können.

Was können Sie besser machen?

Der Teller wurde Linda in der Erwartung gereicht, dass sie sich ein Stück Fleisch nehmen und den Teller dann weitergeben würde. Genau das sollten Sie machen, so wird das Essen auch viel sozialer und ist nicht nach einer Viertelstunde vorbei. Nehmen Sie sich Zeit, immer mal wieder ein Stückchen Fleisch oder die dazu gereichte *maionese* – was nicht der deutschen Mayonnaise, sondern einem Kartoffelsalat entspricht – und natürlich Bier oder Softdrinks. Viel wichtiger, als schnell satt zu werden, ist es, die Zeit mit anderen zu genießen und ihnen zu vermitteln, dass man sich amüsiert.

Anders als in Patrícias Familie ist es in manchen Familien oder Freundeskreisen üblich, etwas zum Essen beizusteuern. So ist hinsichtlich der Arbeits- und Kostenaufteilung für ein *churrasco* zumindest eine Frage angebracht. Besonders unter Studenten ist es gängige Praxis, sich die Kosten für Partys oder gemeinsame Essen zu teilen. Auch für mehrmaliges Übernachten bei Freunden kann ein Zuschuss zum WG-Haushalt angebracht sein. Dies hat weniger mit Geiz oder Erbsenzählerei zu tun als mit der schlichten Tatsache, dass viele Brasilianer es sich nicht leisten können, ständig Freunde und Familie einzuladen. So sind Zusammenkünfte trotzdem möglich, aber es wird immer darauf geachtet, dass man einen Gastgeber, der nicht gerade im Geld schwimmt, nicht auf den Kosten sitzenlässt.

24 Linda gibt sich farbenfroh

Wo man mit seinem Trikot steht

Dieses Wochenende hat Linda João versprochen, mit ihm ins Fußballstadion zu gehen. Es dauere auch bestimmt nicht so lange wie die Party letzten Dienstag, hat João versichert. Linda hat sich zwar noch nie außerhalb der WM für Fußball interessiert, aber wenn sie schon mal in dem Land ist, über das die ganze Welt als Fußballnation spricht, dann lässt sie sich auch dazu überreden, mit ins Stadion zu kommen – zumal ins Maracanã, dem einst größten Stadion der Welt! Linda packt noch ihre Kamera in den Rucksack und wartet dann in der Küche.

»Linda!«, ruft jemand und klatscht in die Hände. Es ist wie erwartet João, der Linda abholt, und er sieht lustig aus. Er trägt nicht nur ein rot-schwarz gestreiftes Trikot, sondern auch einen Partyhut in den gleichen Farben, eine schwarze Shorts und rote Turnschuhe und springt auf und ab, als würde er sich selbst für das Spiel warm machen. Linda muss beim Anblick des sonst eher unauffälligen und ernsten Philosophen lachen.

»*E aí*, bist du soweit?«, hechelt der.

Linda ist sich auf einmal nicht mehr sicher. Sie sieht in ihrer Jeans und weißem T-Shirt ganz schön neutral neben João aus. Aber dann erinnert sich Linda, dass sie ja sowieso nur beobachten möchte. Es darf ruhig jeder wissen, dass sie unparteiisch ist.

»Habt ihr ein Kilo Reis?«, ruft João von der anderen Seite des Gitters.

»Was hast du vor? Wollen wir danach zusammen kochen?«, wundert sich Linda.

»Aber nein. Pack lieber schnell ein, was du finden kannst. Meine Freunde warten schon.«

Linda schnappt sich also noch eine Packung Reis, bevor sie mit João zum Maracanã aufbricht.

Auf dem Weg will sie wissen, wer denn eigentlich heute spielt.

»Es ist ein *flaflu*«, erklärt João feierlich.

»Ein was?« Linda muss lachen.

»Ein *flaflu*. Flamengo gegen Fluminense. *Um clássico!*«, schwärmt João. Dann erklärt er Linda, dass die beiden Teams einst Erzrivalen waren, da Flamengo das Team der Armen und Fluminense das Team der Reichen war. Heute gebe es diese klaren Identifikationen allerdings nicht mehr. Dennoch sympathisiere er ganz klar mit Flamengo.

»Und worum geht es bei dem heutigen Spiel?«, erkundigt sich Linda.

»Es ist das Halbfinale im Campeonato Carioca.«

Hm, denkt sich Linda, eine Meisterschaft, die sich nur auf den kleinen Bundesstaat Rio de Janeiro bezieht, kann eigentlich nicht allzu wichtig sein, aber das behält sie lieber für sich, denn sie bemerkt durchaus, wie die Straßen sich mit Menschen füllen, die alle in dieselbe Richtung strömen. Als der Andrang schon deutlich zugenommen hat, kommen sie an eine Bar, in der Joãos Freunde warten. Auch sie haben ihre Trikots an oder wenigstens Kleidung in den Farben schwarz-rot. Sie wollen sofort wissen, zu wem Linda hält: »*Você torce pra quem?*«

Als Linda versucht zu erklären, dass es ihr egal ist, wer gewinnt, stößt das auf Unverständnis. Man beginnt, ihr eindringlich zu erläutern, warum Flamengo in jeder Hinsicht das beste Team der Welt ist und gibt erst nach, als Linda verspricht, dass sie zumindest heute zu Flamengo hält, was dann von der Gruppe in Richtung Stadium hüpfend bejubelt wird.

Kurz vor dem Stadion herrscht ein chaotisches Gedränge, das Linda nervös macht, da ihr Rucksack die ganze Zeit hin- und hergezerrt wird und sie es gar nicht merken würde, wenn jemand ihn öffnete und etwas klaute. Beim Eingang schafft sie es gerade noch, ihr Portemonnaie hervorzuholen. Doch niemand zahlt hier mit Geld: Über Schultern spähend kann Linda beobachten, wie man Lebensmittel abgibt, um ins Stadion gelassen zu werden. Nudeln, Bohnen, Zucker und Reis. Dafür also der Reis! Linda »bezahlt« mit ihrem Reis, kommt sich dabei etwas komisch vor und wird auch schon in Richtung Tribüne geschubst. In dem Durcheinander vor dem Eingang hat sie gar nicht auf João geachtet. Nun schaut sie sich verzweifelt um und kann ihn nirgends entdecken. Na ja, er wird mich bestimmt hier abholen, hofft Linda und drückt sich mit dem Rücken an einen Betonpfeiler, damit sie in dem hastigen Gewühl nicht im Weg steht. In Gedanken noch bei der Frage, wofür die Lebensmittel sind, erblickt sie auf einmal ein buntes T-Shirt, dass an einer der Absperrungen hängt. Als sie es hochnimmt, sieht sie, dass es ein Trikot ist, fast wie das von João, und es riecht auch ganz frisch. Sie überlegt nicht zweimal und zieht es sich über. Nun muss sie aber João finden. Sie hält Ausschau in Richtung der Betonstufen, die schon voller johlender Fans sind. Als sie sich die Stufen hocharbeitet, sieht sie auf einmal einen wild winkenden João. Linda winkt zurück und zwängt sich durch die Menge in seine Richtung. João winkt immer noch und immer energischer. Mensch, ich hab' dich doch gesehen! Sie bemerkt gar nicht, dass sie die Aufmerksamkeit des ganzen Fanblocks auf sich gezogen hat. Entsetzte Blicke, Pfeifen und Buhrufe werden nun immer deutlicher, während sie sich João nähert. Der zerrt an seinem Trikot, zeigt auf Linda, schüttelt den Kopf, fuchtelt herum. Was hat sie denn falsch gemacht? Linda sieht gerade noch, wie ein Typ wutentbrannt auf sie zu gewetzt kommt. Da begreift sie. Ein Blick auf ihr Trikot genügt: weiß-rot-grün anstatt schwarz-rot. Sie zieht es sich hastig über den Kopf und tritt es in einem symbolischen Akt mit dem Fuß weg. Das scheint alle zu erleichtern.

»*Tricolor é lá*«, zeigt João nun schon wieder lachend auf die andere Seite des Stadions.

Linda ist nicht nach Lachen zumute. Und verstanden hat sie João auch nicht richtig. Ihr Herz rast noch zu sehr, nachdem sie möglicherweise so knapp einer Prügelei entkommen ist. Doch dann ist Anpfiff und Linda reißt sich zusammen. Es ist ganz schön was los. Neben ihr poltert eine *batucada*-Gruppe und die Fans singen inbrünstig ihre Hymnen.

»Wir sind hier bei der *torcida* vom *morro da mangueira*! Das ist die beste *torcida*!«, sprudelt João in Richtung Lindas Ohr.

Bei jeder La-Ola-Welle werden ihre Arme von den Nachbarn mit hochgezogen. Ein älterer Herr versucht sogar, Linda einige Lieder beizubringen, und gibt nicht auf, obwohl Linda nichts von dem Text versteht und nur ihre Lippen mitbewegt. Linda lässt sich schließlich von der Stimmung mitreißen, feiert mit und tut so, als gehöre sie dazu. Das Spiel ist nebenbei fast unwichtig geworden.

Trotz der Bemühungen der Fans verliert Flamengo mit 1:2. Die Enttäuschung ist João und seinen Freunden deutlich anzusehen. Nachdem man sich durch die Massen aus dem Stadium geschoben hat – und diesmal hat Linda ihre Gruppe nicht aus dem Blick gelassen –, gehen trotzdem alle noch ein Bierchen trinken. Währenddessen kann Linda endlich erfahren, dass die Lebensmittel karitativen Einrichtungen gespendet werden. Es handelt sich also um eine Aktion des Staates, der das Event subventioniert.

Die Fans von Fluminense indessen machen die Straßen mit ihren Autokorsos unsicher und lassen es bei zahlreichen Feuerwerken krachen. João schaut in die Runde und beginnt zu singen: »*Uma vez Flamengo. Flamengo até morrer* ...«

Fußball

800 Profi- und 13.000 Amateurteams plus eine Portion brasilianischer Leidenschaft für diesen Ballsport machen Brasilien zur Fußballnation. Nach einer Studie der *Fundação Getúlio Vargas* spielen 16 Prozent der Bevölkerung in Vereinen, was die Tatsache übersieht, dass ein gehöriger Anteil der Jungen nicht im Verein, sondern auf der Straße kickt. In Vereinen waren bis in die 20er-Jahre nur weiße Spieler erlaubt. Legendär, aber nicht nachgewiesen ist daher die Anekdote, dass sich einige Spieler mit *pó-de-arroz* (Reismehl) weiß schminkten, um zum Spiel zugelassen zu werden.

Die höchste Organisation im brasilianischen Fußball ist die *Confederação Brasileira de Futebol* (*CBF*). Sie organisiert die Meisterschaft *Campeonato Brasileiro de Futebol*, wonach die Teams zwischen den vier Ligen (*divisões*) auf- oder absteigen können. Außerdem wetteifern die Teams in der *Copa do Brasil*, in den *Campeonatos Estaduais* auf bundesstaatlicher Ebene (in São Paulo heißt er *Paulistão*) sowie in der *Copa Libertadores da América* und der *Copa Sul-Americana* mit anderen Teams Südamerikas.

Den einzelnen Teams haften mehr oder minder starke Assoziationen und soziale Bedeutungen an. In Rio heißt es, Vasco (da Gama) sei ein Team der ärmeren Bevölkerung, Botafogo-Fans seien Snobs und Fluminense gewinne heutzutage nicht mehr. In São Paulo ist Palmeiras, das seine Fans aus der italienischen Gemeinde anwirbt, sehr populär neben Corinthians, das für viele ein Team des Herzens ist, obwohl es nur selten gewinnt. Corinthians ist gleichzeitig Erzrivale von São Paulo, das eher die reiche Bevölkerung anspricht, und Santos, das Größen wie Pelé hervorgebracht hat.

Die Fans eines Teams sind zusätzlich in mehrere *torcidas organizadas* (organisierte Fangemeinden) untergliedert, was eine derartige Popularität wohl mit sich bringt – Flamengo zählt weltweit 33 Millionen offizielle Anhänger. Klassischerweise gehören die Bewohner einer bestimmten Favela auch zur gleichen *torcida*, so beispielsweise bei der *torcida* vom *morro da mangueira*. Die einzelnen *torcidas* sind, selbst wenn sie dem gleichen Team zujubeln, oft untereinander verfeindet, ihnen wird Gewalt und Vandalismus nachgesagt.

Was ist diesmal schiefgelaufen?

Da wollte sich Linda Brasiliens Farbenfreude abgucken und hat sich das erstbeste Trikot angezogen. Aber rot-weiß-grün – und deswegen auch *tricolor* genannt, also dreifarbig – sind die Farben von Fluminense. Im Stadion wird alles dafür getan, dass sich die rivalisierenden Fans nicht begegnen, und niemand käme auf die Idee, dieses ungeschriebene Gesetz leichtsinnig zu übergehen.

Dass Fußball in Brasilien wichtig ist, wusste Linda, aber dass es allein in der Stadt Rio vier rivalisierende Teams gibt – neben Flamengo und Fluminense noch Vasco da Gama und Botafogo – hätte sie nicht geahnt. Genauso wenig wie die Tatsache, dass selbst ein Spiel, das nur regionale Bedeutung hat, derart wichtig genommen und groß gefeiert wird.

Bei entsprechend großem Andrang ist ein Fotoapparat – wenn er schon unbedingt mit muss – besser vor dem Bauch zu tragen. Man sieht in solchen Situationen häufig, wie Brasilianer sich ihren Rucksack einfach vorne um den Körper schnallen.

Was können Sie besser machen?

Fußball ist in Brasilien Herzenssache. Nahezu jeder hat ein Lieblingsteam, auch diejenigen, die sich kein Spiel anschauen und auch keine Abseitsregel erklären können. Man wird auch Sie bei jeder Gelegenheit fragen: *qual é seu time?* (für welche Mannschaft bist du?), und Sie können mit der richtigen Antwort ordentlich punkten. Sie sind also gezwungen, sich zu positionieren, selbst wenn Sie mit den brasilianischen Teams noch nichts anfangen können. Machen Sie sich bewusst, dass im Fußball Rivalitäten ausgetragen werden und diese auch die Unterschiede zwischen sozialen Gruppen und Schichten widerspiegeln. Werden Sie gefragt, für welchen Verein Sie in Deutschland sind, haben aber nicht das geringste Interesse am deutschen Vereinsfußball, antworten Sie Bayern München – auch wenn es Ihnen weh tun sollte –, das ist eine in jedem Fall hochgeschätzte Antwort.

Weniger gelassen geht es im Stadion zu. Wenn Sie sich entscheiden, dieses Volksfest mitzuerleben, sollten Sie unbedingt auf die Farben achten, die Sie dabei tragen.

25 Linda fischt Schweinefüße aus dem Nationalgericht

Wie aus Völlerei und Tanznachmittag ein idealer Sonntag wird

Begeistert hat Linda João von ihrem Sonntags-*churrasco* erzählt – unübertroffen! Das hat Joãos Ehrgeiz geweckt, und er will die Herausforderung annehmen, Linda einen noch tolleren und noch traditionelleren Tag zu bereiten.

»Diesen Sonntag gehen wir *feijoada* essen und dann zu einer *roda de samba*«, kündigt er an.

»Essen und Musik? Bin ich dabei«, willigt Linda ein.

So sitzen sie Sonntagmorgen in der *bonde*, der Tram hoch nach Santa Teresa, da João meint, zünftig *feijoada* essen könne man nur in diesem touristisch-traditionellen Viertel aristokratischer Vergangenheit. Als sie über das Viadukt fahren, schaut Linda aus Neugier nach unten und ihr wird ganz schön mulmig zumute, als sie dabei durch die Beine der wagemutigen Trittbrettfahrer hindurchsieht. Dafür haben die immerhin die Fahrt nicht bezahlen müssen, aber lebensmüde findet Linda das schon.

Am Hauptplatz von Santa Teresa verlassen João und sie die Tram und gehen in eines der hübschen kleinen Restaurants, die Bar do Mineiro, die für zwölf Uhr mittags schon ganz schön gut besucht ist. Sie werden zu fremden Leuten an den Tisch gesetzt, das Bier ist im Handumdrehen serviert und João fängt auch schon an zu bestellen: »*Uma feijoada, por favor.*«

»*Para mim também*« – Für mich auch, ergänzt Linda.

João und der Kellner schauen sie verdutzt bis anerkennend an. João versteht nach einem Moment Lindas Irrtum: »Eine Portion *feijoada* reicht für zwei Personen.«

»Wirklich? Und dabei kostet sie nur fünfundzwanzig Reais?«

»Ja, also eigentlich schon ... Ich kenne natürlich deinen Hunger nicht ...« João will auf keinen Fall verantworten, dass Linda am Ende hungrig bleibt.

»Also lieber noch eine. *Duas feijoadas, por favor*«, gibt Linda dem schon ungeduldig nach links und rechts schauenden Kellner die Bestellung auf. Der verschwindet so schnell er nur kann zum nächsten Tisch, an dem neue Gäste eintreffen. Es ist ein heilloses Gewusel auf engstem Raum. Linda lehnt sich zurück, beobachtet die Szenerie und nippt an ihrem Bier.

»Warum trinken wir eigentlich immer Bier und so gut wie nie Caipirinha?«, fragt sie João, um ein Gespräch anzustoßen.

»Keine Ahnung, warum sollten wir Caipirinha trinken?«

»Na, ich denke, das ist euer Nationalgetränk«

»Weiß nicht, also ich wurde mit Bier großgezogen«, lacht João, »aber auf jeden Fall ist *feijoada* unser Nationalgericht.«

»Was ist das denn nun eigentlich?«, will Linda wissen.

»*Feijão* kennst du ja schon ...«

»Zur Genüge! Könnt ihr nicht mal einen Tag was anderes essen?«, fällt Linda ihm ins Wort.

»Hallo?! Bohnen machen groß und stark!«

»Das sieht man ja an dir.«

Beide lachen – Gott sei Dank besitzt João genügend Selbstironie.

»Also, außerdem sind da Schweineohren, Schweinefüße, geräucherte Würstchen und Zunge drin – na, wirklich!«, ruft João aus, als er Lindas hochgezogene Augenbrauen sieht, »das ist halt ein Reste-Essen. Die Sklaven haben früher zusammengeworfen, was bei den Zuckerbaronen in den Abfall kam. Irgendwann haben dann auch die Reichen gemerkt, dass das schmeckt, und so hat es sich zum Nationalgericht entwickelt.«

Als der Kellner schwungvoll und vor allem üppigst auftischt, fischt Linda erst einmal in dem schwarzen Bohneneintopf herum. Besonders einladend sehen die Fleischstücke nicht aus. In einem meint sie, einen Schweinefuß wiederzuerkennen, und verbannt ihn gleich an den Tellerrand. Es sind aber noch viel mehr Schüsseln gekommen. Eine mit Reis, eine mit einem mehlartigen Pulver, *farofa* heißt das wohl, eine mit grünem Gemüse, das wie Wirsing aussieht und das João *couve* nennt, ein Schälchen mit Orangen und eines mit einer roten Soße, mit deren Schärfe Linda schon einmal Bekanntschaft gemacht hat. Sie wundert sich ein wenig, dass sie doch nur eine Portion bekommen haben. Hat der Kellner sie im Hin und Her falsch verstanden? Da diese Portion allerdings riesig aussieht und auf dem Tisch gar kein Platz für weitere Schüsseln wäre, sagt sie nichts.

Beide tun sich auf, Linda erst einmal ohne Fleisch. Sie imitiert ansonsten João, der sich Reis auf die eine Seite des Tellers schaufelt, *couve* daneben, den Eintopf auf die andere und ihn mit *farofa* bestreut sowie ein paar Tropfen der Soße darübersprenkelt.

Feijoada

Wie João ganz richtig erklärt hat, sind in *feijoada* außer *feijão-preto* (schwarzen Bohnen) Schweineohren, -füße, -zunge und geräucherte Würstchen enthalten. Sie ergeben einen Eintopf, der als brasilianisches Nationalgericht gehandelt wird. Alle Zutaten köcheln lange vor sich hin, meist den gesamten Vormittag. Traditionell wird dazu *couve* gereicht, ein gedünsteter grüner Kohl, der dem Grünkohl ähnlich ist. Über den Eintopf streuen Brasilianer *farofa*, gebratenes grobes Maniokmehl – Maniok ist ein in Brasilien beliebtes Wurzelknollengemüse – , vermischt mit verschiedenen anderen Zutaten. So gibt es z.B. *farofa* mit Speck, Kochbanane oder sogar zerkleinerten Butterkeksen. Die scharfe Soße (*molho da pimenta*) wird ebenfalls zu fast jedem Gericht gereicht; sie besteht vor allem aus Peperoni (*pimenta*), Tomaten (*tomates*) und Essig (*vinagre*) und sollte nur in geringer Dosierung über das Essen geträufelt werden. Die Orangen isst man zwischendurch oder zum Schluss bzw. lutscht sie nach brasilianischer Art aus, um die Verdauung nach diesem schweren Bauernessen anzuregen.

»Mmh, gut gewürzt«, stellt Linda fest. Und nach ein paar Minuten: »*Uma delícia*« – sehr lecker. Nach dem ersten Schub tut sie es João gleich, der ein Orangenstück isst, dann häufen sie sich die nächste Portion auf den Teller, ohne dass der *feijoada*-Topf signifikant leerer wird.

»Okay, du hattest Recht, wir hätten nur eine Portion bestellen sollen«, gibt Linda zu.

João bietet den Tischnachbarn noch etwas an, aber die sind schon im Aufbruch begriffen. Jetzt haben sie den Tisch für sich und Linda hat das Gefühl, sie braucht ihn auch in seiner ganzen Breite, um ihren Bauch darunter zu verstecken. Weil es so lecker ist, verdrückt sie noch einen kleinen dritten Teller, aber dann geht gar nichts mehr.

»Und jetzt bloß kein Bier mehr, ich brauche einen Verdauungsschnaps«, skandiert sie.

»*Garçom, traz duas cachaças para a gente*« – Kellner, bring uns zwei Zuckerrohrschnäpse, bestellt João prompt, »*e a conta*« – und die Rechnung. Beides findet sich Sekunden später auf ihrem Tisch.

»Können wir getrennt zahlen?«, fragt Linda den Kellner.

Der schaut sie verwundert an. João macht sich an der Rechnung zu schaffen, kritzelt darin herum und zahlt dann doch alles selbst. Linda will ihm die Hälfte geben, aber er lehnt ab. Bis auf den letzten Cent lässt sich João Wechselgeld herausgeben. Linda ist es sehr unangenehm, gar kein Trinkgeld zu geben, obwohl es doch geschmeckt hat, aber sie will ihm nicht in den Kram reden und lässt die Sache auf sich beruhen.

Nach dem gepflegten Schnäpschen beginnen die beiden Freunde den Abstieg in die Lapa, wo João noch zu einem Sambatanzen will. Linda könnte auch direkt wieder ins Bett wie nach dem Teller Grillgut beim *churrasco*. Stattdessen soll sie jetzt tanzen?

»Wo wohnst du eigentlich?«, will Linda von João wissen, während sie nebeneinander herschlendern.

»In Leblon, das ist in der Zona Sul.«

»Wohnst du mit anderen Leute zusammen in einer ... wie nennt man das?«

»*Numa república?*« – In einer WG? »Nein, ich wohne bei meinen Eltern.«

»Echt? Ist das nicht nervig?«, fragt Linda.

»Warum? Nein, das ist doch meine Familie. Außerdem, wovon sollte ich denn die Miete zahlen? Ich studiere zwar umsonst, weil meine Uni öffentlich ist, aber ein Gehalt zahlen die mir nicht.« Er lacht leicht auf bei dem Gedanken.

Sie kommen in den ersten Straßen der Lapa an, und João führt Linda zielsicher zu einem Eingang, vor dem zwei Sicherheitsleute postiert sind. Sie werden ohne Umschweife eingelassen und gelangen in ein Haus und dessen Innenhof. Nach der dreckigen Straße Mem de Sá ist dieser Hof die reinste Oase. Das Pflaster ist alt und abgetreten, an den Mauern ranken Pflanzen, es stehen ein paar Holztische und -stühle herum, aber kaum jemand sitzt. Manche Leute sind festlich angezogen, andere eher im Freizeitlook, manche Mitte zwanzig, andere über vierzig. Sie schlängeln sich an ein paar Gruppen vorbei, die sich im Kreis stehend unterhalten. Hier, im hinteren Teil des Hofes, spielt schon eine Sambagruppe, umgeben von Tanzenden. Linda will sich erst einmal langsam nähern und zuschauen. Aber kaum steht sie einen Moment alleine da, als João etwas zu trinken holt, spürt sie, wie jemand ihre Hand greift und sie erst dann fragt: »*Vamos dançar?*« – Tanzen wir?

Die Frage ist auch eher rhetorisch, denn der Mann hat Linda bereits auf die Tanzfläche gezerrt.

»Ich kann nicht tanzen«, stammelt sie, immer noch überrumpelt.

»Kein Problem, ich bringe es dir bei«, antwortet ihr Tanzpartner gut gelaunt und beginnt, sie durch den Hof zu wirbeln.

Als Linda João zurückkommen sieht, formt sie mit den Lippen ein großes *socorro!* (Hilfe!), doch der lacht nur und wartet mit ihrer Caipirinha in der Hand, bis das Lied zu Ende ist. Da sucht sich der Tanzwütige auch schon eine neue Partnerin.

Was ist diesmal schiefgelaufen?

Linda hätte tatsächlich nicht eine zusätzliche Portion *feijoada* für sich bestellen sollen. Da niemand alleine in ein Restaurant geht, sind die Portionen in der Regel für mindestens zwei Personen ausreichend. Die zwei Portionen wurden in einer Schüssel serviert, sodass Linda wiederum dachte, es sei nur eine Portion gekommen. Ganz so üppig fällt eine Portion dann doch nicht aus.

Und die Rechnung hätte sie nicht allein dem armen Studenten überlassen sollen. Wenn Linda ihm das Geld ein zweites und ein drittes Mal angeboten hätte, hätte er es bestimmt akzeptiert. Beim Kellner getrennt zu zahlen, ist dagegen unüblich. Trinkgeld ist mit zehn Prozent normalerweise schon in der Rechnungssumme inbegriffen – da hat Linda umsonst ein unangenehmes Gefühl gehabt.

Beim Tanzen war Linda sehr zaghaft zu dem Mann, der sie da so forsch aufgefordert hat. Der jedoch hat das nicht als Ablehnung interpretiert, sondern sich durch ihr – charmantes – Zieren erst recht herausgefordert gefühlt.

Was können Sie besser machen?

Schließen Sie sich beim Bestellen mit Ihren Begleitern kurz: Wer möchte was essen. Sei es in einem Restaurant für traditionelle lokale Küche oder einer Pizzeria – es werden große Portionen bestellt, von denen jeder mal kostet. Gerade in einer großen Runde können Sie so ein sehr abwechslungsreiches Mahl erleben und müssen sich nicht für ein Gericht oder eine Sorte Pizza entscheiden.

Auf den Kosten für ein Essen sollten Sie niemanden sitzen lassen, höchstens zu Geburtstagen lädt eine einzige Person ein. Normalerweise bekommt die Runde die Rechnung, und entweder dividiert eine Person alles auseinander und sagt jedem, wie viel er bezahlen muss, oder jeder rechnet es für sich selbst aus. Generell wird immer nachgerechnet, ob der Betrag stimmt, da recht häufig seitens der Kellner geschummelt wird. Wenn Ihnen das passiert, sollten Sie sich nicht aufregen, sondern einfach die Rechnung richtigstellen und den korrekten Betrag zahlen. Wenn jemand aus einer großen Runde vor den anderen geht, sollte er am Tresen seinen Teil vorab bezahlen. Die kecke Art ohne das bei uns obligatorische »bitte«, in der João Rechnung und Schnäpse bestellt hat, ist übrigens gern gesehen. Wenn Sie nicht in einem extrem vornehmen Restaurant sind, wird diese volksnahe, kumpelhafte Art gegenüber Kellnern (übrigens auch andersherum) geschätzt.

Bei Verabredungen zwischen Männern und Frauen ist es die Regel, dass der Mann die Rechnung übernimmt, es sei denn, beide haben offensichtlich gleich wenig Geld – wie das bei Linda und João der Fall ist. Wenn jemand Sie einlädt, der die Mittel dazu eigentlich nicht hat, können Sie darauf bestehen, sich an den Kosten zu beteiligen. Drücken Sie ihm das Geld einfach entschieden in die Hand oder legen Sie es vor der Person auf den Tisch. Es wird sich erst geziert, aber schließlich ist das Gegenüber sicherlich froh.

Beim Tanzen ist es für Frauen ratsam, auf offensive Aufforderungen gefasst zu sein. Wenn sich eine Frau nur ein wenig wehrt, wird das oftmals als spielerisches Zieren abgetan. Und letztendlich spricht ja auch nicht so viel dagegen, sich ein wenig Samba beibringen zu lassen. Männer müssen in der Regel den Mut haben, eine Frau zum Tanzen aufzufordern. Allein zu tanzen ist auch nichts Ungewöhnliches, und wenn Sie – als Mann – sehr nach einem *gringo* aussehen, kann es passieren, dass eine nette Brasilianerin sich anbietet, Ihnen den Samba beizubringen.

26 Linda denkt zu laut nach

... und stolpert vom Herrenhaus in die Sklavenhütte

Erschöpft vom Tanzen sitzen Linda und João bei ihrer *saideira*, ihrem erklärtermaßen letzten Bier dieses Abends, auf der Veranda des Clubs. Das Klima ist perfekt, Linda ganz betäubt vom zugleich fröhlichen und stechend melancholischen Samba. Diese Musikrichtung ist so bekannt, da ist es Linda immer etwas unangenehm, dass sie eigentlich gar nichts darüber weiß, sie kennt nicht einen einzigen Samba beim Namen.

»*De onde é que vem o samba?*« – Woher kommt eigentlich der Samba, fragt sie João und findet ihr eigenes Portugiesisch schön flüssig, wenn sie ein wenig angetrunken ist.

»*Vem da África*«, antwortet der prompt. Der Samba sei aus den Rhythmen entstanden, die die Sklaven aus Afrika mitbrachten. Die Wiege liege im Nordosten Brasiliens, wo bis heute die meisten Nachkommen der Sklaven leben. Sie wurden seinerzeit nach Recife und Salvador verschifft, die damals wichtigsten Städte Brasiliens, wo sich die meisten Zuckerrohrplantagen befanden – ihre Arbeitsstätte. Die Tanzfeste der Sklaven in den verschiedenen Staaten des Nordostens wurden *samba* genannt und unterschieden sich regional. Mit der Migration der Menschen von dort nach Rio, im Laufe des 19. Jahrhunderts, kam auch die Musik und hat sich in der Hauptstadt weiterentwickelt. Die Tradition, zu Karneval aus den Armenvierteln, die versteckt auf den Hügeln, den *morros*, liegen, herunter ins Zentrum zu ziehen, ist in enger Verbindung mit dem Samba entstanden. Die unsichtbaren Armen wurden mit Karneval und Samba sichtbar und hörbar.

Linda hört interessiert zu, und die Mischung aus Freude und Melancholie in der Musik leuchtet ihr nun schon viel mehr ein. Sie stellt sich die Menschen vor, die in den Zwanziger-, Dreißigerjahren die *morros* hinabstiegen mit diesen kleinen handlichen Instrumenten, durch die Sambamusiker immer mobil sind. Sie schaut nach hinten zu den Tanzenden – fast jede denkbare Hautfarbe ist unter ihnen vertreten, schwarz oder weiß sind die wenigsten. Die meisten sind ganz offensichtlich Kinder der ethnischen Mischung zwischen Sklaven, Kolonialherren und vielleicht auch einigen Indigenen. Über die Mauer gebeugt sieht sie vor sich die Straßenszenerie, die Jugendlichen in Emo-Outfit, die auf der Straße herumhängen, die schicken Pärchen um die dreißig, die gerade nach Hause gehen – die meisten habe diese milchkaffebraune Hautfarbe, heller als die vielen Straßenverkäufer für Caipirinha, die *moto-boys* (Motorradtaxifahrer) und die Security-Männer vor den Clubs.

João entschuldigt sich, und schon wird Linda wieder von einem Fremden zum Tanzen aufgefordert und aus ihren Gedanken gerissen.

»*Já estou indo embora, acabei de tomar minha saideira*« – Ich bin dabei zu gehen, habe gerade mein letztes Bier getrunken, versucht sie den allerdings sehr hübschen Mann davon zu überzeugen, dass sie schon so gut wie auf dem Weg nach Hause sei.

»*Não está no clima pra dançar?*« – Du bist nicht in der Laune zu tanzen?

»*É, estou com sono e pensativa*« – Ich bin müde und nachdenklich, bestätigt Linda.

»*Em quê você está pensando?*« – Worüber denkst du denn nach?

Und obwohl Linda diese Frage eigentlich hasst, antwortet sie ohne zu protestieren aus ihrem Gedankennebel: »*Os pre-*

tos são mais pobres, não é?« – Je dunkler die Hautfarbe, desto ärmer, nicht wahr?

»*Na média? Com certeza*« – Im Durchschnitt sicherlich, antwortet ihr dunkelhäutiges Gegenüber, aus dessen Haltung auf einmal jede Tanzlaune verschwunden ist.

»*Você se considera preto?*« – Siehst du dich als Schwarzen?, fragt Linda weiter

»*Não*« – Nein, antwortet der knapp.

Als Lindas Interesse plötzlich erwacht, weiter in die Unterhaltung mit dem Unbekannten einzusteigen, sieht sie ihn nur noch von hinten. Er ist gegangen. João dagegen kommt gerade wieder.

»Der sieht ja richtig angepisst aus«, meint João und nickt in Richtung des grimmig dreinschauenden Mannes.

»Ich weiß auch nicht, was der hat«, meint Linda.

»Du hast mal wieder einen armen Mann ganz böse abblitzen lassen, stimmt's?«, João grinst.

»Ich habe nur gefragt: *você se considera preto?*«

»*Preto!?*« João schüttelt ungläubig den Kopf.

Was ist diesmal schiefgelaufen?

Da ist Linda aber in einen der größten Fettnäpfe getappt, die Brasilien für sie bereitstellt. Da hat sie sich als Kritikerin des Rassismus gesehen, über die Schwarzen mit den geglätteten oder blondierten Haaren traurig den Kopf geschüttelt und über die Blonden und Reichen, die sich für die natürlichen Herrscher der Welt oder zumindest für Schönheitsköniginnen halten, gelacht, und nun ist sie selbst unfreiwillig eine von ihnen geworden. Abgesehen davon, dass es nicht üblich ist, über Rassismus zu sprechen, hat Linda den Mann auf eine beleidigende Art und Weise angesprochen. *Preto*, was übersetzt »schwarz« bedeutet, ist nämlich die abwertende Bezeichnung für Schwarze in Brasilien, während *negro* die respektvolle Variante ist. Es ist also anders als in der deutschen Sprache, wo »Neger« – was dem brasilianischen *negro* so ähnlich scheint – bekanntermaßen eine rassistische Bedeutung hat, was leicht zu Verwirrung führen kann.

Was können Sie besser machen?

Bezeichnungen von und Gespräche über Hautfarben können einen leicht in Fettnäpfchen treten lassen. Brasilianer benutzen zur physischen Beschreibung einer Person zwar die Angabe der Hautfarbe, aber sie machen dabei die Person jeweils um einen Grad heller, um die Person nicht womöglich zu verletzen. Menschen, die wir wohl als Schwarze beschreiben würden, werden daher *morenos/as* (braun) genannt oder auch *morenos/as escuros/as* (dunkelbraun).

Erst seit wenigen Jahren werden *negros/as* in Brasilien selbstbewusster. So können Sie unter Umständen auf einen Schwarzen treffen, der es wiederum als beleidigend empfindet, *moreno* genannt zu werden. Es ist also nicht ganz einfach, und auch Brasilianer selbst können hier in Fettnäpfchen treten – im Zweifel empfiehlt es sich, betont respektvoll von *negros* oder von *afrodescendentes* (afrikanischen Nachkommen) zu sprechen.

Wer heller als *moreno/a* ist, wird automatisch zum *branco* und *branca*, also zum/r Weißen. Im Beisein einer Person sollten Sie die Nennung seiner oder ihrer Hautfarbe am besten ganz vermeiden und auch nicht über das eigene Weißsein sprechen. Ein Kokettieren wie »bei meiner weißen Haut bekomme ich so schnell einen Sonnenbrand« kann schon als beleidigend empfunden werden, da Dunkelhäutige in Brasilien täglich zu spüren bekommen, dass die Gesellschaft sie weder für schön noch für besonders vertrauenswürdig hält. Außer den hier genannten Kategorien *negro*, *moreno* und *branco* gibt es noch eine Reihe wissenschaftlich anmutender Bezeichnungen, die den Ursprung der Hautfarbe betonen, etwa *mulato* für Nachkommen Schwarzer und Weißer, *pardo* für Nachkommen Schwarzer, Weißer und Indigener, *caboclo* für Nachkommen Weißer und Indigener. Diese Bezeichnungen werden im Alltag kaum verwendet, in ihnen schwingt zu sehr die negative Konnotation einer Rassentheorie mit.

Rassismus

Wenn man über Rassismus in Brasilien spricht, fällt oft der Begriff des »herzlichen Rassismus«. Teil dieses euphemistischen Umgangs mit dem Phänomen ist die Konvention, von Vorurteilen, also *preconceitos*, zu sprechen und nicht von *racismo*. Eine rassistische Person oder Einstellung nennt man beschönigend *preconceituoso*, also voreingenommen. Diese Bezeichnung ergibt in einer gewissen Logik sogar Sinn, denn bei der Diskriminierung handelt es sich nicht so sehr um eine, die auf den Überbleibseln einer Rassentheorie basiert, sondern eher um Vorurteile gegenüber sozial schlechter Gestellten.

Die schwarze Hautfarbe weist Menschen als Nachkommen der Sklaven aus; wer dazu armselig angezogen ist, wird häufiger von der Polizei gefilzt und kommt nicht so leicht in Shoppingcenter oder feine Bars. Das heißt jedoch nicht, dass es nicht auch Reiche mit dunkler Hautfarbe gäbe. Die gibt es und sie werden in der Regel für ihren sozialen Aufstieg respektiert. Genauso gibt es Weiße, die in Favelas leben und wegen ihrer Hautfarbe nicht etwa ein einfacheres Leben haben als ihre Nachbarn.

Überhaupt gibt es wenige Brasilianer, die überhaupt »weiß« oder »schwarz« genannt werden können. Wissenschaftlich ist längst widerlegt, dass der Phänotyp etwas über die Gene aussagt, zudem ist auch der Phänotyp in Brasilien meist einfach zu durchmischt, um eine Person an einem der zwei

Enden anzuordnen. Aus den USA kennen wir das Konzept *one-drop rule*, nach dem jeder schwarz ist, der auch nur einen schwarzen Vorfahren hat. Dieses Konzept kannten die portugiesischen Kolonisatoren nicht. Sie vermischten sich intensiv mit Indigenen und Afrikanern, und aus diesen Mestizen wurde die Mehrheit der brasilianischen Bevölkerung, *pardos*, *mulatos* oder umgangssprachlich *morenos*.

2011 erschien eine Studie zum Genpool der Brasilianer. Demnach war die letzte Selbsteinschätzung der brasilianischen Bevölkerung, bei der Volkszählung von 1989, gar nicht so falsch: Fast 50 Prozent stuften sich damals als *branco* ein, 43 Prozent als *pardo* und nur sechs Prozent als *preto* (wie es in der Volkszählung noch pejorativ hieß). In der neuen Studie wurde der europäischstämmige Anteil im brasilianischen Genpool – je nach Region – mit 60–80 Prozent berechnet.

Daraus resultierten sehr optimistische Einschätzungen zum Rassismus in Brasilien. Die berühmteste davon stammt vom Anthropologen und Soziologen Gilberto Freyre. Er diagnostizierte in den 30er-Jahren ein pazifistisches Miteinander in der brasilianischen »Rassendemokratie«. Stefan Zweig nimmt diese Einschätzung in seiner berühmten optimistischen Analyse Brasiliens (»Brasilien. Ein Land der Zukunft«) von 1941 auf. Dabei residiert er bei Weißen zu Gast in einem Haus, von dem aus er den Ausblick auf die »Negerhütten« beschreibt. Als er in ein Viertel der »Negerhütten« steigt, ist er angetan von der Freundlichkeit der Menschen dort, die ihn nicht als unerwünschten Eindringling behandeln.

Daran lässt sich beispielhaft ablesen, warum Brasilien oft attestiert wird, keinen Rassismus zu kennen: Es gibt kaum offene Aggressivitäten zwischen Menschen verschiedener Hautfarben. Der Rassismus zeigt sich subtiler – darin, wer als schön gilt (Weiße), wer eine Arbeitsstelle bekommt (der Weißere), wer Präsident wird (bisher nur Weiße) usw.

Zum Weiterlesen

Gilberto Freyre: Herrenhaus und Sklavenhütte (1933)

Stefan Zweig: Brasilien. Ein Land der Zukunft (1941)

Darcy Ribeiro: Amerika und die Zivilisation (1970; deutsche Erstveröffentlichung 1985)

27 Linda verliert den Asphalt unter den Füßen

Warum Favelas und Drogen eine sichere Kombination abgeben können

In Lindas inneres Bild von Rio haben sich nach fünf Wochen nicht nur Strand, Felsen und Betonschluchten eingeprägt, sondern auch die Hügel, die mit eng aneinandergepferchten Hütten übersät sind und die man von jedem Punkt in Rio aus sehen kann – die Favelas. So präsent sie aus der Ferne sind, Linda hat niemals einen dieser Hügel betreten. Patrícia hat sie gewarnt, sich nicht zu weit über bestimmte Straßen von Grajaú hinauszuwagen. Vom Drogenkrieg in Rio hat sie in Deutschland in der Zeitung gelesen, aber hier bekommt sie außer in den TV-Nachrichten wenig davon mit, und so wächst Lindas Neugier auf diese unbekannte Seite Rios.

Seit einer halben Stunde wartet sie in brütender Hitze an der Praça Augusto de Lima auf einen Unbekannten, der sie durch die Favela da Rocinha führen soll. Sie hat João gefragt, wie sie denn mal eine Favela besichtigen könne, und der hat nach anfänglichem Unverständnis – »Was willst du denn da?« – einen Kontakt zu einem Freund hergestellt, den er als Thiago vorstellt, und der zwar nicht in der Rocinha wohne, aber sich dort bestens auskenne.

Dann ist Thiago endlich da. Ein hochgewachsener, sportlicher Mann mit struppigem dunkelblondem Haar und einem breiten Lächeln. Er möchte lieber *Alemão* (Deutscher) genannt werden.

»Ach, du bist auch aus Deutschland?«, fragt Linda ihn ungläubig auf Deutsch. Anscheinend ist er es nicht, so, wie er die Stirn runzelt. Komischer Spitzname, denkt sich Linda.

Seite an Seite laufen sie die Straße entlang. Thiago alias Alemão, der sich auf Englisch verständlich macht, belehrt Linda: »Mit der Favela ist nicht zu scherzen. Es ist ein komplizierter Ort.«

In Lindas Kopf drängen sich Bilder von bettelnden, abgemagerten Kindern. Ob das eine gute Idee war? Währenddessen führt die Straße immer steiler bergauf und die Häuser werden immer kleiner und sind immer weniger umzäunt.

»Du kannst dich hier nur blicken lassen, weil du mit mir hier bist«, meint Thiago ernsthaft und fügt mit einem Augenzwinkern hinzu: »Die wollen ja schließlich nicht einen ihrer besten Kunden verlieren.«

Linda versteht nicht.

»Ich mache hier hin und wieder Einkäufe«, entgegnet Thiago geheimnisvoll, und als Linda immer noch nichts ahnt, erklärt Thiago, dass Favelas der beste Ort seien, um *maconha* und *cocaína*, also Marihuana und Koks, zu kaufen. Linda wird unwohl beim Gedanken, dass sie jemanden an ihrer Seite hat, der offensichtlich mit Drogengeschäften zu tun hat. Wie konnte João sie an so jemanden »ausliefern«? Schöner Freund! Linda stellt sich innerlich darauf ein, dass jeden Moment eine Schießerei losgehen könnte.

Nach einem halbstündigen Fußmarsch in der prallen Sonne sind Linda und Thiago in einer anderen Welt.

»Puh, was stinkt denn hier die ganze Zeit so?« Linda rümpft die Nase.

»Schau mal, da.« Thiago deutet auf einen schlammiggrünlichen Bach voller Müll. Direkt darüber befindet sich eine Holzhütte auf Stelzen. »Die Regierung verspricht den

Menschen hier immer wieder, endlich eine Kanalisation einzurichten. Aber solche Projekte versickern fast immer in Korruption, und es wird höchstens ein kleiner Teil von dem Versprochenen verwirklicht.«

Die Sandstraßen und die unübersichtliche Struktur aus verwinkelten Wegen mit Hütten, die teilweise nur über kleine Gässchen, Treppen und Dächer zu erreichen sind, findet Linda eigentlich sympathisch, ein bisschen erinnert sie das an verwinkelte mittelalterliche Städte in Europa. Zumindest sind sie eine angenehme Abwechslung zu den ummauerten und umzäunten Einfamilienhäusern der Mittelschicht Grajaús und zu den Reihen von Hochhäusern mit eigenem Portier in Copacabana. Aber die Misere dieses Ortes dominiert Lindas Eindruck. Überall sieht es provisorisch aus, so, als würden die Menschen hier nicht lange bleiben.

»Wovon leben die Menschen denn hier?«, fragt Linda, die ihren Eindrücken nicht glauben will.

»Na, sie gehen arbeiten! Hast du dich nicht schon mal gefragt, wo die vielen einfachen Arbeiter wohnen? Strandverkäufer, Hausangestellte, Portiers, Bauarbeiter ...«

Linda nickt.

»Damit kann man überleben«, fährt Thiago mit ernster Stimme fort, »aber die Leute, die sich ihre Würde zurückholen wollen, verkaufen Drogen. Oder sie begehen Überfälle unten auf dem *asfalto*. Selbst wenn sie die Turnschuhe, die sie einem wegnehmen, in den nächsten Mülleimer schmeißen. Dann haben sie wenigstens jemanden gedemütigt, der es in ihren Augen verdient hat.«

Linda merkt, wie sich ein Gefühl der Ungerechtigkeit und Wut in ihrem Bauch anstaut. Sie ist sich gar nicht so recht bewusst, wem oder was gegenüber. Vor einer Filiale der Banco do Brasil bleibt sie stehen. Die sieht aus wie eine Kulisse im falschen Film, denkt sich Linda. Ein Straßenhund versucht, ihre Hand abzulecken. Linda zieht sie weg und schüttelt sich. Als sie sich umdreht, sieht sie, wie Thiago in einem der Häuser verschwindet.

Linda tritt zaghaft in die Holzhütte, die nur aus einem Raum besteht. Der Gestank von Abwasser beißt in ihrer Nase. Sie wird von einem Mann begrüßt, der offensichtlich mit Thiago befreundet ist. Er bietet Linda einen Platz auf dem abgewetzten Sofa an, doch Linda lehnt lächelnd ab. Sie möchte hier am liebsten gar nichts anfassen. Während sich die beiden auf drahtigen Stühlen niederlassen und ein paar Worte wechseln, schaut sich Linda unauffällig um. Die Hütte hat keine Fenster und ist an manchen Stellen mit Plastikplane ausgebessert worden. An der hinteren Wand des Raumes befindet sich eine Matratze auf dem Boden, daneben stehen der Gasherd und ein kleiner Tisch. Auf einmal macht Linda große Augen. Sie sieht einen riesigen Flachbildfernseher, wie sie ihn sich selbst nie leisten würde. Wie kann das sein?

Man verabschiedet sich, nachdem Linda es für ihren Geschmack viel zu lange in dieser Hütte aushalten musste. Draußen spielen inzwischen ein paar Kinder mit einem platten Fußball.

»*Vamos?*«, fragt Thiago. Linda ist von ihren Eindrücken noch ganz benommen. »Wir sollten nicht zu lange bleiben. Abends kann es hier ungemütlich werden«, erklärt Thiago.

Auf dem Rückweg wechseln beide kein Wort miteinander, bis auf einmal ein Feuerwerk zu hören ist.

»Heute war wohl wieder ein Fußballspiel, was?«, glaubt Linda zu wissen.

»*Ah, não.*« Thiago lacht. »Wir sind hier ganz in der Nähe der *boca.*«

»Der *boca*?« *Boca* heißt doch »Mund«.

»*Boca de fumo*. Das ist der Umschlagplatz für Drogen, und die Leute zünden Raketen an, wenn der Stoff angekommen ist, um mögliche Käufer zu informieren. Wenn du jetzt nicht bei mir wärst ...«

Bei der abschließenden *cerveja* in einer *lanchonete* (Imbissstube) sind wieder die Raketen zu hören. Linda schaut zu Thiago und deutet an, dass sie weiß, was das heißt. Doch Thiago schüttelt den Kopf.

»Das sind Schüsse«, sagt er, als sei es etwas ganz Alltägliches.

Nach einiger Zeit, in der Linda schweigend ihr Bier trinkt, wird sie durch einen offensiv wummernden Bass aufgeschreckt. Die Mischung aus Megabass und Hip-Hop, die da einsetzt, muss ziemlich weit weg sein – sehen kann sie nichts, dabei ist die Musik so laut, als stünde die Anlage direkt in der *lanchonete*. Wieder schaut Linda fragend in Richtung Thiago. Der grinst: »*Isso é um baile. Baile funk.*«

Baile funk und *Funk carioca*

Die Favela will nicht nur durch Schüsse Gehör finden, sondern auch durch ihre Art zu feiern: laut, ein bisschen prollig, ein bisschen trashig, dabei aber auf der Höhe der Zeit. Mit Beats, die sich vor denen der Kollegen aus Nordamerika und Europa nicht verstecken müssen.

Zu dem eigentlich immer gleichen Rhythmus wird gerappt, meist über erotische Themen, und getanzt, ebenfalls sehr sinnlich. Zu sinnlich zumindest für die brasilianische Mittelschicht, die sich für diese Musik schämt und ihren Besuchern am liebsten nur Bossa Nova und Samba vorspielt.

Von jungen Ausländern dagegen werden die *bailes* (die Party heißt *baile funk* und der Musikstil *funk carioca*) gerne besucht, allerdings sollte man dafür von jemandem aus der Favela eingeladen sein, sonst kann es gefährlich werden.

Was ist diesmal schiefgelaufen?

Linda hat einen kleinen Eindruck vom Unterschied zwischen dem Leben auf dem *morro* und dem auf dem *asfalto* bekommen – also zwischen der auf Hügeln angesiedelten Favelas und dem asphaltierten, wohlhabenden Teil der Stadt. Doch trotz der massiven Armut, die in der Favela in geballter Form anzutreffen ist, haben die Bewohner hier meist genug zu essen. Denn auch wenn es für Linda so aussah, als würden die Menschen sich hier nur vorübergehend aufhalten, haben sie sich in ihrer Situation eingerichtet und meistern mit viel Kreativität und Durchhaltevermögen ihr Leben. Und teure Elektrogeräte zu haben ist auch in anderen Schichten Brasiliens ein Zeichen von Status und kann daher als notwendiger angesehen werden als ein hübsches, ordentliches Haus. Um Menschen diese Einkäufe zu ermöglichen, bieten fast alle Elektroläden Ratenzahlungen an. Nicht selten verschulden sich dabei die Käufer, die den Überblick über ihre monatlich abzuleistenden Raten verlieren.

Die Bankfiliale, die bei Linda für Verwunderung gesorgt hat, deutet darauf hin, dass die Menschen von irgendetwas leben, zumindest ein Bankkonto haben und – wenn schon nicht als Bürger dieser Stadt – so doch als Kunden halbwegs ernst genommen werden.

Was hat es nun aber mit dem Spitznamen *Alemão*, also »Deutscher« auf sich? Für uns mag es abwertend oder zumindest merkwürdig klingen, jemanden nach einer Nationalität zu benennen, insbesondere wenn es nicht seine eigene ist. »Deutsch« ist eine Nationalität, die in Brasilien mit Stärke, Autorität und gutem Aussehen konnotiert ist – gerade für einen Brasilianer, der sich an gefährlichen Orten bewegt, kann es daher nützlich sein, *Alemão* zu heißen: Es verschafft ihm Respekt. Um *Alemão* oder auch *Russo* (Russen) oder *Suíço* (Schweizer) genannt zu werden, reicht es oft allein schon, dunkelblonde Haare und eine helle Haut zu haben. Im tiefen Süden werden Sie auf zahllose *Alemão* genannte Männer treffen.

Lindas Beunruhigung aufgrund der Begleitung durch einen Drogenkäufer war nicht nötig. Die Verfolgung eines derart harmlosen Käufers, der nur ein wenig Marihuana mit seinen Freunden raucht, lohnt sich für die Polizei nicht. Thiago mag nicht der sympathischste Mensch sein, dem Linda hier begegnet ist, aber ein guter Freund wie João hätte Linda niemals an eine zweifelhafte Person vermittelt. Da Thiago selbst mit Drogen zu tun hat, kennen ihn nicht unbedingt die Drogenbosse, aber doch die Späher in der Region, in die er geht, und das kann sicherer sein, als wenn man eine unbescholtene Familie in einer Favela besucht, die mit dem Drogengeschäft nichts zu tun hat.

Favelas

Brasiliens Favelas sind zunächst einmal das traurige Ergebnis des Wegschauens von der Armutsproblematik seitens der Politik. Als 1888 die Sklaverei abgeschafft wurde, verloren viele Millionen Menschen ihre Überlebensgrundlage, denn dieser – natürlich notwendige – Schritt wurde nicht von einem Plan begleitet, was mit den ehemaligen Sklaven geschehen sollte. Die Menschen waren also gezwungen, sich aus dem, was sie finden konnten, neuen Wohnraum zu schaffen. Dort, wo die Städte endeten oder durch Felsen oder unwegsamen Wald unterbrochen waren, wurde eine Hütte hinter die andere gebaut. Insbesondere in Rio wuchsen die Favelas im Laufe der Zeit die Hügel mitten in der Stadt hinauf, in anderen Städten liegen sie eher in der Peripherie. Mit der Landflucht ab den 30er-Jahren und der Massenmigration aus dem Nordosten in die Städte des Südostens wurden die Städte dann mit Favelas überflutet, die die einzige Wohnmöglichkeit für die arme Bevölkerung darstellten.

Ihre Anzahl anzugeben ist schwierig, da es keine offizielle Festlegung gibt, wo die eine Favela aufhört und die nächste anfängt. Es ist aber realistisch zu behaupten, dass allein Rio mehr als 300 Favelas zählt. Doch was da unter einen Begriff gefasst wird, kann höchst unterschiedlich sein. Jede Favela hat ihre eigene Geschichte und somit auch eigene soziale Beziehungen und Regeln.

Bis vor wenigen Jahren waren Favelas dadurch gekennzeichnet, dass der Staat mit Ausnahme von Schulen in diesen Gebieten nicht präsent war. Die Funktion des Staates übernahm und übernimmt in weiten Teilen der Drogenhandel. Soziale Organisationen, die hier Angebote einrichten wollen, sind also auch heute noch auf die Zustimmung der Drogenhändler angewiesen. In der Ära Lulas (2003–2010) wurden Hunger, Analphabetismus und Armut endlich ernster genommen. Ein Beispiel für einen progressiven und kreativen Umgang mit den Bedürfnissen der Bewohner ist die Errichtung einer Seilbahn, welche die Favelas des Complexo do Alemão mit dem unteren Teil der Stadt verbindet, in dem die meisten Menschen arbeiten. Dadurch verkürzte sich die zeitraubende, beschwerliche Fahrt zwischen Wohnung und Arbeit für viele Menschen.

Durch die bevorstehenden Großereignisse – Fußball-Weltmeisterschaft (2014) und Olympische Spiele (2016) – zeigt sich die Präsenz des Staates aber auch noch auf ganz andere Weise: Die seit 2008 agierende *Unidade de Polícia Pacificadora* (wörtlich: Friedensstiftende Polizeieinheit) errichtet in einer Favela nach der anderen ständige Polizeistationen, welche die Gebiete unter staatliche Kontrolle bringen sollen. Durch die »Säuberungsaktionen« der Militärpolizei, bei der Drogenbosse zur Strecke gebracht werden, sterben immer wieder Unbeteiligte, insbesondere junge Männer, die z.B. für Dealer gehalten werden.

Was können Sie besser machen?

Gehen Sie prinzipiell niemals alleine in eine Favela. Sie werden sofort als Fremder erkannt, der im Zweifelsfall mehr

Geld und Wertsachen besitzt als die Bewohner der Favela. Dass dieses Ungleichgewicht des Besitzes als eine Art Einladung gilt, wieder ein Gleichgewicht herzustellen, möglicherweise auch auf nicht ganz legale Weise, ist nicht auszuschließen. Eine Ausnahme besteht, wenn Sie jemanden kennen, der dort wohnt oder zumindest soziale Kontakte pflegt und der sie mitnimmt. Doch auch diese Person sollte eine gewisse Anerkennung innerhalb der Favela genießen und sich dort gut auskennen, um einzuschätzen, ob es sich um eine weniger gefährliche Favela handelt.

Wenn Sie einen durchaus realistischen Eindruck vom Leben in einer Favela bekommen möchten und dabei ungern ihr eigenes aufs Spiel setzen, schauen Sie sich den Film *Cidade de Deus* (*City of God*, 2002, Regie: Fernando Meireilles) an.

28 Linda wird von bösen Geistern befreit

Wo Glaube, Ablasshandel und Rockmusik zusammenfinden

Linda befindet sich auf einer nie enden wollenden Busfahrt nach Nova Iguaçú. Sie sieht den prächtigen Palast der Fundação Oswaldo Cruz am Fenster vorbeirauschen und muss daran denken, wie sie Dona Maria von ihren Eindrücken von der Favela da Rocinha berichtet hat. Die Haushälterin hat sie besorgt angeschaut und verkündet, in Brasilien gebe es nicht nur die Welt der Armut, der Drogenbosse und der kurzen Röcke. Linda solle sie doch am Sonntag bei ihr zu Hause besuchen kommen.

Beim Einsteigen in den fast leeren Bus hat Linda den *cobrador* gebeten, ihr Bescheid zu geben, wenn sie an der Petrobras-Tankstelle in Nova Iguacú vorbeikommen. Inzwischen sehen die Siedlungen um sie herum immer kleinstädtischer aus. Ob der *cobrador* sie vergessen hat? In einer Mischung aus Desorientierung und Schicksalsergebenheit nickt Linda ein. Irgendwann weckt sie eine lauter werdende Stimme: »*Moça? – Moça? – Moça?*« – Fräulein?

Linda öffnet die Augen. Der *cobrador* zeigt auf eine Tankstelle, die am Fenster vorbeirast: »*O posto é aqui.*« Linda springt auf, bedankt sich, indem sie den Daumen hochhält, und steigt an der nächsten Haltestelle aus.

Der Bus lässt Linda in einer Staubwolke zurück. Noch ganz benommen geht sie die gut ausgebaute, doch sonntags wenig befahrene Straße entlang in Richtung Tankstelle. An einem kleinen Supermarkt biegt sie in eine breite Sandstraße ein. Sie findet zwar keinerlei Straßenschilder, aber glaubt dennoch, hier richtig zu sein, denn sie folgt Dona Marias Wegbeschreibung. Sie sucht an einem der Häuser nach der Hausnummer, 3937 ist auf dem Mäuerchen gepinselt. Linda bekommt einen Schreck – sie muss bis Nummer 3023. Dona Maria hätte sie ruhig mal vor einem so langen Fußmarsch warnen können! Und überhaupt: Was ist das denn für eine lange, staubige Straße?

Die Grundstücke sind großzügiger als in anderen Stadtteilen Rios, aber die Häuser klein und simpel. Sie sind teilweise liebevoll zurechtgemacht, keins ähnelt dem anderen, viele sind in fröhlichen Farben gestrichen, wobei manche Hausbesitzer den Fußweg vor ihrem Haus gleich mit angestrichen haben. Schneller als erwartet steht Linda vor einer Art Einfahrt zu einem breiten Platz, um den sich mehrere kleine Häuser gruppieren. An einer kniehohen Mauer steht die Zahl 3023 geschrieben. Sie betritt das Grundstück und schaut durch die offenen Haustüren in der Hoffnung, Dona Maria zu erspähen. Es riecht verführerisch nach angebratenem Knoblauch. Eine Kinderschar, die gerade noch fröhlich durch die Gegend lief, schaut sie nun an, als käme sie vom Mars. Ein Mädchen ruft: »*Ela chegou!*« – Sie ist da! Da steht Dona Maria auch schon mit breitem Lächeln in einer der Türen. Erleichtert fällt Linda ihr in die offenen Arme.

Dona Maria zieht sie in die Küche: »*Sinta-se em casa, Linda*« – Fühl dich wie zu Hause, Linda. Sie serviert ihr einen Kaffee – »*Fique à vontade*« (wörtlich: Fühl dich ungezwungen) – , dann erkundigt sie sich: »Wie war deine Fahrt von Rio?«

»Anstrengend«, setzt Linda an, muss dann aber daran denken, dass Dona Maria diesen Weg zweimal täglich zurücklegt. Dann fällt ihr ein: »Aber, was meinst du eigentlich mit ›von Rio‹? Wir sind hier doch in Rio, oder?«

»Nein, hier ist Nova Iguacú«, klärt Dona Maria sie auf. »Das gehört schon zur Baixada Fluminense.«

Während Linda die Pflanzen betrachtet, die in Konservendosen von den Wänden herunterhängen, hat sich Dona Maria den Besen geschnappt und fegt die Küche. Anscheinend ist sie hier sonntags genauso emsig mit der Hausarbeit beschäftigt wie an allen anderen Tagen bei Marcelo und Patrícia. Linda hat noch nie gesehen, wie sich Dona Maria einmal ausruht.

»Wie schaffst du es, so viel zu arbeiten?«

Dona Maria dreht sich zu ihr um: »*Minha querida*, ich bin *evangélica*. Der Glaube macht mich stark.«

»Ich bin auch evangelisch«, versucht Linda eine Brücke zwischen Welten zu bauen.

Dona Marias Augen leuchten: »*Você é evangélica?*« In ihrer Freude umarmt und herzt sie Linda. »*Que maravilha!*« – Wie wunderbar! Sofort lädt sie Linda zur Abendmesse ein, die sie unbedingt miterleben müsse. Dagegen hat Linda nichts einzuwenden, auch wenn sie in Deutschland schon lange nicht mehr in der Kirche gewesen ist.

Am Abend machen sie sich also zu Fuß auf den Weg zur Messe, für die sich Dona Maria richtig schick gemacht hat. Sie trägt einen langen Faltenrock und eine bestickte Bluse und goldene Ketten. Als Linda eine Menschentraube vor einer Art Fabrikhalle sieht, weiß sie, dass sie angekommen sind. *Encontros da Fé* – »Begegnungen des Glaubens« prangt in riesigen Buchstaben auf dem Gebäude. Dona Maria begrüßt einen nach dem anderen – anscheinend ist sie wohl bekannt in der Gemeinde – und stellt Linda immer wieder neu vor. Linda fühlt sich nicht so begabt im brasilianischen Smalltalk, aber das braucht sie auch nicht: Sie muss nur erwähnen, dass sie auch evangelisch ist und schon wird sie überwältigend herzlich empfangen.

Beim Betreten des Gebäudes scheinen sich einige Gläubige in eine Art Gästebuch einzutragen. Auch Linda möchte da nicht aus der Reihe fallen und schreibt ihren Namen in die Liste. Dona Maria holt schnell ihr Portemonnaie hervor und steckt einen Zwanzig-Reais-Schein in einen kleinen Sack neben dem Buch. »Damit Gott weiß, dass ich einen starken Glauben habe«, flüstert sie.

Die Messe selbst hat für Linda nicht viel mit einer Messe zu tun. Es ist eher ein Rockkonzert mit kurzen Texteinlagen. Die Gemeinde samt den Frauen in langen Röcken feiert, hüpft, singt, ja, schreit geradezu mit. Auch Dona Maria ist richtig losgelöst, so hat Linda sie noch nie zuvor erlebt. All das kommt ihr sehr befremdlich vor. Drei Stunden später heben alle ihre Arme in die Luft, um gemeinsam zu beten. Es wird ein Lied gesungen, in das im Verlauf Namen eingebaut sind. Der Priester ruft einen Namen in den Raum und die Gemeinde wiederholt ihn. Linda wird müde dabei. Es kommt ihr wie eine Ewigkeit vor, dass sie so stehen muss. Ihr wird ein wenig schwindelig.

»Linda Krahtischmang!«, tönt es da aus den Lautsprecherboxen.

»Linda Krahtischmang!«, wiederholt die Gemeinde, doch die, für die da gebetet wird, fällt vorne über, muss sich am Stuhl ihres Vordermannes festhalten, um nicht vollends zu stürzen. Die Gemeinde jubelt. Dona Maria hilft der beschämten Linda hoch: »Deine Seele ist gerettet!«

Was ist diesmal schiefgelaufen?

Linda hat einen Gottesdienst erlebt, der in Deutschland als evangelikal – im engeren Sinne neocharismatisch – und nicht als evangelisch bezeichnet würde. In Brasilien würde Lindas Konfession mit (*evangélico-*)*luterano* bezeichnen werden.

In die Liste am Eingang haben die Gläubigen einen Namen eingetragen – von einer Person, für die gebetet werden soll. Das dürfte in den wenigsten Fällen der eigene Name gewesen sein ...

Neocharismatische Bewegung in Brasilien

Seitdem die – aus der evangelikalen Strömung entstandenen – neocharismatischen Kirchen in den 90er-Jahren in Brasilien wie Pilze aus dem Boden schossen, ist die Glaubensgemeinschaft rasant gewachsen. Statistiken zum Bevölkerungsanteil der Gläubigen schwanken zwischen 15 und 35 Prozent. Die neocharismatischen Kirchen sind die spezifische Ausprägung des Evangelikalen, die in vielen armen Ländern der Welt erfolgreich praktiziert wird. Sie geben nicht nur der vornehmlich ärmeren Bevölkerung Halt, sondern haben sich auch zum Exportschlager in die USA entwickelt, allen voran die Assembléia de Deus. Die katholische Kirche hat dadurch Massen an Mitgliedern und an Macht in dem traditionell katholischen Land verloren.

Ausrichtung und Praxis der Kirchen scheinen paradox: Einerseits haben sie sich ein konservatives Regelwerk gegeben, das patriarchale Strukturen festigt und Frauen vorschreibt, ihre Haare nicht zu schneiden und lange Röcke und Blusen zu tragen, und Homosexualität lehnen sie ab, wenn sie sie nicht gar als Teufelszeug verdammen. Andererseits ist die Ausgestaltung der evangelikalen Glaubenszugehörigkeit in den Gottesdiensten voller Gesang und einer lebendigen Gemeinde ein Beispiel dafür, wie Religiosität in Brasilien mit Freude am Glauben verbunden ist. Nicht vergessen sollte man bei diesem volksnahen Auftreten, dass diese Kirchen letztendlich Unternehmen sind, die ihre Gründer reich und einflussreich gemacht haben.

Was können Sie besser machen?

Ein praktischer Hinweis sei Ihnen in Bezug auf brasilianische Hausnummern an die Hand gegeben: Sie steigen je nach Straße in Fünfer-, Siebener- oder Zehnerschritten an. In Bebauungsgebieten können Sie am Zahlenabstand den Abstand zwischen den einzelnen geplanten Häusern in Metern ablesen. In anderen Straßen werden Sie hingegen möglicherweise überhaupt keine Regelmäßigkeit finden. Fragen Sie nach, in welche Richtung sich die gesuchte Hausnummer befindet – auch das ist nicht immer sofort ersichtlich. Am besten aber wissen Sie nicht nur die Hausnummer, sondern können Merkmale der Umgebung nennen, wie z.B. die nächstgelegene Kreuzung. Die Hausnummern sind hauptsächlich für die Post von Bedeutung.

29 Linda will weg

Warum brasilianische Rhythmen nicht immer flott sind

Linda flucht, was das Zeug hält. Natürlich nur in sich hinein, denn sie sitzt im Bus. Im Bus, auf den sie über eine halbe Stunde gewartet hat und der jetzt seit über einer Stunde durch den morgendlichen Berufsverkehr schleicht. Es gibt noch nicht einmal Anzeichen vom Galeão-Flughafen, von wo aus Linda ihre Salvador-Reise mit Zwischenstopp in São Paulo antritt. Das heißt: antreten *würde*, wenn es denn endlich mal weiterginge.

Linda überlegt, an der nächsten Station auszusteigen und sich ein Taxi zu nehmen. Schlechte Idee, mit dem Taxi geht es ja auch nicht schneller, die Straßen sind einfach zu voll. Ihre Verärgerung geht in die Erinnerung daran über, wie sie den Flug buchen wollte, online natürlich, das macht auch hier jeder. Doch als sie das Online-Formular samt Name und Geburtsdatum ihrer Eltern ausgefüllt und auf den Button *enviar* (abschicken) geklickt hat, waren alle Daten wieder gelöscht und es blinkte nur ein roter Schriftzug, der sie darauf hinwies, dass sie ihren *CPF* noch nicht angegeben hat. Nachdem sie das Prozedere dreimal wiederholt hat – weil sie einfach nicht glauben konnte, dass sie sich erst beim Finanzministerium registrieren muss, um einen Flug zu buchen –, schlug sie doch den klassischen Weg ein und ging ins Reisebüro. Da klappte die Buchung einwandfrei.

Linda schaut auf die Uhr. Zwanzig nach acht, also bleiben ihr noch fünfzehn Minuten, bis der Check-in-Schalter schließt.

Wie kann diese Fahrt nur so ewig dauern? Sie hat extra die Strecke von Grajaú zum nördlicheren der beiden Flughäfen im Internet nachgeschaut und – nach ihrer Erfahrung bei der Ankunft in Rio – auf die angegebenen dreißig Minuten Fahrtzeit noch einen Zeitpuffer von einer Stunde hinzugerechnet. Linda muss unweigerlich daran denken, dass sie tatsächlich den Flieger verpassen könnte und die zwei Wochen, die sie sich frei genommen hat, in Rio verbringen muss, dessen sie langsam überdrüssig wird, anstatt in Salvador unter Palmen am Stand zu liegen. Die vierhundert Reais, die sie für den Flug bezahlt hat, würde sie gewiss auch nicht zurückbekommen.

Der Bus fährt auf einmal rasant an. Es geht schneller voran, deutlich schneller. Mehr noch, als es Linda lieb ist. Der Busfahrer gibt in einer Kurve Vollgas. Offensichtlich ist er von der Hauptverkehrsader abgekommen. Gerade als Linda die Beschilderung sieht: »Galeão – Antônio Carlos Jobim«, beginnt es wie aus Kübeln zu schütten. Linda kommt die Melodie von *Águas de Março* (wörtlich: Wasser des März) des großen *mestre* des Bosso Nova in den Sinn, nach dem der Flughafen benannt ist.

Dann passiert etwas Eigenartiges: Gleich mehrere der gleichmütig dreinblickenden Mitreisenden im Bus bekreuzigen sich. Weder auffällig, noch beschämt. Sind die auch so erleichtert, dass sie ihren Flieger vielleicht doch noch bekommen? Die Erklärung scheint ihr unpassend. Linda kommt nicht weiter zum Überlegen, denn der Bus hält ... und fährt auch schon wieder an. Linda schnappt ihre Sachen, ruft und rennt zur Tür. Sie ist die Letzte am Check-in-Schalter – Glück gehabt!

Was ist diesmal schiefgelaufen?

Linda musste feststellen, dass die Staus zu den Stoßzeiten in brasilianischen Großstädten nicht zu unterschätzen sind. Das

Bekreuzigen der Buspassagiere hatte natürlich nichts mit der Erleichterung, den Flieger noch zu bekommen, zu tun. Der Bus muss vor einer katholischen Kirche vorbeigefahren sein, was für katholische Brasilianer oft ein Anlass ist, sich zu bekreuzigen, sogar dann, wenn sich die Kirche ein paar Straßen weiter befindet und aus dem Busfenster gar nicht zu sehen ist.

Was können Sie besser machen?

Planen Sie ihren Tagesablauf, insbesondere wenn Sie verreisen, nach brasilianischen Rhythmen. Erkundigen Sie sich, entweder bei Bekannten oder im Hotel, wie lange sie voraussichtlich für die geplante Strecke zur geplanten Zeit mit dem geplanten Verkehrsmittel benötigen. Sich vier Stunden vor Abflug auf den Weg zu machen, auch wenn der Flughafen innerhalb derselben Stadt wie die Unterkunft ist, kann schon mal knapp werden. Die Check-in-Schalter für einen *vôo doméstico*, einen Inlandsflug, schließen in der Regel dreißig Minuten vor Abflug, das meist auch dann, wenn das Flugzeug verspätet ist. Idealerweise vermeiden Sie es in Großstädten grundsätzlich, zu den Stoßzeiten auf der Straße unterwegs zu sein.

30 Linda allein in der größten Stadt der südlichen Hemisphäre

Wie São Paulo Freiheit verspricht und einen dann (nicht) sitzen lässt

São Paulo also. Lindas Herz rast schon bei der Landung, und als sie allein in der Ankunftshalle vom Guarulhos International Airport steht erst recht. Ihre Freunde in Rio haben sie gewarnt: Unfreundlich seien die *paulistas*, düstere Einzelgänger, deren Leben sich zwischen Miniapartment und Arbeit abspiele. In Deutschland hat sie von Reichen gelesen, die mit ihren Hubschraubertaxis oder auch Privathubschraubern auf den Flachdächern der armen Stadt landen, weil es auf den Straßen nicht vorangehe und das Risiko, ausgeraubt zu werden, hoch sei. Vor ihrem inneren Auge schwimmt die Metropole in grauem Nebel, aus dem sich ab und an ebenso graue Hochhäuser erheben, während tief unten die Straßen von bewaffneten Obdachlosen bedeckt sind.

Da fällt Linda in ihrer Überachtsamkeit der Aufgeregten eine Gepäckaufbewahrungsstelle ins Auge. Perfekt, darauf hat sie gehofft. Sie lässt ihren großen Reiserucksack, mit dem sie immer sofort als *gringa* auffällt, dort und kann nun mit ihrer kleinen Tasche einen Tag lang die Stadt erkunden.

Mutig tritt sie trotz aller Schreckensszenarien aus dem Flughafengebäude. Beton, Benzingestank, dafür keine Hitze. Immerhin. Sie erfragt einen Taxipreis. Achtzig Reais, also dreißig Euro, nur um in die Stadtmitte zu kommen?

Bestimmt nicht. Busse gibt es auch, sie fragt einen Busfahrer, wann der nächste fährt. Der deutet auf einen Laden am Flughafengebäude. Abfahrtszeiten stehen da, das sieht nach einem halbstündigen Takt aus. Gar nicht schlecht. Sie holt sich ein Ticket, obwohl es fünfunddreißig Reais kostet, die sie durchaus schmerzen. Nach ein paar Minuten öder Wartezeit im Benzindunst beginnt ihre eigentliche Reise ins Herzen der Stadt, und wieder wird sie nervös. Nach endlos leeren Straßen passiert sie die ersten ärmlichen Häuser, es werden langsam Blocks, mal schäbiger, mal neu und glänzend. Graubraun ist die vorherrschende Farbgebung. An irgendeinem Platz steigt sie einfach aus und erfreut sich, wenn auch noch unsicher, ihrer Freiheit. Eine Metrostation hatte sie im Vorbeifahren gesehen, zu der geht sie jetzt zurück. João kennt die Stadt ein wenig und hat ihr geraten, die Metro ruhig zu nutzen, das sei nicht gefährlich. In dem kleinen Stadtplan ihres Reiseführers hat er Haltestellen markiert, die interessant seien. Gut kennt er sich nicht aus in *Sampa*, wie er São Paulo lässig abkürzt, aber es reicht doch, um ihr ein paar Empfehlungen zu geben.

In der Metrostation steht sie vor verschlossenen Schranken. Sie seufzt. Immer diese Kleinigkeiten, die man sich in unbekannten Städten neu erschließen muss. Wie sie da verloren steht und sich nach einem Fahrkartenautomat umsieht, wird sie von einer Frau angesprochen.

»*Você está precisando de um passe?*« – Brauchst du ein Ticket?

»*Tô*« – Brauche ich, antwortet diese überrascht.

»*Pode ficar com esse aqui porque eu vou viajar, estou com esse passe sobrando*« – Du kannst das nehmen, weil ich verreise und das Ticket übrig habe.

»*Nossa, é muito gentil!*« – Wow, das ist sehr nett, freut sich Linda.

»*Você é da onde?*« – Woher sie käme, möchte die Frau noch wissen.

»*Da Alemanha*«, gibt Linda gerne Auskunft, dann verabschiedet sich die Frau und ist im Nu im Getümmel der Ankömmlinge aus der letzten Bahn untergegangen, die sich in einer dichten Traube auf die Ausgänge zubewegen.

Das muss ich den Leuten in Rio erzählen, dass die *paulistas* auch nett sein können, notiert sie innerlich. Linda schiebt ihr Ticket in einen Schlitz, erst tut sich nichts, sie probiert es andersherum, da wird das Ticket erschreckend schnell eingezogen und wieder ausgespuckt, die Schranke springt auf, und Linda fragt sich, ob sie nicht doch eher in New York oder Tokio gelandet ist als im armen Südamerika. Ein Blick auf den Metroplan sagt ihr schnell, in welche Bahn sie einsteigen muss – allzu viele Linien gibt es nicht, aber immerhin mehr als in Rio, wo vielleicht fünf Prozent der Bevölkerung in der Nähe einer Metrolinie wohnt. Nach zwanzig Minuten Fahrt ist sie an der Station, die João ihr als Zugang zum japanischen Viertel empfohlen hat: *Liberdade*. Freiheit, wie poetisch.

Japaner in Brasilien

Eine der größten Einwanderergruppen neben Portugiesen, Afrikanern, Italienern, Deutschen und Libanesen stellten im 19. und 20. Jahrhundert die Japaner. Ihre *comunidade* ist vorwiegend im Bundesstaat São Paulo verwurzelt, und in der Stadt São Paulo ist so die größte Agglomeration von Japanern außerhalb Japans entstanden. Wie Italiener und Deutsche, Spanier, Polen u.a. kamen die meisten (ca. 200.000 Japaner von fünf Millionen Einwanderern zu dieser Zeit insgesamt) zwischen 1870 und 1953, als die Sklaverei gerade abgeschafft worden war und die brasilianische Regierung in anderen Ländern um Arbeitskräfte warb. In Brasilien hatten sie die Chance, sich durch harte Arbeit den sozialen Aufstieg zu ermöglichen – viele haben das geschafft. Bis heute haben sie den Ruf als die Einwanderergruppe, die sich am wenigsten assimiliert hat; ausschließlich untereinander zu heiraten ist durchaus noch gängige Praxis.

Heutzutage ist es umgekehrt üblich unter Brasilianern, nicht nur japanischer Abstammung, für einige Jahre nach Japan zu gehen, dort Geld zu verdienen und dann mit einem Kapital nach Brasilien zurückzukehren, mit dem es sich dort gut leben lässt.

Auf den Treppen nach oben entdeckt Linda die ersten Emo-Kids, nicht nur japanischer Abstammung. Mit schwarzen geglätteten Haaren im Seitenscheitel, Jeans oder schwarzem Minirock, Rocker-T-Shirts und Nietengürtel. Draußen angekommen: die üblichen Hochhäuser, aber noch eine Spur dichter, rote Tore wie in shintoistischen Tempelanlagen, Straßenverkäufer auf dem ganzen Platz, betagte japanische Damen mit sportlichen Hüten, hippe Jugendliche und junge Erwachsene, Familien, Kinder. Es ist kaum ein Durchkommen. Um nicht umgerannt zu werden, muss Linda sich entschiedener bewegen auf ihrer Runde über den Platz. Von japanischen Glückskatzen bis afrikanischen Gewändern ist dort alles zu erwerben, was man nicht braucht. Sie biegt in eine Seitenstraße ein. Langsam geht sie die faszinierenden Schaufenster ab: absurdestes Technikzubehör, japanische DVDs, Lampen, wieder unzählige Katzen, Matten und ein winziger japanischer Supermarkt, der allen Effizienzkriterien genügt, was die Unterbringung von möglichst viel Ware betrifft. Bevor sie sich hineintraut, atmet Linda tief ein und legt die Hände an den Körper, um schlank genug für diese Gänge zu sein. Schon am ersten Sushikühlregal bleiben ihre bauchgesteuerten Augen hängen. So günstig! Sie studiert eingehend die Zusammensetzung jeder einzelnen Bento-Packung, um sich dann für die relativ große mit relativ hohem Thunfischanteil zu entscheiden. In Vorfreude auf ihr günstiges Festmahl grast sie die restlichen Regale nur noch halbherzig ab – was soll sie jetzt auf der Reise auch mit Shoyu-Familienflaschen oder einem Sack voll Reis? Die Kassiererin ist schockierend schnell, besonders im Vergleich zu den gemütlichen brasilianischen Kassiererinnen, die mit Bedacht jedes Produkt über den Scanner schieben, als gäben sie ein ihnen ans Herz gewachsenes Objekt an Fremde weg.

Im Handumdrehen steht Linda wieder auf der Straße, wieder im Weg all dieser emsigen Passanten, und macht sich auf die Suche nach einer Sitzgelegenheit. Diese Suche muss sie bald aufgeben – weit und breit gibt es keine Erholungsfläche. Sie läuft und läuft, die Straßen werden leerer und unspektakulärer, aber einen Ort zum Sitzen und Speisen sieht sie immer noch nicht. Nicht mal in die Hauseingänge kann man sich setzen, da vor jedem einzelnen ein Gittertor prangt und ein Portier Wache steht. Erschöpft lässt sie sich in einer verlassenen *lanchonete* nieder. Hier kann sie zwar nicht ihr Sushi essen, das verführerisch in ihrer Tasche wartet, aber man kann eben nicht alles haben.

Der Mann hinterm Tresen begrüßt sie beinahe jubelnd: »*Mademoiselle, que lindo dia pra você vir para aqui! A mademoiselle é da onde?*« – Mademoiselle, was für ein wunderschöner Tag, an dem du hierherkommst! Von woher ist die Mademoiselle?

Bei so einer herzlichen Begrüßung muss Linda trotz ihrer erheblich gesunkenen Laune lächeln.

»*Da Alemanha. Um guaraná, por favor.*« Sie bestellt ihren neuen Lieblingssoftdrink, der ihr mit einem Zuckerschock verlässlich Trost spendet.

Snacken Tag und Nacht: *lanchonete*

Mittagessen bekommt man in Brasilien höchstens bis 13:30 Uhr. Wer dann noch nicht gegessen hat, steht vor verschlossenen Türen – außer bei einer *lanchonete*. Es handelt sich dabei um kleine Snackbars mit Hockern vor einer Theke, daneben meist noch ein paar einfache Tische. Hier gibt es *salgados*, also Snacks wie *coxinha de frango* (Teig mit Hühnchenfüllung), *pão de queijo* (Käsegebäck aus Maniokmehl) und *pasteis* (frittierter Blätterteig mit Füllungen wie Käse, Hackfleisch, Hühnchen; nicht zu verwechseln mit portugiesischen *pasteis*, die süß sind). Viele *lanchonetes* bieten auch komplette Gerichte an und zwar zu jeder Tages- und Nachtzeit und zu einem günstigen Preis. Zu trinken gibt es Säfte, Softdrinks und Bier. Durch dieses wunderbar komplette Angebot sind *lanchonetes* äußerst beliebt, sei es unter Arbeitern, die dort morgens frühstücken, Schülern, die sich nachmittags einen Snack kaufen, Nachtschwärmern, die abends zu Mittag essen, oder Partygesellschaften, die sich keine teure Bar leisten wollen, sondern lieber volksnah ihr Bier trinken, bevor sie in die Clubs weiterziehen.

Linda lässt sich vom Kellner noch mit Komplimenten überschütten und den Weg zur nächsten Bushaltestelle erklären. Dort fragt sie sich mühsam durch, welcher Bus am MASP, dem Museu de Arte de São Paulo, vorbeifährt. Als sie sich endlich in den richtigen Bus gezwängt hat, steht der nach zehn Minuten im Stau. Linda packt ihr Sushi aus – lieber im Stehen essen als gar nicht essen. Ein junger Mann bietet ihr sofort seinen Platz an. Erst will sie ablehnen, aber er lächelt so nett, dass sie, ebenfalls lächelnd, annimmt und einen Eintrag ins innere Logbuch in Großbuchstaben vornimmt: Sie mögen in einer feindlichen Großstadt leben, aber *paulistas* sind höchst freundliche, hilfsbereite und dabei angenehm zurückhaltende Menschen.

Das MASP wird sie allerdings nur von außen sehen – immerhin ein sehr geschmackvoller moderner Bau der italienisch-brasilianischen Architektin Lina Bò Bardi –, denn Lindas Bus quält sich mit gefühlten zehn Metern pro Stunde durch São Paulos Straßen.

Was ist diesmal schiefgelaufen?

Im Flughafen Guarulhos hat sich unsere Deutsche nicht schlecht geschlagen. Die überteuerten Busse sind die meist genutzte Art und Weise, vom Flughafen in die Innenstadt zu gelangen – aber noch lange nicht die günstigste ...

Dass Linda einfach im Zentrum ausgestiegen ist und die Metro genommen hat, ist ebenfalls kein Fehler. São Paulo ist relativ sicher im Vergleich zu anderen brasilianischen Großstädten, der Kriminalstatistik nach ist sie sogar eine der sichersten Großstädte Südamerikas. Nur ermüdend ist die Stadt. Parks sind kaum vorhanden, und so sollte man genügend Zeit und Geld mitbringen, damit es einem nicht ungemütlich wird in den Betonschluchten. Ein Picknick auf offener Straße ist auch in anderen brasilianischen Städten so ungewöhnlich wie das Mitnehmen von Speisen überhaupt. Snacks zwischendurch werden vornehmlich in *lanchonetes* eingenommen.

Was auf der Karte wie ein kleiner Ausflug aussieht, kann schnell den ganzen Tag verschlingen. Und wenn es ein wahres Klischee über São Paulo gibt, dann ist es der unmögliche Verkehr. Besonders der Feierabendverkehr ist zu Recht gefürchtet und bringt die hart arbeitenden *paulistas* um ihre freien Stunden.

Was können Sie besser machen?

São Paulo erkunden wollen, bedeutet, mit Geduld zu reisen. Die Stadt kann schnell nervenzehrend werden – dagegen haben die Einwohner die zurückhaltende Freundlichkeit und Nachsicht entwickelt, die den Stress erträglicher macht. Einen Zeitplan empfiehlt es sich daher locker zu stricken. An einem einzigen Tag ist kaum etwas zu sehen.

Für Abenteuerlustige und Budgetreisende noch folgender Tipp: Es gibt einen Bus von und zum Flughafen, der nur fünf Reais kostet, der aber etwas weiter entfernt vom Ankunftsterminal abfährt. Am besten man folgt einfachen Leute ohne Gepäck, um zur Bushaltestelle zu gelangen, sie wird nämlich vorrangig, aber nicht ausschließlich, von den Angestellten des Flughafens benutzt.

31 Linda trifft auf moderne Mythen

Warum uns das Amazonasgebiet egal sein sollte

Als der Bus nach zweistündiger Stop-and-go-Fahrt Linda am Museu de Arte de São Paulo ausspuckt, dämmert es schon und das Ausstellungshaus ist geschlossen. Linda seufzt und läuft die breite *avenida* hinab. Sie erkennt, dass sie auf der Avenida Paulista ist, der von Banken und Luxusapartmenthäusern gesäumten Prachtstraße São Paulos. Sauber ist es hier, aber hektisch. Die letzten Angestellten kommen aus den Geschäften, viele sitzen in Bussen und Autos fest, die nicht die geringste Lücke auf der Straße lassen. Manche sieht Linda fluchend aus den reglosen Bussen steigen, um den Weg zu Fuß anzutreten. Sie holt den Zettel mit Joãos Tipps heraus. Da war doch etwas in der Nähe der Avenida Paulista. Richtig: die Rua Augusta, wo sich das Zentrum des Nachtlebens befinden soll. Na dann. Linda biegt in die Straße ein und ist erst einmal wenig beeindruckt: ein paar Geschäfte, und die Clubs sind natürlich noch geschlossen um diese Zeit. Ein Schwarm enthusiastisch gestikulierender und auf und ab springender Jugendlicher zieht an ihr vorbei, einer extravaganter gekleidet als der andere. Wieder einer dieser Momente, in denen Linda glaubt, sie sei in einer Metropole wie London oder New York. Ihr Blick fällt auf zwei Männer vor einem Café, beide hübsch mit Halstuch, Röhrenjeans und engem Holzfällerhemd. Ein Passant winkt ihnen zu, man begrüßt sich exaltiert und mit mindestens vier Küsschen und lobt einander für die schönen Handtaschen – hm, vielleicht ist hier das Schwulenviertel? Neben den Herren sitzt eine Clique von Punks, schick angezogene Frauen ... Seltsam zusammengewürfeltes Partyvolk, denkt sich Linda und fühlt sich ein wenig unwohl in ihren bequemen Jeans und dem alten Pullover.

Homosexuelle

São Paulos Centro ist das Zentrum der homosexuellen Szene in Brasilien. In kleinen Städten und erst recht in ländlichen Gegenden ist Homosexualität noch ein Stigma und das Schimpfwort *bicha* (etwa: Schwuchtel) im Alltag omnipräsent. Unzählige junge Leute fliehen aus der Provinz in die Metropole, um sich nicht mehr verstecken zu müssen.

Seit 1995 sind eingetragene Partnerschaften zwischen gleichgeschlechtlichen Partnern gesetzlich erlaubt. Im Juni 2011 heiratete das erste homosexuelle Paar, nachdem einen Monat zuvor die homosexuelle Eheschließung gesetzlich verankert wurde. Hierfür wandelte man die eingetragene Partnerschaft in eine Ehe um, die der heterosexuellen Ehe rechtlich allerdings nicht gleichgestellt ist.

Es lässt sich kaum etwas Verallgemeinerndes sagen: Einerseits ist Homophobie weit verbreitet und wird von einigen evangelikalen Predigern geschürt, andererseits gibt es ein sehr lebendiges homosexuelles Leben, wobei hauptsächlich schwule Männer, Transsexuelle und Transvestiten sichtbar sind, lesbische Frauen dagegen leben eher zurückgezogen. Für homosexuelle Reisende, die die Homo-Szene kennenlernen wollen, empfiehlt es sich, in São Paulo, Rio und den großen Städten des Südens auf Entdeckungsreise zu gehen.

In der nächsten *lanchonete* lässt sich Linda auf einen Stuhl fallen. Zeit, etwas auszuruhen und die Leute hier genauer zu beobachten. Sie bestellt sich *cerveja* (Bier) und *bife* (Beefsteak) mit *arroz*, *feijão* und *farofa* (Reis, Bohnen und angebratenem Maniokmehl). Eine Riesenflasche Bier gelangt fast zeitgleich auf ihren Plastiktisch, und das Essen lässt auch nur ein paar

Minuten auf sich warten. Die *lanchonete* füllt sich langsam, aber sicher. Herumalbernde Jugendliche, hart trinkende Mittzwanziger und auch ein paar Pärchen über dreißig. Zwei dieser Pärchen fragen Linda, ob sie sich zu ihr setzen können.

»*Claro que pode*«, antwortet Linda fast erleichtert, da sie sich schon etwas einsam an ihrem großen Tisch fühlte, während alle anderen in großen Gruppen auflaufen, die kaum an einen Tisch passen.

»*Por que você está aqui sozinha?*« – Warum bist du alleine hier?, will dann auch gleich einer der Männer von ihr wissen. Linda erklärt, dass sie auf Reisen sei, hier niemanden kenne und am nächsten Tag weiter nach Salvador fliege.

»*Ah, vai passear no Nordeste? Que massa. As praias lá são lindas*« – Ah, du reist durch den Nordosten? Wie cool. Da gibt es wunderschöne Strände, meint eine der Frauen.

»*Só o povo que não é*« – Nur das Volk ist nicht wunderschön, wirft einer der Männer ein und bricht darüber in Lachen aus. Inzwischen kommt das Bier, das sie geordert haben und von dem Linda bezweifelt, dass es ihr erstes ist.

»Ihr da drüben habt diese Probleme bestimmt nicht, aber hier ist das folgendermaßen ...« Und der bierselige Mann schräg gegenüber von Linda hebt an, einen Monolog über die Unzulänglichkeiten der Menschen im Nordosten Brasiliens zu halten. Soweit Linda versteht, meint er, dass die Menschen im Nordosten von den Steuern lebten, die sie hier zahlten. Linda erscheint das übertrieben.

»Das Leben dort ist bestimmt schwierig mit der Dürre und der Geschichte der Sklaverei ...«

Aber da wird sie schon unterbrochen: »Die Menschen dort sind faul. Sonst nichts. Wir arbeiten den ganzen Tag und die leben von der Wohlfahrt!« Und so geht es weiter. Linda gefällt dieses Gespräch ganz und gar nicht. Sie regen sich über den ehemaligen Präsidenten Lula auf, der die ganzen Sozialtransfers von Süden nach Norden eingefädelt habe. Die aktuelle Präsidentin Dilma Rousseff sei immerhin nicht eine ganz so extreme linke Spinnerin. Aber sie sei dumm und würde bald abgewählt werden, dann hätte man endlich Ruhe vor ihr.

»Redet die nicht immer von den Erdölvorkommen im Norden?«, will Linda wissen. Schließlich soll, wenn sie sich richtig erinnert, doch das ganze Land vom neu entdeckten Erdölreichtum des Nordens profitieren. Doch weit gefehlt: Man hätte in Brasilien gar nicht genug Ingenieure, um an das ganze Erdöl zu kommen. Wie sollte denn eine Nation von Analphabeten Erdöl fördern? Das würden die Amerikaner ihnen schneller, als man gucken könnte, wegnehmen.

»Wie sie uns das Amazonasgebiet rauben, so werden sie auch das Erdöl rauben.« Linda ist sich nicht sicher, wen ihr Gegenüber mit »sie« meint – Amerikaner oder alle Industrienationen oder die ganze Welt außer Brasilien? Und was zum Teufel hat es denn bitte schön mit dem Raub des Amazonasgebiets auf sich? Davon hat sie ja noch nie etwas gehört.

»Bist du eine von denen, die meinen, wir sollten die Abholzung stoppen?«, will einer der Männer wissen.

»*Sim*« – Ja, antwortet Linda prinzipientreu. Alle am Tisch sind erschüttert.

»Was geht euch unser Wald an?«, fragt eine der Frauen und ihre Stimme wird immer schriller.

»Das ist die grüne Lunge der Welt. Wir haben schon genug abgeholzt. In Europa können wir die Zeit nicht mehr zurückdrehen, aber ihr habt doch noch die Chance«, erwidert unsere kleine Umweltschützerin.

»Warum holzt ihr ab und wir sollen das nicht?«, echauffiert sich die Frau weiter.

»Ihr wollt doch nur das Amazonasgebiet besetzen! Das amerikanische Militär ist schon dort und wartet nur darauf«, brüllt ihr Begleiter.

Linda versteht immer noch nicht, um was für eine krude Geschichte es sich da handelt. Sie zuckt mit den Achseln. Als ihre Tischnachbarn sie weiter überzeugen wollen und einer sie dabei an der Schulter festhält, wird es Linda zu viel. Sie steht auf.

»*Não quero saber*« – Ich will es nicht wissen. Sie lässt fünfzehn Reais auf dem Tisch und weg ist sie. Acht Augen, die kaum mehr klar blicken können, bleiben weit aufgerissen zurück.

Die Legende der Besetzung des Amazonasgebietes

Schuld ist Mitterand. Nein, so einfach ist es nicht, aber der französische Politiker war es, der in einer Rede Ende der 70er-Jahre etwas vom Amazonasgebiet fabulierte, in etwa, dass das Amazonasgebiet allen gehöre und nicht nur Brasilien. Der Rest der Welt hat diesen Ausspruch längst vergessen, doch in Brasilien wurde er von der Militärdiktatur politisch instrumentalisiert, um Nationalismus durch ein Feindbild der drohenden Invasoren zu kreieren. Es wurde Angst geschürt, Brasilien könne in seiner Autonomie über das Staatsgebiet angegriffen werden. Daher vermutet bis heute ein Großteil der brasilianischen Bevölkerung puren Eigennutz und vorgeschobene Gründe, wenn Politiker oder auch nur einfache Menschen anderer Länder vom Schutz und der Verantwortung gegenüber dem Amazonasgebiet reden.

Was ist diesmal schiefgelaufen?

Linda ist in ein großes Fettnäpfchen getreten und in zwei kleine. Das große: Über Politik redet man nicht. Die zwei kleinen: Rassismus kann einen in Brasilien manchmal kalt und unvermutet treffen, während er die meiste Zeit im Verborgenen schlummert. Und die Legende, dass Brasilien das Amazonasgebiet abgenommen werden soll, ist so unausrottbar, dass sie selbst schon unter Reisenden zur Legende geworden ist. Dem hat Linda nicht nur widersprochen – was ihr nicht zu verübeln ist, was aber ihre Gesprächspartner sicherlich noch angestachelt hat –, sondern sie hat außerdem einen überaus schroffen Abgang hingelegt.

Was können Sie besser machen?

Vermeiden Sie Gespräche über Politik. Gerade bei innerbrasilianischen Fragen wird Ihre Meinung als *gringo*, also Fremder, nicht besonders ernst genommen werden. Politische Positionen, die uns extrem erscheinen, können aus dem Mund der »normalsten« Menschen und aus den Blättern der großen Zeitungen kommen. Gerade die Bewohner des Südostens und Südens sind in Brasilien für ihre Überheblichkeit berühmt, und diese drückt sich nicht selten in Rassismus und Vorurteilen gegenüber Armen aus. *Paulistas* brüsten sich gerne damit, Zentrum und Produzent des Wirtschaftswachstums des gesamten Landes zu sein. Im Süden oder unter den weißen Eliten in anderen Landesteilen trifft man auf ähnlich vorurteilsbehaftete Meinungen. Obwohl sich unter Lula das Klima gewandelt hat und es Kampagnen gegen diese Art von Rassismus gibt, bleibt die Einstellung, der armen Bevölkerung überlegen zu sein, in weiten Kreisen salonfähig. Hier hilft es, in Betracht zu ziehen, dass es in Brasilien nie eine systematische und kritische Aufarbeitung der Kolonialzeit und der Militärdiktatur gegeben hat, die bis in die Schulbücher und das allgemeine Bewusstsein gedrungen wäre.

Bei der Verabschiedung hätte Linda einfach sagen können, sie komme gleich wieder, auf Toilette gehen können, um das

Lokal anschließend unauffällig zu verlassen. Dieses Umgehen unangenehmer Situationen praktizieren alle, die nicht als Hitzkopf abgestempelt werden wollen.

Militärdiktatur

Ganze 21 Jahre erstarrte Brasilien unter der Herrschaft der Militärjunta, die 1964 die Macht ergriff und erst 1985 durch freie Wahlen abgelöst wurde. Als 1964 der damalige Präsident João Goulart drei Dekrete verabschiedete, die milde Reformen in die linke Richtung bedeuteten, putschte das Militär unter dem Vorwand, Brasilien vor der kommunistischen Bedrohung zu schützen. In den folgenden Jahren wurden Gesetze erlassen, die es z.B. erlaubten, Menschen aus reinem Verdacht festzunehmen und unbegrenzt lange festzuhalten, und die Verfassung wurde außer Kraft gesetzt. Militär und Militärpolizei versetzten das Land in Schrecken, doch immer wieder gab es Großdemonstrationen und Attentate durch Guerilla-Organisationen gegen das Regime.

1970–1974 gilt als die härteste Zeit der Militärdiktatur. Der Mindestlohn, von dem ein Drittel der Bevölkerung lebte, sank im Vergleich zu 1960 um 50 Prozent. Die Zensur wurde immer undurchlässiger, viele Intellektuelle wurden ins Exil gedrängt. Verlässliche Zahlen über Todesopfer durch die ausgeübte Gewalt gibt es nicht; die offizielle Statistik spricht von »nur« 333 Toten durch Folter, Hinrichtungen und »Verschwindenlassen« und ist damit recht unwahrscheinlich. Das sogenannte Wirtschaftswunder, das in den Folgejahren einsetzte, kam allein der herrschenden Klasse zugute. Als auch dieses Wachstum Ende der 70er-Jahre abflaute und schließlich in eine Inflation mündete, stieg die Unzufriedenheit in der Bevölkerung, und das Regime begann allmählich zu bröckeln, bis schließlich 1985 Wahlen zugelassen wurden.

32 Linda begegnet zu viel Liebe

Wieso ein Motel nicht die richtige Bleibe für eine ruhige Nacht ist

Nach dem Ärger über die Kommentare der beiden Pärchen zieht Linda noch ein wenig die Rua Augusta entlang. Sie merkt aber bald, dass sie hundemüde vom frühen Aufstehen und vom vielen Laufen ist, also winkt sie sich ein Taxi heran, das sie in Richtung Flughafen Congonhas bringen soll. Auf dem Weg dahin würde sie schon irgendein günstiges Hotel finden.

An der Avenida Nove de Julho folgen gleich mehrere Rasthäuser aufeinander. Gut, denkt sich Linda, hier werde ich schon etwas finden. Sie bittet den Taxifahrer, er möge sie beim nächsten Motel absetzen. Der wirft ihr einen misstrauischen Blick zu und hält am Straßenrand der viel befahrenen *avenida*. Komischer Typ, denkt sich Linda. Er hätte mich wenigstens auf dem Parkplatz rauslassen können. Sie schaut auf die kleine Grünanlage vor dem *Motel Atenas*. Nett hier, findet sie und geht auf den Eingang zu. Sie wird durch eine Art Unterführung zu einem kleinen Schalter geleitet, eine richtige Rezeption oder Eingangshalle scheint es nicht zu geben.

»*Está sozinha?*« Ob sie allein sei, fragt der Mann hinter der Fensterscheibe.

»*Sim*«, bejaht Linda.

»*Bom, quantas horas a senhorita quer ficar?*« – Gut, wie viele Stunden möchte die Dame bleiben?

Linda muss überlegen. Eine Nacht, acht Stunden, plus Frühstück und ein bisschen rumhängen, also zwölf Stunden. Klarer Fall.

Der Mann tippt etwas auf einem Taschenrechner. Er hält ihr das Display des Rechners hin, das eine Sechzig anzeigt.

Nachdem Linda gezahlt und ihr Zimmer gefunden hat, darf sie sich endlich ausruhen. Sie lässt sich aufs Bett fallen, schließt ihre Augen und atmet tief durch. Ein rhythmisches Rumms-Geräusch fordert ihre Aufmerksamkeit. Sie öffnet die Augen wieder und sieht ... sich selbst, wie sie da mit Armen und Beinen von sich gestreckt einem Käfer gleich auf dem Rücken liegt und an die Decke starrt. Dort ist ein Spiegel angebracht. Sie rollt über das Bett. Vor ihrer Nase auf dem Nachtisch liegen eine Handvoll Kondome. Linda richtet sich auf. Erst jetzt sieht sie, dass die Handtücher auf dem Bett zu einem Herz geformt sind. Als sie begreift, wo sie gelandet ist, muss Linda herzlich lachen. Wie konnte sie das übersehen? Zu schade, dass keiner mitlacht, denkt sie sich.

Sie schaut sich in dem Motelzimmer um und entdeckt, wenig überraschend, Porno-DVDs. Na, hier habe ich nichts länger zu suchen, beschließt Linda und will aufbrechen. Ein Blick auf die Uhr lässt sie zögern. Um halb zwölf noch einmal los, um ein Hotel zu suchen? Nein, sie fühlt sich entschieden zu müde. Bald darauf schläft sie etwas angespannt ein. Zum Glück hat sie einen tiefen Schlaf ...

Nach einer – vergleichsweise – einsamen, aber dafür umso erholsameren Nacht, macht sich Linda auf den Weg zum Flughafen. Sie möchte nicht wieder in Zeitnot kommen. Ein Frühstücksbuffet sucht sie erst gar nicht.

Was ist diesmal schiefgelaufen?

Hoppla, was war das denn? Da wusste unsere erschöpfte Reisende wohl noch nicht, dass die Bezeichnung »Motel« nicht etwa Rasthaus bedeutet, sondern stets ein Stundenhotel meint. In Motels mieten sich Brasilianer also stundenweise ein Zimmer, um sexuelle Abenteuer zu erleben. Man findet sie zuhauf an großen Straßen, tendenziell stadtauswärts. Dass sie über alle Klassen hinweg populär sind, lässt sich daran erkennen, dass es sie in allen Ausführungen und Preisklassen gibt. Besonders zu erwähnen sind die anonymen Motels, bei denen die Gäste von niemandem gesehen werden, nicht einmal von einem Rezeptionisten. So können sich Menschen des öffentlichen Lebens vor allzu viel Klatsch abschirmen. Üblich ist es hier, mit dem Auto in die moteleigene Garage zu fahren, die direkten Zimmerzugang hat. Der Besuch eines Motels kann aber auch für junge Menschen, die noch bei ihren Eltern wohnen, von Vorteil sein.

Dem Taxifahrer hat sie so einen kleinen Schock versetzt, der nicht mit einer so aufdringlichen *gringa* als Fahrgast gerechnet hat und diese möglichst schnell loswerden wollte. Er hat sich schließlich vorgenommen, seiner Frau treu zu bleiben.

Was können Sie besser machen?

Linda hätte auch ohne Vorkenntnisse darauf kommen können, dass niemand im Motel schläft – höchstens nach getanem Beischlaf, aber das kann teuer werden –, wenn sie nur auf ein paar Details geachtet hätte. Die meisten Motels erkennen Sie sofort an den blumigen, teils erotisch anmutenden Namen und den zuweilen blinkenden Neonlichtern an ihren

Fassaden. Diese sind natürlich nicht zu verwechseln mit den ebenfalls farbenfroh leuchtenden evangelikalen Kirchen, die manchmal mit blinkenden Neonkreuzen ausgestattet sind. Spätestens die Frage nach den veranschlagten Stunden Ihres Aufenthaltes sollte Sie hellhörig werden lassen.

33 Linda mag es heiß

Wo Papier wenig hilft

Linda ist wohlbehalten in Salvador da Bahia angekommen. Sie erreichte ihren Flieger, ohne unter Zeitdruck zu geraten, und zu ihrer Freude wurde während des Fluges ein kleiner Imbiss gereicht, sodass sie doch nicht ganz auf ein Frühstück verzichten musste. Dann hat sie sogar einen Bus gefunden, der sie zügig in den Stadtteil Barra brachte, wo sich ihr Hotel befindet. Und jetzt das!

»*A sua reserva não foi confirmada*«, wiederholt die adrett gekleidete Dame hinter dem Tresen nun schon zum dritten Mal im gleichen nachdrücklichen Tonfall. Sie will Linda weismachen, sie hätte gar nicht gebucht. Und ob sie das hat! Linda holt den Ausdruck der Online-Buchung aus ihrem Rucksack. Da, tippt sie auf das Blatt Papier. Die Dame studiert das Formular und bringt dann ein langgezogenes »*Aaaaah*« hervor, als würde sie endlich begreifen, was Linda sagen will.

»*Mas a sua reserva não foi confirmada*« – Ihre Reservierung wurde aber nicht bestätigt, beharrt sie dennoch. »Wir haben aber noch ein schönes Doppelzimmer frei. Das ist natürlich etwas teurer.« Linda beginnt auf ihrem Kuli herumzukauen.

»*Vou pensar*«, grummelt sie, sie müsse überlegen, und setzt sich auf das Sofa. In diesem Land funktionieren ja nicht einmal die einfachsten Dinge, ärgert sie sich, auch wenn sie solche herablassenden Kommentare eigentlich nicht mag. Kommt mir gar nicht in die Tüte, dass ich mehr zahle, nur weil die meine Online-Buchung ...

Die Dame tippt ihr auf die Schulter: »*Nesse caso, não precisa pagar mais para o quarto duplo*« – In diesem Fall müssen Sie für das Doppelzimmer nicht mehr zahlen.

Linda bedankt sich erstaunt. Sie hat schon überlegt, nach einem Zimmer in der Oberstadt Pelourinho zu suchen, von der ihr alle von João bis Patrícia vorgeschwärmt haben. Aber da packt schon ein junger Mann ihren Reiserucksack und trägt ihn auf ihr Zimmer. So viel Service hat Linda gar nicht erwartet und muss erst einmal ewig in ihrer Tasche kramen, bis sie zwei Reais, etwa achtzig Cent, herausfischt. Er schaut ein wenig unglücklich auf den zerfledderten Schein, verabschiedet sich von ihr jedoch so höflich, als sei sie die Ur-Urenkelin des Kaisers Dom Pedro. Nachdem sie sich etwas frisch gemacht und vorsichtshalber an die Decke geschaut hat – kein Spiegel –, macht sich Linda gleich auf zur Stadtbesichtigung. Sie will möglichst viel von dieser Stadt mitbekommen, von der man ihr erzählt hat, sie sei viel deutlicher afrikanisch geprägt als Rio. Als Erstes besucht sie also den Mercado Modelo. Hier soll es Kunsthandwerk geben, und Linda könnte durchaus noch ein paar Geschenke für ihre Freunde in Deutschland gebrauchen.

Die Halle ist voll mit kleinen, dicht aneinandergedrängten Ständen, und die Qual der Wahl groß. Hier gibt es *cangas*, diese bunten Strandtücher, Klamotten und Schmuck in allen Ausführungen, Percussion-Instrumente, kleine Spielzeuge und traditionelles Essen. Vom vielen Hin- und Hergehen wird Linda nach einiger Zeit ganz benommen und möchte an die frische Luft. Von Weitem sieht sie eine Menschenmenge, aus der hin und wieder akrobatische Springer auftauchen: eine *capoeira roda*. Sie nähert sich und kann nicht umhin mitzuklatschen, so ansteckend ist die Stimmung.

Capoeira und *berimbau*

Diese einzigartige Mischung aus Kampf und Tanz ist aus einer historischen Notwendigkeit heraus entstanden: Die Sklaven trainierten sich in diesem Sport, um Widerstand gegen die weißen Sklavenhalter zu leisten. Da sie diese Aktivität tarnen mussten, mischten sie in den Zweikampf musikalische und tänzerische Elemente, die sie aus Afrika mitgebracht hatten. Sie praktizierten *capoeira* in leicht gebeugter Haltung, um im hohen Gestrüpp nicht gesehen zu werden, was bis heute kennzeichnend für diese Sportart ist.

In der heutigen *capoeira*-Form geht es nicht darum, den anderen zu besiegen, sondern in einer Art Frage-und-Antwort-Spiel lediglich zu zeigen, dass man dem Gegner überlegen ist. Als überlegen gilt, wer schneller oder gewitzter ist oder die besseren Tricks kann. Deshalb sagen *capoeiristas* auch, sie »spielen« *capoeira*. Das Hauptritual in der *capoeira* ist die *roda* – eine Runde, die vom *berimbau* angeführt und von anderen Schlaginstrumenten sowie den im Kreis stehenden rhythmisch klatschenden anderen *capoeiristas* und Zuschauern begleitet wird.

Der *berimbau* ist ein Saiteninstrument, das ursprünglich aus Angola stammt. Es besteht aus einem Holzstock, der mit einem Draht als Saite bespannt ist. Am unteren Ende ist ein aufgeschnittener Flaschenkürbis als Resonanzkörper befestigt. Gespielt wird es, indem der Musikant mit einem Holzstab gegen die Saite schlägt.

Als Linda vor lauter Klatschen die Hände wehtun, trennt sie sich von dem Spektakel, besorgt sich aber direkt auch einen solchen *berimbau*, der im Mercado Modelo feilgeboten wird.

Statt die reizenden steilen Gassen hinaufzulaufen, nimmt sie den Aufzug, der die Oberstadt, die *cidade alta*, mit dem Rest Salvadors verbindet. Alles scheint hier viel näher zu sein als in Rio. Und das Viertel Pelourinho hält, was es verspricht. Kolonial-Häuschen, noch mehr Kunsthandwerk und Musik aus allen Ecken. Aber keine melancholischen Töne wie im *choro*, dem langsamen Samba aus Rio, oder Bossa Nova. In Salvador wird getrommelt. Linda hört ein lautes Getöse und folgt ihm durch die schmalen Wege, bis sie zum Lago do Pelourinho kommt. Auf der einen Seite des Platzes trommelt eine Gruppe auf einer Bühne, auf der anderen Seite geht es steil bergab. Wie hier wohl die Frauen mit ihren Stöckelschuhen hinunterkommen, fragt sich Linda mit Blick auf das Kopfsteinpflaster. Auch hier ist die Musik so laut, dass Linda nicht anders kann, als sich mitreißen zu lassen. Sie versucht sich in den grazilen Sambatanzschritten, die sie aus Rio kennt, muss aber bald feststellen, dass das nicht zur Musik passt, und schaut den anderen Tanzenden zu. Die Bewegungen sind viel energischer, ausdrucksvoller, selbstbewusster. Für einen Moment denkt sie, sie könnte sich auch in Afrika befinden. Linda schaut sich um und fühlt sich plötzlich auffallend weiß.

Der Duft von Fisch und Frittiertem zieht ihr in die Nase. Hunger meldet ihr leerer Magen. Als sie dem aufdringlichen Geruch folgt, kommt sie zu einem Stand, der von einer *baiana*, einer Frau aus Bahia, im weißen Kleid bedient wird. Als Linda sie anschaut, fragt die Frau sofort: »*Acarajé?*«

Mmh, das werden die frittierten Bällchen hier sein, denkt sich Linda und nickt.

»*Quer quente?*«, möchte die Frau wissen, die Kugel schon in der Hand. Klar, will ich das heiß, bei meinem Hunger. Die Frau macht etwas mit dem Bällchen hinter der Abdeckung des Standes, dann reicht sie es Linda mit einem Lächeln. Die stellt begeistert fest, wie lecker es schmeckt, wenn es auch nur lauwarm ist. Und im nächsten Moment merkt sie noch etwas anderes: Es ist wahnsinnig scharf. Sie reißt ihre tränenden Augen und den Mund auf und ist gezwungen, ein *guaraná* hinterherzukaufen. Der Schmerz lässt nur langsam nach.

Bahianische Küche

Sie ist berühmt für ihre Schärfe und die Verwendung von Fisch und Meeresfrüchten. Sowohl die Nähe zum Meer, an das ein Großteil des Bundesstaates Bahia grenzt, als auch der afrikanische Einfluss spiegeln sich in ihr wider. Gern wird in Palmöl, *dendê*, angebraten. Hier die bekanntesten Köstlichkeiten:

acarajé	frittierte Krabbenbällchen
beiju	aus Maniokmehl zubereitete Kuchen oder Fladen
moqueca de peixe	in Kokosmilch gekochter Fisch mit Koriander und Tomaten
vatapá	Püree aus Mais oder Brot mit Krabben

Als Linda wieder zu sich kommt, hört sie eine Stimme: »*Tia, dá um Real*« – Tante, gib mir einen Real. Ein Junge in zerrissenen Klamotten mit tieftraurigen Augen hält die Hand auf. Linda widmet ihm einen mitleidigen Blick. Noch bevor sie entschieden hat, ob sie dem Kind eine Spende geben soll, rennt der Junge weg, und Linda sieht einen Polizisten. Im Laufen ruft der Junge noch: »*Gimme your money, gimme your money*«. Dann ist er hinter der nächsten Ecke verschwunden, und Linda zieht weiter durch die tönenden Straßen.

Was ist diesmal schiefgelaufen?

Man darf Linda gratulieren: Sie hat zwar zunächst darauf bestanden, bei der Reservierung des Hotels alles richtig gemacht zu haben, hat sich dann aber doch beruhigt und erst einmal nachgedacht. Und es hat sich gelohnt, vor allem dass sie in der Nähe blieb. Mit der Strategie, die gar nicht als solche geplant war, erhielt sie schließlich ein gutes Angebot, gleichzeitig bestand für sie die Möglichkeit, jederzeit zur Konkurrenz zu wechseln.

Wenn Linda nur gewusst hätte, dass die Bahianer mit *quente* nicht nur »heiß«, sondern auch »scharf« meinen! Sie kannte nur die in anderen Regionen üblichen Vokabeln für »scharf« – *apimentado*, *picante* und *ardido*.

Was können Sie besser machen?

Bei Online-Buchungen von Hotelzimmern kann es schon mal zu Komplikationen kommen. Sie gehen auf Nummer sicher, wenn Sie sich nach der Buchung per E-Mail oder Telefon erkundigen, ob die Buchung geklappt hat. Und wenn Sie doch feststellen müssen, dass es nicht funktioniert hat, bewahren Sie Ruhe. Ein schriftlicher Nachweis der Buchung führt nicht unbedingt zum Ziel.

In den großen Städten Brasiliens werden Sie mit Sicherheit auch mit Straßenkindern konfrontiert und an touristischen Orten wie Salvador oder Rio durchaus auch mit einigen englischen Ausdrücken angesprochen. Wenn Sie moralisch abwägen, ob Sie dem Kind etwas geben oder nicht, sollten Sie im Hinterkopf behalten, dass es inzwischen Konsens zwischen Staat und sozialen Einrichtungen ist, dass durch die Almosengabe, also das erfolgreiche Betteln, die Kinder erst recht von ihren Eltern auf die Straße geschickt werden. Die meisten von ihnen leben nämlich zu Hause, kommen aber durch das Verweilen auf der Straße in Kontakt mit Drogen – allen voran Crack – und besuchen die Schule nicht mehr.

Wie Sie einem bettelnden Kind deutlich machen können, dass Sie ihm nichts geben werden, ist von Situation zu Situation verschieden. Das einfache Ignorieren dürfte am schnellsten verstanden werden, ist aber wohl auch der unmenschlichste Umgang. Ein entschiedenes *não* oder *não dá* (das geht nicht) kann ein Kind schnell abwimmeln, kann aber auch einen Racheakt nach sich ziehen – schlimmstenfalls mit Unterstützung seiner Freunde, die sich untereinander schützen und aushelfen. Ein verständnisvolles *infelizmente hoje não vai rolar* (leider wird es heute nichts) werden Sie hingegen möglicherweise ein paar Mal wiederholen müssen, bis das Kind aufgibt.

34 Linda isst vom falschen Teller

Wie eine »Party« mit Schrecken enden kann

Am dritten Tag in Folge, den Linda in Pelourinho verbringt, sehnt sie sich nach einer Abwechslung. Die bunten Farben und das Getöse der Trommeln tun ihr auf Dauer nicht gut. Sie beschließt, heute zu Fuß den Norden der Stadt zu erkunden, auf der Suche nach neuen Eindrücken von der ehemaligen Hauptstadt Brasiliens.

Es dämmert schon, als sie die Küstenstraße entlangschlendert, die ihr einen wunderbaren Blick auf den Sonnenuntergang bietet. Als der Autoverkehr sie zu sehr auf dem schmalen Bürgersteig einschränkt, biegt sie an einem kleinen Platz mit einer Kapelle in eine ruhigere Straße ein. Bald holen sie die Erinnerungen an Pelourinho ein: Sie hört ein Trommeln, dann Gesang. Der kommt Linda allerdings nicht bekannt vor. Sie bleibt stehen und lauscht. Und plötzlich folgt Linda der Musik, die sie fesselt und verstört, sie fühlt sich wie hypnotisiert. Neben einem Haus schlägt sie einen schmalen Pfad ein, an dessen Ende sie ein niedriger Holzzaun mit einem Türchen erwartet. In der Dunkelheit erkennt sie die Umrisse der feiernden Gestalten. Eigentlich betritt sie ja jetzt fremdes Gelände, denkt Linda, erinnert sich dann aber daran, wie sie in Rio auch zufällig in eine Party hineingeraten ist, deren Gastgeber sie gar nicht kannte. Hier sind die Leute einfach lockerer als in Deutschland, sagt sich Linda und drückt das Türchen mit dem Knie auf.

Auf der einen Seite des Grundstücks fließt ein Bach, der schon den Pfad begleitet hat, auf der anderen Seite steht ein Haus, wo Feiernde hinein- und hinausströmen. Vor der Hauswand hat die Percussion-Gruppe ihre Schlaginstrumente aufgebaut, sogar Kinder sind unter ihnen. Sie wenden ihre ganze Kraft auf, um auf die großen Trommeln zu schlagen. Um die Musizierenden hat sich ein Halbkreis gebildet. Auf der lehmigen Tanzfläche in der Mitte bewegen sich schick gekleidete Gäste in wildem Tempo, die Luft riecht stark nach Alkohol und Rauch, die Trommelnden halten das rasante Tempo seit einigen Minuten ununterbrochen durch. Linda versucht Blicke zu erhaschen, um von irgendjemandem zum Tanzen aufgefordert zu werden. Das war auch schon mal einfacher! Überhaupt scheinen die Partygäste sie gänzlich zu ignorieren. Stattdessen sind die Tanzenden damit beschäftigt, ihre Gläser immer wieder neu zu füllen und sich sofort weiterzubewegen. Linda hält es nicht mehr aus. Sie kommt noch näher, unsicher und gleichzeitig fasziniert von dem verruchten Ambiente schiebt sie sich an den stehenden Zuschauern vorbei, um an das Buffet zu gelangen, das in etwas Abstand hinter dem Spektakel aufgebaut ist. Obst sieht sie, Alkohol und eine große Schale Popcorn. Anscheinend hat die noch keiner angerührt, denn sie ist bis oben hin voll. Verlegen, aber nicht unentschlossen – Linda weiß gar nicht mehr, wann sie zuletzt etwas gegessen hat – greift sie in die Schüssel und stopft sich das trockene Zeug in den Mund.

Da herrscht Stille. Relative Stille. Die Trommeln haben aufgehört zu dröhnen. Lindas Ohren pfeifen. Sie dreht sich um auf der Suche nach einer Erklärung, doch außer zwei bedrohlichen, weit aufgerissenen Augen sieht sie nichts. Nicht einmal, wem die Augen gehören. Instinktiv macht sie ein paar Schritte rückwärts, doch ihr Blickfeld ist von diesen starrenden Augen direkt vor ihren eigenen gefüllt. Als sie genügend Abstand gewonnen hat und schon den Fluchtweg aus dem Augenwinkel sieht, schlägt sie einen Haken und läuft davon.

Am nächsten Morgen will sich Linda den Federohrring anstecken, den sie sich am Strand von Ipanema gekauft hat. Sie kramt in ihrem Rucksack und kann ihn einfach nicht finden. Da erinnert sie sich: Sie hat ihn neben das Waschbecken gelegt. Doch an der Stelle, wo der Ohrring sich zuletzt befand, klebt zu Lindas Erstaunen nun ein einzelnes Popcorn.

Was ist diesmal schiefgelaufen?

Nicht überall, wo fröhliche Musik ertönt, ist eine Party im Gange. Linda ist in ein Ritual der Umbanda-Religion hineingeraten, obwohl sie nicht dazugehört und sie keiner eingeladen oder wenigstens mitgenommen hat. Insofern hatte sie gewissermaßen Unglück im Glück. Denn es ist nicht leicht, so ganz ohne Anleitung ein derartiges Ritual überhaupt aufzuspüren. Sie hätte natürlich eines der zahllosen touristischen Angebote wahrnehmen können, eine Candomblé-Veranstaltung zu besuchen. Aber die sind derartig für Touristen aufbereitet, dass sie jede Authentizität verloren haben. Nur wieso musste Linda denn ausgerechnet von dem Popcorn essen, das für den Heiligen geopfert wurde?

Afrobrasilianische Religionen

Diese Religionen sind aus der Vermischung von Katholizismus und afrikanischen Religionen entstanden, als die afrikanischen Sklaven in Brasilien gezwungen waren, sich dem Katholizismus anzupassen. Die Anhänger der afrobrasilianischen Religionen zu beziffern, ist schier unmöglich. In der Volkszählung, dem *censo*, im Jahr 2000 gaben sich nur 0,3 Prozent der Bevölkerung als Zugehörige zu Religionen wie Candomblé, Umbanda oder Tambor-de-Mina aus. Der *censo* erlaubt jedoch lediglich die Angabe einer einzigen Religionszugehörigkeit, wobei viele Brasilianer sowohl an den Katholizismus als auch an mindestens eine weitere Religion glauben – was den Synkretismus, also die Vermischung religiöser Ideen zu einem neuen Weltbild, in Brasilien weit verbreitet.

Ein Großteil der Brasilianer hat einen oberflächlichen Bezug zu den afrobrasilianischen Religionen. So kann im Candomblé z.B. ein Muschelorakel bei Wahrsagern auf der Straße befragt werden, um die persönliche Schutzgottheit ausfindig zu machen. Die dient dann wiederum der Lösung alltäglicher Probleme, wie Liebeskummer, Geldnot oder Krankheiten. Durch verschiedenste Opfergaben, die der *pai de santo*, der Priester, empfiehlt, kann man die *entidades*, die Gottheiten, um Hilfe bitten. Sichtbar für Besucher sind die Opfergaben in Form von einer Mahlzeit wie Hühnchen mit Maniokmehl, Popcorn oder Schnaps, die sich am Straßenrand finden.

Neben dem Katholizismus, der durch die europäischen Einwanderer über das ganze Land verbreitet wurde, werden afrobrasilianische Religionen vor allem im Nordosten gepflegt, mit Ausnahme von Umbanda, das in ganz Brasilien verbreitet ist. In anderen Teilen des Landes führen sie eher ein Hinterzimmerdasein, wohl auch weil sie von der christlichen Kirche geächtet sind. Diese fährt Kampagnen auf, in denen sie die afrobrasilianischen Kulte als *coisa do capeta*, als Teufelszeug, bezeichnet. Im Nordwesten Brasiliens gibt es außerdem noch eine Vermischung von afrikanischen Religionen mit indianisch geprägten Kulten.

Zum Weiterlesen: Franz Höllinger (2007): Religiöse Kultur in Brasilien – zwischen traditionellem Volksglauben und modernen Erweckungsbewegungen.

Was können Sie besser machen?

Wenn Sie sich für afrobrasilianische Religiosität interessieren, können Sie sicherlich einen solchen Kult miterleben. Falls Sie aber nicht eine unerklärliche Häufung von Unglück oder anderen sonderbaren Dingen, wie Popcorn im Bad, erleben wollen, weil sie die Regeln der religiösen Gemeinschaft missachtet haben, sollten Sie sich von jemandem mitnehmen lassen. Wenn Sie doch einmal unerwartet dazustoßen, sprechen Sie wenigstens mit dem *pai de santo* (wörtlich: Vater der Heiligen), dem Priester, und verwechseln Sie den Kult niemals mit einer Party, auch wenn es für Sie so aussehen mag. Der *pai de santo* ist verantwortlich für das, was auf dem *terreiro* (der Kultstätte) passiert, er dirigiert die kultischen Handlungen. Wenn sie ihn nicht gleich erkennen, fragen Sie Umstehende, ob die Sie zu ihm bringen können.

35 Linda kennt den König von Brasilien nicht

Warum die *chucrutes* einfach keine Ahnung haben

Wie gut so ein bisschen Alltag nach einer aufregenden und eben auch anstrengenden Reise ist. Rio zeigt sich vertraut und nach den Erfahrungen im Nordosten wirkt es auf Linda wie ein kleines Stück Europa. Sie freut sich auf ihre Sprachschüler und will eine Stunde das Lehrbuch Lehrbuch sein lassen und den Unterricht frei gestalten. Die Schüler sollen über ihr Bild von Deutschland reden. Eine spannende Diskussion verspricht sie sich davon, denn bisher bekam sie in ihrer Zeit hier in Brasilien zwar meist sehr positive Reaktionen, wenn sie sagte, sie komme aus Deutschland, aber es gab auch Leute, die eher verhalten reagierten.

»Was fällt euch ein, wenn ihr an Deutschland denkt?«, fragt sie dann auch sogleich in die Runde.

»Heil Hitler!«, ruft Diegão aus voller Brust und alle brechen in Gelächter aus, inklusive er selbst. »Lehrerin, bist du *nazista*?«, fragt er zu allem Überfluss gleich hinterher.

Unsere Nachwuchslehrerin fühlt sich schroff attackiert. Klar hätte sie im Laufe der Stunde über Nationalsozialismus sprechen wollen, aber was sollen diese Albernheiten? Sie schaut ihn kalt an und verzieht sarkastisch die Mundwinkel: »Klar bin ich Nazi, deswegen bin ich hierhergekommen.« Die Runde weiß nicht so recht, was sie damit meint, deshalb erklärt Linda: »Na, als Nazi würde ich doch nicht nach Brasilien gehen, zu so einem gemischten Volk. Da würde ich schön in Deutschland bleiben. Außerdem gibt es nicht mehr viele Nazis in Deutschland, der Krieg ist schließlich über sechzig Jahre her.«

»Echt nicht? Aber es grüßen doch bestimmt noch Leute mit ›Heil Hitler‹, oder?«, will Mano wissen.

»Nein nein, gar nicht. Ich kenne auch niemanden, der Nazi ist.«

»*Haha, ela diz que ela não conhece ninguém que é nazista*«, übersetzt João für die, die der Unterhaltung nicht so recht folgen können, und wieder brechen alle in schallendes Gelächter aus über diese ahnungslose Deutsche, die ihnen weismachen will, in Deutschland gäbe es gar nicht so viele Nazis. An Linda gewandt fragt er: »Gibt es echt keinen Nazi in deiner Familie?«

Linda ist ein bisschen beleidigt und genervt von diesem unsensiblen Umgang mit einem heiklen Thema. Sie versucht das Ruder herumzureißen: »Wir wollten ja nicht darüber reden, was *ich* von Deutschland kenne, sondern über das, was *euch* neugierig auf Deutschland macht. Gertrude, kennst du deutsches Essen?«

»Ja«, steigt die begeistert darauf ein, »ich mag Schwarzwälder Kirschtorte und Kalter Hund«. Auf Gertrude und ihr sonniges Gemüt kann sich Linda verlassen.

»Ich würde gerne mal *chucrute* probieren«, mischt sich Ana Paula ein.

»Schön«, sagt Linda, »was ist *chucrute*?«

»Wie, was ist *chucrute*?«, fragt Ana Paula erstaunt zurück. Sobald sich eine Situation anbahnt, die einen Lacher nach sich ziehen könnte, sind alle im Kurs still und warten gespannt auf Lindas Antwort: »Na, weißt du, was *chucrute* auf Deutsch heißt?«

»Aber Lehrerin, das ist doch ein deutsches Wort!«, ruft Renatinha.

Linda kramt erstaunt in ihrem Hirn nach Wörtern, die ähnlich klingen. Sie findet keins: »Also ich habe das Wort noch nie gehört.«

»Das esst ihr doch die ganze Zeit, das ist ein saures Gemüse«, leistet Diegão zur Abwechslung mal einen konstruktiven Beitrag.

Jetzt macht es klick bei Linda: »Meint ihr Sauerkraut?«

»Sauercraute«, »chauercraute«, »chukraute«, »*chucrute*«, verändern die Schüler das Wort so lang, bis es zum brasilianischen Pendant wird.

»Wir essen gar nicht so viel Sauerkraut, das war eher früher so. Ich habe vielleicht fünfmal in meinem Leben Sauerkraut gegessen.« Die Klasse ist enttäuscht.

»Und dass ihr nur Schweinefleisch esst, stimmt das?«, will Terezona wissen.

»Na ja, nicht nur, aber ziemlich viel.« Die Klasse schüttelt sich vor Ekel.

»Warum?«, fragt Terezona weiter.

»Tja, wahrscheinlich weil es am günstigsten ist«, tippt Linda.

»Die Reichen essen das schlechteste Essen«, beurteilt Terezona kopfschüttelnd und alle stimmen mit ein.

»Aber Bier ist gut bei euch, was?«, fragt Diegão eher rhetorisch. »Also wenn ich in Deutschland leben würde, ich würde mir jeden Tag fünf *canecão* reinzischen.« Dabei zeichnet er mit der Hand den Schaum auf einem riesigen imaginären Humpen nach.

»Ich würde aufs Oktoberfest gehen«, trägt Edo seinen Teil zur Bierfantasie bei.

»Das kannst du doch auch hier machen«, mischt sich Gertrude ein. Sie ist Spezialistin, was deutsche Kultur in Brasilien angeht: »In Blumenau haben wir doch unserer berühmtes Oktoberfest.«

»Ach, tatsächlich? In Blumenau? Das hört sich gar nicht nach einer brasilianischen Stadt an.« Linda ist neugierig geworden.

»Das ist bei uns im Süden. Da haben ganz viele Städte deutsche Namen. Ich komme zum Beispiel aus Pomerode.« Linda muss ein bisschen schmunzeln bei dem Namen. »Lehrerin, komm mal nach Pomerode. Ich lade dich ein. Es ist ein schönes kleines Städtchen. Da gibt es Schwarzbrot, gutes Bier und *cuca*«, fährt Gertrude enthusiastisch fort. Endlich hat sie jemanden gefunden, der sich für ihre deutschen Wurzeln interessiert.

»Bring uns was mit«, brummelt Diegão, der vielleicht auch gerne eingeladen worden wäre.

»Okay, gerne, hört sich gut an«, willigt Linda ein, ist sich aber nicht sicher, ob sie die Einladung ernst nehmen soll – dafür wurden ihr einfach schon zu viele Einladungen gemacht, die nie realisiert wurden. Sie fragt noch hinterher: »Und was ist *cuca*, Gertrude?«

Carolina lacht: »Mama, du sprichst gar kein richtiges Deutsch, die Deutsche versteht dich nicht.«

»*Bolo* nennen wir *cuca*, wie im Deutschen, oder nicht?« Gertrude klingt ein wenig eingeschüchtert.

»Ah, Kuchen heißt das«, versteht Linda endlich.

»Was kanntest du denn von Brasilien, bevor du hierhergekommen bist?«, will nun Ana Paula wissen, der das Gespräch offensichtlich etwas zu speziell geworden ist.

Linda fühlt sich eiskalt erwischt und muss erst einmal nachdenken: »Hm. Samba ... Ronaldo und Ronaldinho ... den Zuckerhut ... Karneval ...«

»Kanntest du Pelé?«, spricht Edo aus, was alles denken.

»Nicht wirklich.« Die Runde ist empört über diese völlig inakzeptable Antwort.

»Aber Ayrton Senna doch wohl, oder?«, legt Mano nach.

»Wer ist das?«, fragt Linda. Die Empörung weicht der dicken Luft des Beleidigtseins. Linda ist ganz klein und verlegen.

»Diese *chucrutes* kennen nur Xumákerr«, stellt Mano enttäuscht fest.

»Xú- was?«, fragt Linda, der Verzweiflung nahe über das nächste Wort, das nach ihrem Sprachverständnis eher aus dem indigenen Tupí-Guaraní stammen könnte als aus dem Deutschen.

»Na, wenn sie nicht mal ihre eigenen Rennfahrer kennt, dann hat sie allgemein keine Ahnung«, entschuldigt Diegão Linda auf wenig charmante Art und Weise.

»Rennfahrer? Ach ihr meint Schumacher«, versteht Linda nun, aber da hört ihr schon niemand mehr zu. Die Stunde ist zu Ende, alle packen ein und verlassen kopfschüttelnd den Raum.

Was ist diesmal schiefgelaufen?

Beide Seiten sind enttäuscht: Linda über die altbackenen Klischees über Deutschland und die Klasse über die Ignoranz gegenüber den brasilianischen Nationalhelden. Ronaldo und Ronaldinho (von denen Ersterer in Brasilien übrigens Ronaldinho und Letzterer Ronaldinho Gaúcho genannt wird) kennt sie, aber Pelé nur vom Hörensagen – das ist zwar mit Lindas Jugend zu erklären, aber wird in Brasilien niemals als Entschuldigung akzeptiert.

Und Ayrton Senna erst – da stirbt einer den Heldentot, und die *gringos* können sich ein paar Jahre später nicht mal mehr an ihn erinnern. Das schürft alte koloniale Minderwertwunden auf.

Zwei Nationalhelden

Pelé

Wird auch *O Rei*, der König, genannt; sein bürgerlicher Name Edison Arantes do Nascimento ist vernachlässigbar. Er wurde 1940 in ärmlichen Verhältnissen geboren und gilt heute unumstritten als bester Fußballer des 20. Jahrhunderts. Er wird besonders dafür geliebt, dass er immer in brasilianischen Vereinen gespielt und sich nicht durch europäische Vereine hat einkaufen lassen. Erst als sein Vermögen Anfang der 70er-Jahre veruntreut wurde, spielte er in der Folge für den nordamerikanischen Verein New Yorker Cosmos. Heute ist er in Brasilien besonders durch seine Mitwirkung in einer Vielzahl von Werbeclips präsent.

Weltmeister wurde die brasilianische Nationalmannschaft mit ihm 1958, 1962 und 1970. Er hat über 1.200 Tore in seiner Karriere erzielt, davon 12 bei Weltmeisterschaften.

Ayrton Senna

Das war ein hübscher Mann, und ein talentierter dazu. 1960 geboren wuchs er in privilegierten Verhältnissen auf und fuhr bereits als Jugendlicher Kart-Rennen. Von 1984 an dominierte er das Geschehen in der Formel 1 und wurde 2004 zum schnellsten Formel-1-Piloten der Geschichte gekürt. Die Fans liebten ihn für seinen Fahrstil, durch den er auch in technisch unterlegenen Wagen gewann. Die Klatschpresse liebte ihn außerdem für seine Konkurrenzkämpfe mit dem französischen Rennfahrer Alain Prost, seinen Charme und seine Beziehung zu Xuxá, der blonden Göttin des brasilianischen Kinderfernsehens.

1994 verunglückte er auf tragische Art und Weise beim Großen Preis von San Marino. In Brasilien folgten drei Tage Staatstrauer und ein gigantisches Begräbnis.

Eine ganze Reihe sprachlicher Missverständnisse haben Lindas Unterrichtsstunde etwas zäh gemacht. Von *chucrute* wird in der Regel angenommen, dass es sich dabei um ein deutsches Wort handelt. Dass es aus dem Französischen, also von *choucroute* (Sauerkraut) kommt, wusste weder die Klasse noch Linda. Und natürlich können Brasilianer deutsche Namen wie Schumacher nicht auf Anhieb akzentfrei aussprechen, wenn man sie dann nicht versteht, steht man ein bisschen dumm da, da lässt sich nichts machen ...

Was können Sie besser machen?

Seien Sie nicht beleidigt oder allzu erschrocken, wenn man Sie mit »Heil Hitler« begrüßt. Für Brasilianer war der Nationalsozialismus eine sehr ferne Angelegenheit – ein derartiger »Dogmatismus«, wie Linda ihn an den Tag legt, ist für diese friedliebende Nation ohne bedeutende Kriegstraumata einfach nur unglaublich lustig. Und da man sich tolerant gibt, möchte man auch keine Nazis diskriminieren und akzeptiert sie im Allgemeinen als etwas schrullige Menschen auf verzeihbarem Irrweg.

Und ganz wichtig: Lernen Sie ein paar Grundfakten über brasilianische Nationalhelden! Die kommen selbstredend nicht aus der Politik, sondern aus dem Sport. Und wenn Sie sich ein wenig mit Fußball auskennen, haben Sie schon fast gewonnen.

36 Linda bei den Oktoberfestlern

Warum Busfahrten eine lange, kalte Angelegenheit sein können

Nachdem sie erst vor einer Woche von Gertrude nach Santa Catarina in ihr Heimatdorf eingeladen worden ist, steht Linda nun bereits an der *rodoviária*, dem Busbahnhof in Rio. Dort hat sie sich mit ihrer Schülerin verabredet, um gemeinsam mit dem Bus über fünfzehn Stunden gen Süden zu fahren. Sie ist überwältigt von den teils sehr farbenfrohen und mit Info-Schildern dicht behängten kleinen Schaltern verschiedener Buslinien, an denen man Tickets kaufen kann, und den vielen Menschen, die um die Schalter herumwuseln. Ganz anders als in Deutschland, wo sie im Hauptbahnhof meist am Automaten innerhalb von zwei Minuten ihre Bahnfahrkarte in den Händen hält. Linda hat sich extra aufgeschrieben, wie die Buslinie heißt und wo sie sich treffen, aber die Schilder und Wegweiser scheinen nicht das zu bedeuten, was sie anzeigen. Genervt fragt Linda einen Mann, wo sie hin muss, und zeigt ihm den Zettel.

»*É logo ali*« – Das ist direkt da drüben, sagt er und zeigt auf eine Tür. Und da steht auch schon Gertrude und winkt.

Busreisen

Wer in Brasilien kein Auto besitzt, fährt viel mit Überlandbussen, wobei auch hier in den letzten Jahren billige Flugverbindungen zunehmen. Doch auch längere Strecken kann man gut mit komfortablen Bussen zurücklegen. Für Distanzen haben die Bewohner des fünftgrößten Landes der Erde ein anderes Gefühl als wir: Übers Wochenende kann man auch schon mal gut eine achtstündige Strecke ans Meer zurücklegen (eine Fahrt, versteht sich), weil das ja nicht so weit ist. Da verwundert es nicht, dass sich die Fahrt von Rio de Janeiro in den 1.000 Kilometer südlichen Bundesstaat Santa Catarina auch schon für ein verlängertes Wochenende lohnt.

Die Busbahnhöfe werden *rodoviária* genannt. In Rio gibt es verschiedene, die entweder nähere Städte oder nur Städte im Süden oder im Norden Brasiliens mit Rio verbinden. Dort finden sich die Schalter diverser Busunternehmen, die jeweils unterschiedliche Städte anfahren, wobei manche Städte auch von mehreren Unternehmen bedient werden. An den einzelnen Schaltern sind die jeweiligen Städtenamen auf großen Schildern angeschrieben. Erkundigen Sie sich am besten vorab, welche Unternehmen den gewünschten Zielort ansteuern, und vergleichen Sie Preise und Qualität der Busse (zur Qualität der Fahrzeuge fragen Sie im Hotel, bei Bekannten oder auf dem Bussteig nach).

Bei längeren Reisen empfiehlt es sich, die etwas teurere, aber bequemere Variante *leito* zu buchen, die mehr Beinfreiheit zulässt und bei der sich die Rückenlehnen in die Horizontale schieben lassen – der liegende Schlafplatz also. Normale Tickets heißen *executivo*, sie sind immer noch bequemer, als man es aus deutschen Reisebussen gewohnt ist. Trotz aller Spontaneität der Brasilianer lohnt es sich, Busse vorher zu reservieren, da gerade lange Strecken über Feiertage schon vor dem Abfahrtstag ausverkauft sein können.

Komfortabler Bus, denkt sich Linda, als sie sich auf ihrem Platz ausbreitet. Gertrude macht es sich neben ihr gemütlich, sie stellen ihre Lehnen etwas zurück und Getrúde öffnet ihre Tasche leicht und hält sie konspirativ in Richtung Linda, die darin einen kompletten Kuchen eingepackt in Frischhaltefolie sieht. Wie nett. Linda fühlt sich so gut aufgehoben wie in ihrer eigenen Familie. Der Bus ist inzwischen voll und fährt an. Ein paar Sekunden später muss Linda kräftig niesen. Die Klimaanlage ist angesprungen. Sie dreht wie wild an der Vorrichtung über ihrem Kopf, die ihr diese Polarluft ins Gesicht pustet, aber sie kann das Übel nur mildern und nicht ausschalten. Na, das kann ja noch heiter werden. Immerhin hat Gertrude, fürsorglich wie sie ist, Taschentücher dabei. Nach zwei Stunden hat Linda die gesamte Packung aufgebraucht, und selbst die Leute vor und hinter ihr drehen sich besorgt um und bekunden ihr Mitleid, dass sie die *ar condicionado* offenbar nicht verträgt.

»Ich gehe mal zur Toilette«, teilt sie Gertrude mit, dass sie sich um ihr nächstes körperliches Bedürfnis kümmern muss.

»Okay«, meint die, »aber schließ nicht ab, die Türen klemmen manchmal«.

Na toll. Vielleicht wartet sie doch lieber, bis sie auf einem Rasthof halten. Nach vier Stunden Fahrt ist es soweit: Da taucht aus dem Nichts der recht langweiligen Landschaft um die *estrada* (Landstraße) eine imposante Raststätte auf. Linda hechtet mit letzter Kraft aus dem Bus und zu den Toiletten. Am Eingang muss sie einen Real bezahlen, dafür bekommt sie ein kleines, sorgsam gefaltetes Stückchen Toilettenpapier von der Putzfrau ausgehändigt. Der Sinn dieses Prozederes wird ihr klar, als sie sich in der Kabine vergeblich nach noch mehr Papier umsieht. Jetzt kann sie sich nicht einmal welches zum Schniefen einstecken!

Nach unzähligen Stunden und ebenso vielen Nies-Attacken kommen sie am nächsten Vormittag in Blumenau an. Hier soll es also so typisch deutsch sein? Als Linda aus dem Bus steigt, niest sie ein letztes Mal kräftig und sieht noch an der *rodoviária* ein Werbeschild für das Oktoberfest. Darauf ist ein blondes Pärchen in Lederhosen und Dirndl abgebildet, sie stoßen mit zwei großen Bierkrügen an. Im Hintergrund sieht Linda eine Blaskapelle und ein Fachwerkhaus. Darüber steht »Prost«. Und das mitten im brasilianischen Sommer.

»Hallo, guten Tag, ich bin Gilmar«, kommt ein Mann auf Linda zu, stellt sich auf Deutsch vor und schüttelt ihr die Hand. Dann umarmt er Gertrude herzlich.

»Das ist der Sohn des Bruders meines Mannes, also mein Neffe«, erklärt Gertrude. Gilmar lebt in Blumenau und wird ihnen die Stadt zeigen, bevor sie am nächsten Tag weiter ins benachbarte Pomerode fahren.

»Wie gefällt dir das Oktoberfest?«, fragt er Linda.

»Hm, ich weiß nicht. Ich finde das eigentlich ein bisschen lächerlich. Das feiert man doch nur in Bayern. Und auch da bekämen mich keine zehn Pferde hin«, erklärt sie. Gilmar blickt etwas beleidigt drein.

Mit dem Auto drehen sie eine Runde durch die Stadt, eine *volta* nennt Gilmar das. Linda würde viel lieber spazierengehen und die frische, aber nicht kalte Morgenluft genießen. Immerhin macht Gilmar die Klimaanlage aus, als sie einfach das Fenster aufmacht. Zunächst ziehen die typischen mehrstöckigen Apartmenthäuser an Lindas offenem Fenster vorbei, die sie in bisher allen Städten gesehen hat. Ordentlicher ist es hier allerdings, fällt ihr auf. Und die Menschen sind so weiß.

»Schau, hier ist ein ganz bekanntes Haus aus Fachwerk, darauf sind wir besonders stolz. Davon gibt es auch noch mehr, aber das hier ist das schönste. *Legal, né?*« – Cool, oder? Gilmar schaut Linda erwartungsvoll an und deutet aus dem Fenster. Tatsache. Da stehen akkurat und hübsch nebeneinander eine ganze Reihe von Fachwerkhäusern. Die meisten sehen aus, wie erst vor zehn Jahren gebaut, nur das eine, auf das Gilmar deutet, sieht historisch aus. Soll sie jetzt beeindruckt sein?

»Hm, ja«, lacht Linda, »aber so was haben wir in Deutschland überall. Das passt doch gar nicht richtig nach Brasilien!« Gilmar und Gertrude werfen sich einen Blick zu, der Linda nicht entgeht. Es ist ihr unangenehm, so schroff zu sein, aber es nervt sie einfach gerade alles und mehr als drei Stunden hat sie bestimmt nicht geschlafen.

Und hier in Blumenau, sagt Gertrude leise, gebe es das beste Brot Brasiliens – Schwarzbrot.

»Oh wirklich, das ist ja toll«, begeistert sich Linda, die schon so lange mal wieder etwas anderes als Weißbrot essen wollte. Diesmal sind Gilmar und vor allem Gertrude von Lindas freudigem Ausruf überrascht. Sie halten vor einem dieser neuen Fachwerkhäuser, auf dem in verschnörkelten Lettern »Bäckerei do Alemão« steht.

Was ist diesmal schiefgelaufen?

Im Busbahnhof hat sich Linda zunächst auf ihre schriftlichen Aufzeichnungen und die Ausschilderung verlassen, was selten zum Ziel führt. Doch sobald sie sich an einen anderen Passagier wendete, war das Problem gelöst und der Weg erklärt – das hat Linda also genau richtig gemacht, anstatt hartnäckig zu versuchen, die spärliche Ausschilderung zu ergründen. Im Bus friert Linda, obwohl sie doch schon so oft am eigenen Körper erfahren musste, wie beliebt Klimaanlagen in Brasilien sind. Und die sonst so sorgende Gertrude kommt ihr nicht zu Hilfe, etwa indem sie den Busfahrer bitten würde, die Klimaanlage zu drosseln.

Blumenau würde sie in einem Moment besserer Laune vermutlich witzig finden. Diese deutschen Möchtegernhäuser und das Oktoberfest. Die Dinge, die Gilmar ihr stolz und begeistert erklärt, die bedeuten ihr einfach nichts. Das kommt bei Gilmar abweisend an, der aus Höflichkeit nichts weiter sagt, sich aber über ihr Desinteresse wundert und vielleicht auch ärgert. Arrogant wirkt sie auf ihn allemal, schließlich müsste sie sich doch freuen, ein Stück Heimat in Brasilien zu finden.

Was können Sie besser machen?

Wenn Sie mit dem Bus reisen, lassen Sie sich nicht von dem scheinbaren Durcheinander an größeren *rodoviárias* verschrecken. Wenn möglich, bitten Sie andere um Hilfe, da hier, wie so oft in Brasilien, das gesprochene Wort schneller Hilfe verschafft als die Beschilderung vor Ort. Dinge ändern sich, und es lohnt sich nicht, die Ausschilderung immer wieder erneut anzupassen.

Nehmen Sie Ihre Jacke oder eine Decke mit in den Bus. Da die Klimaanlage oft bei um die achtzehn Grad eingestellt ist, ist das bei dreißig Grad und mehr Außentemperatur ein erheblicher klimatischer Unterschied. Außerdem sollten Sie bei der Platzwahl beim Ticketkauf im Hinterkopf behalten, dass es im hinteren Teil des Busses tendenziell wärmer, manchmal sehr warm ist, weil sich dort der Motor befindet, während es vorne oft bitterkalt ist. Auf den Gedanken, sich bei allzu großer Kälte zu beschweren, kommt niemand. Sie können das zwar tun, es ist nicht etwa ein Tabu, aber es ist unüblich. Wenn einem etwas missfällt, versucht man das eher subtil zu artikulieren – was Linda ja durch ihr Niesen unfreiwillig und nicht mehr wirklich subtil tut –, und wenn die Person, in deren Macht es steht, etwas zu ändern, darauf nicht reagiert, lässt man die Sache auf sich beruhen.

So wie andere Einwanderer und ihre Nachkommen sind die Deutschen in Brasilien zum großen Teil sehr stolz auf ihre Herkunft. Sie haben deutsche und regionale Bräuche mitgebracht, die sie in Brasilien in abgewandelter und teils extremerer Form, als wir es heute in Deutschland gewohnt sind, kultivieren. Wenn Brasilianer mit deutschen Vorfahren Ihnen voller Begeisterung von deutschen (oder angeblich deutschen) Traditionen in Brasilien erzählen, halten sie sich vor Augen, dass viele von ihnen noch nie in Deutschland waren und dass dies ihre Art ist, die Geschichte und Erinnerung an die Vorfahren aufrecht zu erhalten. Auch ist die deutschstämmige *comunidade* stolz darauf, dass es dem von ihnen bewohnten Teil Brasiliens relativ gut geht. Inwieweit das auf die günstigen historischen Voraussetzungen, die die deutschen Einwanderer dort vorfanden, zurückzuführen ist oder ob dies tatsächlich die aktive Leistung der *comunidade* ist, lässt sich nicht genau sagen – die Sauberkeit und den Wohlstand zu loben wird Ihre Gastgeber auf jeden Fall freuen.

Wenn Ihnen das alles doch zu deutschtümlich wird, können Sie erzählen, dass es teils in der Region aus der Sie in Deutschland kommen, anders ist. Aber zerstören Sie keine Illusionen oder ignorieren Sie die Euphorie. Letzteres lässt Sie arrogant erscheinen, weil Sie offenbar in Deutschland »alles besser« finden. Wenn Sie – für sich selbst – die Traditionen als weniger typisch deutsch, denn typisch deutschbrasilianisch ansehen, weckt das vielleicht eher Ihr Interesse?

37 Linda isst Schwarzbrot in Pomerode

Warum man Opa Hans sein Deutschland lassen sollte

Am nächsten Morgen geht's also ins dreißig Kilometer entfernte Pomerode, wo Gertrude geboren und aufgewachsen ist. Sie treffen Gertrudes Familie, die sich im Haus der Eltern versammelt hat, um den deutschen Gast kennenzulernen. Es ist ein ganzer Kreis von Leuten, die sie warmherzig mit Küsschen empfangen, sie sofort ausfragen, woher genau sie komme, ob sie ein paar Kartoffelrezepte empfehlen könne, ob ihr Blumenau gefallen habe und wie sie es aushalte in diesem chaotischen Brasilien. Zwei Tanten – Linda hat sich schnell daran gewöhnt, alle älteren Damen, deren Namen sie nicht kennt, *tia* (Tante) zu nennen – streiten sich darum, ob Linda nun neben der einen oder der anderen sitzen darf. Stühle werden hin- und hergerückt und Linda schließlich in einen gedrückt. Noch etwas überfordert von dem Gewirr um sie herum, schaut die sich erst einmal um. Gemütlich ist es hier. Die Wände sind tapeziert, das hat sie in Rio noch nicht gesehen. Da hängen Familienfotos – auf den älteren tragen die Männer Hüte mit Federn und die Frauen lange Bäuerinnenröcke, Pferde und Rinder tauchen auch auf. Man kann kaum sagen, ob das Europa oder Südamerika ist. Da hat sie plötzlich schon einen Teller in der Hand und all die kulinarischen Höhepunkte, von denen Gertrude in Rio erzählt hat, werden aufgefahren: *cuca*, also Kuchen, Bier, Schwarzbrot. Einige der jüngeren Verwandten sind nach der Begrüßung auf Abstand gegangen und Linda fühlt sich fast ein wenig von Ferne beäugt. Sie greifen sich nur schnell etwas zu essen und verschwinden dann ins angrenzende Zimmer, wo sie brasilianisches Fernsehen schauen, während sich die *tias* und *tios* (Onkel) um Linda herum eine Wettschlacht in deutschen Vokabeln liefern, die allerdings in einem so starken Dialekt ausgesprochen werden, dass Linda kaum eine versteht.

Besonders freut sich Gertrudes Vater Hans, endlich einmal wieder Deutsch mit einer Deutschen sprechen zu können, und erzählt ihr, dass das Dorf früher noch viel deutscher gewesen sei, eine *colônia* sozusagen. Dann durften sie irgendwann nur noch zu Hause heimlich Deutsch sprechen, weil es in der Schule verboten war.

Deutsche Einwanderer und die *estratégia de »branqueamento«*

Die Strategie des schrittweisen Bleichens, wie die brasilianische Anthropologin Giralda Seyferth sie nennt, war der ideologische Hintergedanke der – zunächst aus dem Mangel an Arbeitskräften motivierten – deutschen Einwanderung nach Brasilien, die vor allem Ende des 19. und Anfang des 20. Jahrhunderts stattfand. Bei dieser Strategie wurden Deutsche und andere Europäer angeworben, nach Brasilien zu ziehen, um die dortige Bevölkerung langfristig »weiß zu machen«. Diese rassentheoretische Idee sollte den »schwarzen Überhang« der Bevölkerung und, so meinte man, dessen negative Eigenschaften ausgleichen.

»Angeblich soll«, sagt Opa Hans, »während des Zweiten Weltkrieges ja auch Schlimmes in Deutschland passiert sein. Aber das glaube ich nicht. Das haben sich die Amerikaner doch ausgedacht, um die Deutschen schlechtzumachen!«

Linda traut ihren Ohren nicht. Wie kommt er jetzt auf so ein Thema? Und, ist das wirklich seine Meinung? Herrje!

»Natürlich sind damals schlimme Dinge passiert. Den Holocaust darf man nicht abstreiten.« Linda versucht einen ruhigen, sachlichen Ton anzuschlagen.

»Linda, Mädchen«, ruft Opa Hans und springt auf, »das war reine Propaganda! Die Deutschen machen so was nicht! Wir sind doch die Guten!«

Die Unterhaltung wird mit der Zeit immer verfahrener und Linda immer wütender, was ihr kaum noch zu verbergen gelingt. Wie kann er so etwas Abscheuliches behaupten! Gertrude wirft ihr einen ängstlichen Blick zu, doch Linda redet sich immer mehr in Rage. Das muss schließlich ein für allemal klargestellt werden. Sie schaut Opa Hans mit festem Blick an und erklärt: »Hans, Sie dürfen Deutschland nicht so verherrlichen.«

Plötzlich läuft Hans eine Träne übers Gesicht und er schaut betreten zu Boden. Lindas Wut schlägt augenblicklich in ein Gefühl der Schuld um, sie schaut sich um, doch auch die anderen Familienmitglieder haben den Blick gesenkt. So sehr sie sich auch geärgert hatte, zum Weinen bringen wollte sie Opa Hans nicht.

Deutsche Einwanderung

Vorwiegend in den Süden des Landes kamen neben einer großen Anzahl italienischer und japanischer viele deutschsprachige Einwanderer – die Vorfahren der heutigen Deutschbrasilianer –, besonders im 19. und 20. Jahrhundert. Sie verließen den deutschsprachigen Raum, also sowohl Deutschland als auch die Schweiz und Österreich, aus sozialen, politischen und wirtschaftlichen Gründen, wie Arbeitslosigkeit durch die Industrialisierung und politische Verfolgung derer, die an der Revolution von 1848/49 beteiligt waren.

Sie alle lockte Brasilien mit der Hoffnung auf einen Neuanfang und ein besseres Leben. Entgegen der landläufigen Meinung, kam die große Mehrheit der deutschen Einwanderer weder auf der Flucht vor dem Nationalsozialismus noch als Nazis nach dem Krieg nach Brasilien. Die deutschen Migranten bekamen meist Land geschenkt und wurden mit Personaldokumenten, Lebensmitteln, einer provisorischen Bleibe und Bargeld ausgestattet. Außerdem wurde ihnen das Recht zu arbeiten zugestanden, und sie durften Distrikte innerhalb der Landkreise gründen, in denen sie administrativ autonom waren. Sie bildeten also zusammen mit anderen deutschsprachigen Einwanderern, die oft aus der gleichen Heimatgegend kamen, *colônias* – Kolonien, also Gemeinschaften und Dörfer, in denen vorerst nur Deutschsprachige lebten. Zuerst blieben sie in Küstennähe, im Laufe der Jahre zogen sie mehr ins Landesinneren und machten den Süden Brasiliens urbar.

Deutschsprachige Einwanderer, die bis 1870 nach Brasilien kamen, zeichneten sich vorwiegend durch ihre regionalen Identitäten aus, d.h. sie waren Badener, Pommern, Preußen usw. und betrachteten einander nicht in erster Linie als Deutsche. Erst im Laufe der Jahre, vor allem durch die gemeinsamen Erfahrungen, die sie in Brasilien machten, ergab sich eine mehr oder weniger stark ausgeprägt deutschbrasilianische Identität.

Bis zum 2. Weltkrieg wurde die deutsche Sprache in Brasilien gepflegt; ab 1937 und bis 1945 wurde dann jedoch unter Getúlio Vargas und seiner Estado-Novo-Diktatur (wörtlich: Neuer Staat) eine Politik der Nationalisierung der Bevölkerung initiiert. In dieser Zeit waren alle anderen Sprachen außer Portugiesisch verboten, was durch die Verbindung zu den Alliierten und einer zunehmenden antideutschen Haltung des Landes noch verstärkt wurde.

Auch wenn Angaben über die Zahl der Nachfahren deutscher Einwanderer stark variieren, steht fest, dass sie in den zwei südlichsten Staaten Brasiliens Santa Catarina und Rio Grande do Sul einen Anteil von ca. 40 Prozent der Bevölkerung ausmachen. Deutsch wird – mit verschiedenen deutschen und niederdeutschen Dialekten – meist nur noch innerhalb der Familien und im Freundeskreis gesprochen, da die Mehrheit der Deutschbrasilianer heute besser Portugiesisch als Deutsch spricht. Während durch eine zunehmende Assimilation viele deutsche Traditionen und Bräuche verloren gehen, werden andere aktiv in die brasilianische Kultur integriert – wie das in Blumenau gefeierte und landesweit bekannte Oktoberfest.

Außerdem bestehen heute enge wirtschaftliche Beziehungen zwischen Deutschland und Brasilien. Teil davon sind die etwa 800 deutsch-brasilianischen Unternehmen, die im Staat São Paulo die größte Ansammlung deutscher Unternehmen weltweit darstellen.

Wissenschaftlich werden Deutschbrasilianer auf Portugiesisch *teuto-brasileiros* oder *germano-brasileiros* genannt, umgangssprachlich werden sie als *alemães* (Deutsche) bezeichnet.

Zum Weiterlesen: Prof. Dr. João Klug (2004): Wir Deutschbrasilianer. Zeitschrift *Tópicos*.

Was ist diesmal schiefgelaufen?

Linda konnte nicht gut damit umgehen, dass Deutschland und seine Geschichte so sehr verherrlicht wurden. Gegenüber Brasilianern nicht-deutscher Abstammung ist sie es gewöhnt, das Gefühl zu haben, sie müsse Deutschland erklären oder gar verteidigen – »nein, mein Vater ist kein Nazi, und ich auch nicht« oder »Hitler lebt nicht mehr«. In dieser Situation hat sie nun die gegenteilige Rolle eingenommen und das idealisierte Bild, das sich Hans aufgebaut hat, zum Einsturz gebracht. So sehr, dass ihn seine Emotionen übermannt haben. Er vermisst Deutschland und fühlt sich von Linda vor seiner gesamten Familie gedemütigt.

Was können Sie besser machen?

Bereiten Sie sich darauf vor, dass Sie in Brasilien verschiedene Vorurteile über Deutschland und seine Geschichte hören, und auch über die deutsche Kultur ausgefragt werden. Auch wenn diese Fragen selten negativ gemeint sind, sind sie doch für deutsche Verhältnisse oft sehr emotional gestellt und können Sie in ihrer Direktheit überraschen. Egal ob positiv oder negativ, generell sind Kommentare und Fragen aus Interesse gestellt, versuchen Sie daher, Ihr Wissen nicht rechthaberisch oder verletzend zu präsentieren.

Opa Hans möchte, dass Linda sich wie zu Hause fühlt – allerdings scheint es seine ernsthafte Meinung zu sein, dass es den Holocaust nie gegeben hat. Diese Einstellung ist durchaus unter deutschen Einwanderern und ihren Nachfahren zu finden. Das können Sie natürlich nicht so stehen lassen – allerdings sollten Sie bei Ihrer Kritik mitbedenken, wie es zu dieser Haltung kommt: Die Gründe sind etwa unzureichende politische Bildung gepaart mit dem Minderwertigkeitskomplex, den die meisten Auswanderer in sich tragen und der oft in übertriebenen Stolz umschlägt. Der ist anschlussfähig an einen Rassismus, den Sie auch in anderen sozialen Gruppen Brasiliens antreffen. Sie sollten eine Person nicht übereilt als Altnazi verurteilen und Ihre Kritik ruhig und gelassen vorbringen, ohne zu erwarten, dass Ihr Gegenüber sofort seine Meinung ändert.

38 Linda macht sich schlau

Wenn der *índio* in die *lanchonete* geht

Nachdem Linda nun schon einiges über die europäischen, afrikanischen und japanischen Brasilianer gelernt hat, stellt sich für sie die dringende Frage, warum sie überhaupt keine *índios* sieht. Nach dem Unterricht geht sie mit João in einer *lanchonete* essen, um durch ihn mehr zu erfahren und sich nebenbei für seine Einladung zur *feijoada* zu revanchieren.

Als sie ihn zwischen zwei Gabeln fragt, wo sie denn mal *índios* finden könne, antwortet João nur knapp: »*Índios*? Die hat der Fortschritt vernichtet.« Das Wort *índios* betont er dabei spitz, fast sarkastisch.

Linda wartet ein paar Momente ab, ob noch etwas kommt, aber João isst plötzlich wie ein Scheunendrescher.

»Aber ihr habt doch bestimmt auf dem Land so Reservoirs für *índios*, wo die leben können.« So kannte sie es von den US-amerikanischen *natives*.

João schüttelt nur den Kopf. In der *lanchonete* in der Rua Urugaiana plaudern die beiden lieber über etwas anderes, und das fällt ihnen auch nicht schwer. Bis auf einmal ein Mann hereinkommt und sich João zu Linda vorbeugt. »Der Mann ist ...«, sagt er auf deutsch, »verstehst du?«

»Ach«, staunt Linda. Sie schaut zu dem Mann mit den glatten, schwarzen Haaren herüber. Er bestellt sich gerade etwas an der Kasse. Dann setzt er sich und schaut auf den Fernseher, in dem die Telenovela läuft.

»Aber das ist doch kein *índio*!«, empört sich Linda, die sich die Nachfahren der Ureinwohner anders vorgestellt hat.

»Pssst! Warum denn nicht?«, möchte João flüsternd wissen und weist Linda mit einer Handbewegung nach unten darauf hin, dass sie leiser reden soll.

Der Mann nimmt eine Tüte entgegen, dreht sich kurz in ihre Richtung und fährt mit dem Motorrad weg.

Linda muss überlegen. »Na ja«, stammelt sie, »er ist doch ... wie wir.«

»Ach ja?« Für João wird die Diskussion langsam interessant. »Woher willst du das wissen?«

»Also, er sieht ein bisschen anders aus, ja. Aber er hat doch ganz offensichtlich Geld. Und er isst Fastfood. Und er telefoniert mit einem Handy.« Für Linda ergibt das alles keinen Sinn.

»Ihr in Europa glaubt auch, Indigene leben nur im Amazonas. Hast du das aus einem dieser schlechten Reiseführer, die ihr über uns schreibt?« João kommt richtig in Fahrt.

»Okay, okay, ich muss zugeben, dass ich überhaupt keine Ahnung davon habe.«

Darauf scheint João nur gewartet zu haben. Er erzählt ihr, wie ganz Brasilien, als es noch nicht Brasilien war, von indigenen Stämmen besiedelt war. Erst als die Portugiesen ab 1500 kamen und sie massakriert und mit ihren Krankheiten angesteckt haben, hat sich das geändert. Mit der Ausbreitung der Städte, vor allem im Südosten, konnten sich die Ureinwohner dort nicht halten. Deswegen sei es tatsächlich schwierig, in Rio einen zu treffen. Aber es gebe Indigene überall in Brasilien.

»Warum hast du dann vorhin gesagt, die *índios* hätte der Fortschritt vernichtet? Es gibt sie ja anscheinend doch noch«, bohrt Linda.

»Ja, du hast ja recht. Beides stimmt. Aber jetzt hör bitte auf, immer wieder so laut *índio* zu sagen. Das sagen nur die, die keine Ahnung haben. Sie wollen *indígenas* genannt werden. Also es gibt *indígenas* beziehungsweise Nachfahren von ihnen; sie deklarieren sich selbst als *povos indígenas*, also als indigene Völker, und sie leben die Kultur ihrer Ethnie. Hättest du den Mann vorhin reden gehört, hättest du vielleicht gemerkt, dass er mit Akzent spricht.«

João erzählt von *indígenas* im Amazonas, die kein Portugiesisch, aber dafür Japanisch oder Deutsch sprechen, weil sie über Jahre mit Forschern zu tun haben, die sich im Auftrag von Pharmaunternehmen indigenes Wissen aneignen.

Linda will noch mehr wissen: »Aber warum geht der Mann, der sich gerade ein *pastel* gekauft hat, dann nicht jagen, sondern zieht es vor, sich hier Essen zu kaufen?«

João senkt seinen Kopf: »Na, dich schicke ich auch mal vor die Tore Rios, da kannst du dann sehen, wovon du auf Dauer ohne Geld überlebst.«

Was ist diesmal schiefgelaufen?

Da gibt sich Linda alle Mühe, dieses heikle Thema behutsam anzusprechen und überrumpelt ihren Freund João doch mit allerlei Vorurteilen. Wie konnte sie auch wissen, wie sehr die *indígenas* in weiten Teilen Brasiliens gezwungen sind, sich dem Lebensstil des »weißen Mannes« anzupassen, da sie nur so überleben können? Wenn sie schon nicht aus ihrer ursprünglichen Umgebung vertrieben wurden, so sind die Gebiete, über die sie Verfügung haben, doch so begrenzt und beeinträchtigt, dass es ihnen kaum möglich ist, ein Leben in der bewährten Weise fortzuführen. Denn trotz aller Unterschiede zwischen Guaraní, Yanomami, Kaingang und Xingu lässt sich doch behaupten, dass die indigenen Völker in Brasilien in allem, was sie tun, eine feste Verbindung mit dem Ort, an dem sich die *aldeia* (das indigene Dorf) befindet, herstellen. Diese geht bei einer Umsiedlung unweigerlich verloren. Somit widerfährt dem *indígena* nicht nur ein Tod durch europäische Krankheiten und Mord, sondern auch der spirituelle Tod, weil er seine Traditionen und Lebensweise der Mehrheitsbevölkerung anpassen muss – was tatsächlich Diskussionen aufwirft, wer *indígena* ist und wer nicht.

Durch den Film *Birdwatchers* (2008, Regie: Marco Bechis), der mit indigenen Laienschauspielern die Situation eines Stammes in Konflikt mit der brasilianischen Mehrheitsgesellschaft zeigt, lassen sich die Probleme, die durch die Vertreibung der Stämme aus ihrem Land resultieren, sehr anschaulich nachvollziehen.

Das Wort *índio* ist in Brasilien von nicht so abwertender Bedeutung wie in anderen Ländern Amerikas. Sogar Verfechter der Rechte der Eingeboren sprechen zuweilen von *índios*. Da ist Linda also in kein so großes Fettnäpfchen getreten, wie sie es befürchtet hat.

Was können Sie besser machen?

Indigenes Kulturgut ist fest in der brasilianischen Gesellschaft verankert – nicht wenige Brasilianer haben indigene Urgroßeltern. Es kommt allerdings selten zur Sprache. In den brasilianischen Medien werden *indígenas* vor allem als fortschrittsfeindlich dargestellt und passen daher nicht zum aufstrebenden Zeitgeist.

Wenn Sie also eine Diskussion über die indigene Bevölkerung anstoßen wollen, überlegen Sie sich, mit wem Sie das tun. Und wenn Sie den passenden Ansprechpartner gefunden haben, glänzen Sie entweder mit Ihrem Wissen über die Geschichte Brasiliens oder sagen Sie offen, dass Sie sich auf dem Gebiet nicht so gut auskennen, und lassen Klischees und Vorurteile in der Schublade.

In Anlehnung an Debatten z.B. in den USA verändert sich auch in Brasilien langsam der Sprachgebrauch. Noch sind es jedoch vor allem Leute mit akademischem Hintergrund wie João, die von *índigenas* anstatt von *índios* reden. Insofern nehmen Sie es nicht als Anzeichen von Rassismus, wenn Sie Brasilianer über *índios* reden hören. Der Begriff »*índio*« wird allerdings manchmal auch in einem explizit abwertenden Kontext benutzt: Ein Billigprogramm kann beispielsweise *programa de índio* geschimpft werden.

39 Linda feiert einen neuen Busen

Wofür man sich schämt und wofür nicht

»*Vem na minha casa no domingo?*« – Kommst du am Sonntag zu mir nach Hause?, hat Priscilla, eine Bekannte, die sie über João kennt, gefragt und dabei verschmitzt gelächelt. »*Vamos comemorar!*« – Wir werden feiern!

»*Claro que sim*« – ja klar, gerne, hat Linda geantwortet, ohne den Anlass der Feier zu erfragen. Hier in Brasilien, das hat sie gelernt, wird eigentlich immer gefeiert, dafür braucht man keinen Grund.

Jetzt steht sie vor der Tür zu Priscillas Wohnung. Als sie João gefragt hat, ob sie sich Sonntagnachmittag auf der Party sähen, hat er nur den Kopf geschüttelt. Wie unangenehm, ist er etwa nicht eingeladen? Linda klingelt und hört schon ein großes Hallo und Gewusel aus der Wohnung dringen. Eine fremde junge Frau begrüßt sie freudig und schickt sie sogleich ins Wohnzimmer, wo sich schon einige Gäste tummeln. Es ist eine dieser kleinen, aber perfekt eingerichteten Wohnungen von Leblon, wo auch João wohnt. Die Einrichtung könnte aus der Telenovela sein, die sich Linda fast täglich anschaut, die Mädels hier übrigens auch. Apropos Mädels, hier sind ja nur Frauen! Kommen da noch männliche Gäste? Schick sind sie alle, mit geglätteten Haaren, Strass auf den lackierten Fingernägeln, und die Schuhe mit unmöglich hohem Absatz stehen im Flur in einer homogenen Reihe. Bei so viel geballter Weiblichkeit kommt sich Linda immer wie ein tollpatschiges Rhinozeros vor.

»Wo ist denn Priscilla?«, erkundigt sie sich schüchtern.

»Die kommt gleich. Sie zieht sich noch um.«

Komisch, sonst sind doch immer alle Gastgeber schon perfekt gestylt, wenn man zu Besuch kommt. Die Frauen auf dem Sofa schauen sich eine Zeitschrift mit dem Titel *Caras* (wörtlich: Gesichter) an und kommentieren die eleganten Kleider und das Aussehen der Frauen auf den Fotos.

Linda kommentiert fleißig mit: »Die haben sich doch eh alle was operieren lassen, um so auszusehen. Alles Plastik!« Manchmal kommt da ihre militante Ader durch, denn im Grunde findet sie das ganze übertriebene Getue um Schönheit abartig: »Die sind doch eh alle hässlich!«

Ihre Couchnachbarin schaut sie entgeistert an und empört sich: »Was sagst du da? Die sind doch wunderschön. Das sind Models!«

Daraufhin entbrennt eine Diskussion über den Sinn und Unsinn von Schönheitsoperationen. Linda merkt, dass nur sie diese Diskussion am Leben hält, denn alle anderen sind sich einig: Schönheit ist Schönheit, ob nun operiert oder nicht, das ist egal.

»Du könntest dir doch die Augen machen lassen. Mit einer Brille, das ist doch nicht schön«, sagt eine der Frauen zu Linda. Die ist fast etwas beleidigt über diese Kritik, bleibt aber bei ihrer Meinung, natürlich sei am schönsten.

Mitten in der Diskussion steht plötzlich Priscilla im Raum. »*Olha, como eles são lindos*« – Schaut mal, wie schön sie sind, raunt eine. »Und so natürlich!«

Linda guckt wohl so auffällig verwirrt, dass Priscilla es bemerkt. »Ah, hallo Linda, wie schön, dass du da bist. Cool, oder? Ich hab' mir die Brust vergrößern lassen«, sagt sie nicht ohne Stolz und beugt sich ein bisschen nach vorne.

»Ach was, ja, äh, wirklich schön«, stottert Linda. Damit

hat sie weiß Gott nicht gerechnet. Wobei es natürlich erklärt, warum nur Frauen bei dieser Feier dabei sind.

Priscilla hat sich schon wieder abgewendet, weil ihr ein Päckchen überreicht wird. Und darin ist, natürlich, ein neuer BH. Den muss sie sofort anprobieren, damit ihn alle Damen begutachten können.

Nach einiger Zeit, vielen weiteren Büstenhaltern und weniger hitzigen Unterhaltungen muss Linda ganz dringend mal verschwinden und kündigt das mit *»ja volto, só vou mijar«* (ich bin gleich wieder da, muss nur mal eben pinkeln) an. Ihre aktuelle Gesprächspartnerin schaut sie mit großen Augen, in denen das Wort »Peinlichkeit« steht, an.

Also bitte, wir reden die ganze Zeit über Brüste und starren sie an und ich soll nicht mal pinkeln gehen dürfen, denkt sich Linda, wo bin ich denn hier gelandet?!

Was ist diemal schiefgelaufen?

Da Linda nicht nachgefragt hat, zu welchem Anlass gefeiert wird, war sie verständlicherweise überrascht, auf einem Fest anlässlich einer Brustvergrößerung gelandet zu sein. Ein passendes Geschenk konnte sie unter diesen Umständen natürlich nicht kaufen.

Círurgia plástica ist in Brasilien sehr verbreitet und beliebt. Sowohl Frauen als auch Männer legen sich für die Schönheit unters Messer. Aussehen und Schönheit sind in Brasilien essentieller Teil des gesellschaftlichen und öffentlichen Lebens, mehr noch als in Deutschland, so werden Schönheitsoperationen offen im Freundes- und Familienkreis thematisiert, und ein Eingriff kommt eher einem Friseur- oder Nagelstudiobesuch gleich als einer Operation oder gar etwas Anstößigem. Meist erfolgen solche Gespräche auf eine schmeichelnde, positive Art, weniger auf eine Weise, die das Aussehen einer Person direkt kritisiert. Dennoch kann es passieren, dass man Sie fragt, warum Sie eine Brille tragen, wo eine Operation doch so einfach wäre. Wundern Sie sich nicht!

Als Linda realisiert, um was für eine Party es sich handelt und dass sie mit ihrer Kritik an den operierten Models die Gastgeberin selbst beleidigt haben könnte – hoffentlich hat Priscilla das nicht gehört! –, ist ihr das sehr peinlich. Und dann schockiert sie ihre brasilianischen Bekannten durch noch mehr Direktheit: »Ich geh mal eben pinkeln« – wer hat so etwas jemals von einer Dame gehört?

Was können Sie besser machen?

Wie hoch die Wahrscheinlichkeit ist, dass sie auf einer Feier für eine Schönheitsoperation eingeladen werden, ist nicht klar. Als Mann sind die Chancen besonders gering. Dennoch dürfte Linda inzwischen klar sein: Man feiert die Feste, wie sie fallen. Ob Geburtstag, Abschied, *chá de bebê* (Babytee) oder einfach nur eine wilde *churrasco*-Party am Sonntag. Ein Geschenk bringt man mit, wenn der Anlass klar ist. Wenn Sie also sicher gehen möchten, fragen sie vorher einfach nach. Und wenn Sie dem Gastgeber auch ungefragt eine Freude machen wollen, wird man Sie für etwas Süßes, beispielsweise eine (gekaufte) Torte, lieben. Wie man Gewichtsprobleme in Brasilien lösen kann, haben Sie ja gerade gelernt ...

Wenn Sie zur Toilette müssen, fragen Sie lieber allgemein nach dem Bad (*onde tem um banheiro?*) und sprechen nicht ganz so direkt über Ihre Körperfunktionen und -bedürfnisse. Im Badezimmer können Sie sich dann auch direkt, wenn nötig, unbehelligt die Nase putzen.

40 Linda tanzt auf allen *blocos*

Wie eine Kölsche Jeck Rios Straßen unsicher macht

Freitag, sechzehn Uhr – Karneval in Rio! Mit einigen Kollegen aus der Sprachschule hat sich Linda an der Metrostation Uruguaiana verabredet, um gemeinsam zum *Cordão da Bola Preta* zu gehen, der um fünf auf der Praça Mauá beginnen soll. Auf dem Platz selbst sei es dann zu voll, um sich zu finden, deswegen haben sie diesen Treffpunkt etwas weiter entfernt ausgemacht. Selbst die Kollegen, die sonst nur Auto fahren, wollen diesmal mit der Metro kommen, um auf dem *bloco* trinken zu können. Der ganze Aufstand macht Linda ein wenig aufgeregt, genauso wie die Tatsache, dass sie nicht ganz verstanden hat, was diese *blocos* eigentlich sind. Wird schon so was wie ein Karnevalsumzug in Köln sein, denkt sie sich, denn das Schema kommt ihr bekannt vor: Jeden Tag in der Karnevalswoche gibt es verschiedene *blocos*, zu denen man sich verabredet. Manche gehen lieber auf den einen, manche lieber auf den anderen. Auf den *Cordão da Bola Preta* konnten sich in der Sprachschule alle einigen, der sei *popular* und *tradicional*. João dagegen meldete Bedenken an, der sei so voll und anstrengend und er gehe lieber zu den *blocos* in Santa Teresa, Niterói und Ipanema. Linda hat natürlich trotzdem zugesagt, sie will alles kennenlernen, was ihr von diesem Land zwischen die Finger kommt.

Zu Hause vor dem Kleiderschrank denkt sich unsere Kölnerin: Bei einem so traditionellen Karnevalsumzug ist man mit einem Clownskostüm nie falsch beraten. In Köln schüttelt sie immer den Kopf über die Zugereisten und Touristen, die meinen, sie könnten sich einfach unverkleidet unter die Jecken mischen. Weil sie den Unmut der routinierten Karnevalisten darüber kennt und sich schon vor ihrer Abreise so auf die Karnevalszeit in Brasilien gefreut hat, hat sie extra eine abgespeckte Sommerversion ihres letzten Karnevalskostüms in den Koffer gestopft. Das gestreifte Hemd ist nicht besonders vorteilhaft, dafür hat sie als Zugeständnis an die lokale Ausprägung des Karnevals einen glitzernden Rock und Schühchen mit beeindruckenden Absätzen an, wie sie sie bei den Samba tanzenden Schönheitsköniginnen im Fernsehen gesehen hat. Vorm Spiegel zupft sie sich abschließend die rote Lockenperücke zurecht und malt sich dazu passend rote Wangen und einen breiten Mund, dann macht sie sich beherzt auf den Weg zum Bus.

Die Leute auf der Straße schauen sie neugierig an, was sie als Bestätigung für die Originalität ihrer Kostümierung gern in Kauf nimmt. Mit nur einer Viertelstunde Verspätung (mehr schafft sie einfach nicht, ein innerer Zwang bringt sie dazu, auf die Straße zu stürmen, um nicht zu spät zu kommen, obwohl ihre Vernunft klar und deutlich erkennt, dass sie die Erste bei der Verabredung sein wird) kommt sie am Treffpunkt an. Zu ihrem großen Erstaunen ist die Mehrzahl ihrer Kollegen schon dort. Sie sind gut gelaunt und stehen vor Lachen gekrümmt da, sodass sie kaum fähig sind, ihr die obligatorischen Begrüßungsküsschen zu geben.

»*Meu Deus, Linda. Que fantasia é essa?*« – Mein Gott Linda, was ist das denn für ein Kostüm?, keucht Milton, der Englischlehrer unter Lachtränen. Die Französischlehrerin hat schnell ihre kleine Kamera zur Hand und ein Foto geschossen, als Nächstes möchte sie selbst neben diesem etwas hilflos dreinblickenden Clown fotografiert werden und gibt einer anderen Kollegin den Apparat zum Knipsen. Alle drängen sich aufs Bild, Linda fühlt sich nicht ernst genommen und ist den Tränen nah. Niemand ist verkleidet, und auf ihren hohen Schuhen ragt sie noch mehr aus der Menge heraus, als sie es sowieso schon immer mit ihren gesunden 1,76 Meter tut. Alle anderen sind mit Turnschuhen, Shorts und lässigen Shirts uniformiert, die meisten tragen schwarz und weiß. Das gewagteste sind noch die schwarzen Punkte auf dem Rock der Italienischlehrerin Camila.

»*Na Alemanha, carnaval é assim*« – In Deutschland ist Karneval so, erklärt eine Linda, deren Selbstbewusstsein in die U-Bahnschächte gesunken ist.

»*Com fantasia de palhaço? Interessante, não sabia*« – Als Clown verkleidet? Interessant, das kannte ich gar nicht, kommt Lucia, die Spanischlehrerin, Linda zu Hilfe: »*Gostei da sua fantasia, é extravagante*« – Ich mag dein Kostüm, es ist extravagant, lobt sie Lindas Verkleidung. Jetzt haben sich auch die anderen wieder gefangen und loben Lindas originelles Auftreten. Sie laufen zur Praça Mauá, schon von einer Menge an schwarz-weiß gepunkteten Menschen bevölkert.

»Warum schwarz-weiß und Punkte?«, will Linda wissen.

»Die Farben sind Tradition bei diesem Umzug. Er heißt ja *Cordão da Bola Preta* und das heißt soviel wie ›Umzug des schwarzen Balls‹«, erklärt Lucia in ihrem charmant spanisch klingenden Englisch. Linda fasst sich an den Kopf – da hätte sie ja auch selbst drauf kommen können.

Inzwischen sind sie auf dem Platz angekommen, eine Sängerin steigt auf einen Wagen voller Boxen und los geht es. Die Sambahits der letzten Jahre können alle mitsingen, außer Linda. Aber das ist jetzt egal. Fasziniert von dem unglaublichen Ausmaß des Zuges, der den heimischen Rosenmontagszug in den Schatten stellt, kann sie sich gar nicht sattsehen an den tanzenden Menschen. Ihr gefällt, dass die Stimmung ausgelassen ist, und das, obwohl nur wenige richtig betrunken wirken. Sie selbst braucht erst einmal ein Bier von einem der geschäftigen Straßenverkäufer, um in Stimmung zu kommen und aus dem Pierrot wieder einen lustigen Clown zu machen. Sie sieht den schönen jungen Mädchen in ihren knappen Shorts zu und den scheinbar mühelos akrobatisch tanzenden jungen Männern. Eine kleine Gruppe von Männern mittleren Alters ist da mit einem Schubkarren voll Bier, und hätten sie nicht Frauenkleider angehabt, Linda hätte sie für deutsche Vatertagstrinker gehalten (es beruhigt sie bei diesem Anblick vor allem, dass sie doch nicht die einzige absurd Verkleidete ist – die hätten sich gar nicht so aufführen müssen, ihre Kollegen). Insgesamt kommt ihr die ganze Veranstaltung sehr sportlich vor. Auf dem Musikwagen gibt es nicht viel zu sehen – das ist kein Zuschau-Karneval wie auf dem Rosenmontagszug, das ist Do-it-yourself-Karneval, denkt sich Linda. Sie ist schon nach einer Stunde Tanzen erschöpft, nach zwei Stunden hat sie Durst und nach drei Stunden muss sie dringend zur Toilette. Natürlich sind alle Läden in der Umgebung geschlossen – Karneval heißt Ferien für alle. Bis sie sanitäre Anlagen findet, dauert es eine weitere Stunde. Immerhin hat Linda nun schon vier Dosen Bier intus, fühlt ihre Blasen an den Füßen nicht mehr, ihre andere dafür umso mehr. Ihre Kollegen so ausgelassen zu erleben, macht ihr riesigen Spaß, und so tanzt sie mit ihnen bis zum bitteren Ende.

Bloco carnavalesco

In Rio de Janeiro schwören die meisten Einwohner auf den Straßenkarneval, der sich in den verschiedenen *blocos* (wörtlich: Blocks) manifestiert. Es sind Umzüge mit oft nur einem Musikwagen, um den die Leute tanzen. Diese Form des Karnevals hat sich aus den losen Zusammenkünften von Musikern und Tänzern des 19. Jahrhunderts entwickelt und ist noch nicht so durchorganisiert wie die Umzüge der Sambaschulen im Sambódromo. Die *blocos* sind so ausdifferenziert, dass für jeden etwas dabei ist: Es gibt familienfreundliche *blocos*, schwul-lesbische, alternative usw. Da bei einigen der Ansturm sehr groß ist, werden sie auf immer frühere Zeiten verlegt, daher muss man für die beliebtestes *blocos* früh aufstehen. Verkleidungen sind nicht besonders üblich, wenn, dann sind es eher übertrieben luxuriöse Outfits als Kostüme mit einem speziellen Thema. Ausnahme sind die *piranhas*: Männer – oft gestandene Patriarchen von pompösen Körperbau –, die einmal im Jahr zu Travestie-Künstlern werden und ihre feminine Seite ausleben.

Wer sich für die Travestie-Tradition im Karneval interessiert, dem sei der Film *Madame Satã* (2002, Regie: Karim Ainouz) ans Herz gelegt. Wie verankert Travestie in der brasilianischen Kultur ist und welche Sprengkraft sie gleichzeitig hat, zeigt eindrucksvoll die Dokumentation *Dzi Croquettes* (2009, Regie: Rafael Alvarez, Tatiana Issa).

Samstagmorgen, acht Uhr. Lindas Handy klingelt schon zum zweiten Mal. Genervt robbt sie sich vom Bett zum Tisch, auf dem das Quälgerät liegt.

»*Alô?*« Sie hat die misstrauische brasilianische Telefonbegrüßung schon verinnerlicht.

»*Bom dia, gringa!*«, tönt ein skandalös gut gelaunter João am anderen Ende der Leitung: »Ich wollte nur sichergehen, dass du auch nicht verschläfst. Denk dran, Punkt halb zehn am Curvelo in Santa Teresa.«

»Ich weiß nicht, João, gestern ist es spät geworden und ich habe mindestens zehn Blasen an den Füßen.«

»Was, du machst doch zu Karneval nicht etwa schlapp? Schlafen kannst du hinterher!«

»Hm ...« Linda macht erste schwankende Schritte durchs Zimmer. »Ich komme, keine Panik.«

»Dann ist ja gut, *Céu na Terra* startet immer pünktlich und wartet nicht auf verkaterte *gringas*«, nervt João noch ein bisschen weiter, bevor er sie in Ruhe aufstehen lässt.

Diesmal bereitet sich Linda auf den *bloco* vor wie auf einen Tag hartes Training. Sie kippt erst einmal fast einen Liter Wasser, frühstückt solide, zieht sich ihre bequemsten Schuhe an, Shorts und ein einfaches Trägertop. Dazu ein Käppi gegen die Mittagssonne, Sonnencreme mit Lichtschutzfaktor fünfzig und ihre Gürteltasche, an die sie eine Flasche Wasser hängt. Sie sprintet zum Bus, der braucht mal wieder viel zu lange, aber um zehn Uhr ist sie doch endlich am Curvelo – von João fehlt allerdings jede Spur. Aus der Ferne hört sie die Musik des *blocos Céu na Terra*. Sie geht zum nächsten *orelhão* und ruft João an: »Wo bist du?«

»Wo bist *du*? Du bist zu spät! Wir sind schon losgezogen, komm hinterher«, ruft der ins Telefon, kaum verständlich neben dem Gedröhne des *marchinha*, der gerade läuft.

Marchinha

Samba ist nicht zwingend die Musik des Karnevals. Er hat sich erst aus den *marchas de carnaval* (verniedlichend: *marchinhas*) entwickelt, die ähnlich wie portugiesische Militärmärsche klingen. Im Unterschied etwa zu deutscher Marschmusik sind *marchinhas* nicht schwerfällig und ernst, sondern beschwingt und spielerisch, und die Texte oft doppeldeutig und humorvoll. Erst in den 50er-Jahren lief der Samba langsam dem *marchinha* den Rang als klassische Karnevalsbegleitung in Rio de Janeiro ab. Nach wie vor gibt es jedoch Karnevalspartys und -umzüge, auf denen *marchinha* oder *batuque*, afrobrasilianische Percussion, gespielt wird.

Linda läuft in Richtung Musik und nach ein paar Minuten Suche im Gedrängel findet sie ihren Kumpel mit noch vier

Leuten, die er als seine besten Freunde vorstellt. Linda gefällt es hier auf Anhieb. Das Viertel ist malerisch, die Musik nicht so aufdringlich und die Menschentraube übersichtlicher als am Vortag. Dafür ist es einfach noch verdammt früh. Aber irgendwie schafft Linda es, die Uhrzeit zu vergessen und auf den Karnevalsmodus zu schalten, der hier keine Uhrzeiten zu kennen scheint, und so läuft sie tapfer mit, überhüpft ihre Blasen und lässt sich wie der Rest ihrer Truppe erst von einem plötzlichen Wolkenbruch am Mittag in ein Restaurant treiben. Da sitzen sie, warten den Regen ab und bestellen eine Riesenportion *carne de sol* (Dörrfleisch), *arroz* (Reis) und *mandioca frita* (frittierte Maniokscheiben) für die ganze Runde.

»Nachher gehen wir noch zum *bloco* nach Ipanema. Und heute Abend gibt es in so einem Club eine Anti-Karnevals-Party mit Rockmusik, da können wir auch noch hin«, verkündet einer von Joãos Freunden das Tagesprogramm, das sie noch zu absolvieren haben. Linda seufzt: ganz schöner Stress. Aber schlapp machen will sie auf keinen Fall. Was diese *cariocas* können, kann sie als Kölsche Jeck ja wohl schon lange.

Was ist diesmal schiefgelaufen?

Da hat sich Linda so vorbildlich auf den Karneval vorbereitet und es ist nach hinten losgegangen. Karneval hat in Brasilien eine ganz eigene Ausprägung, die mit der deutschen Tradition, sich ein bisschen lächerlich zu machen, oder dem italienischen Maskenball nichts zu tun hat. Mit ihrer Verkleidung hat Linda aber immerhin die Stimmung in der Gruppe gehoben. Hohe Schuhe sind zum Sambatanzen allerdings unverzeihlich und grenzen an Selbstmord.

Was können Sie besser machen?

Eine Verkleidung braucht also niemand, eine Blumenkette oder ein glitzernder Cheerleader-Wedel reichen vollkommen aus. Wenn Sie zu bestimmten *blocos* gehen, können Sie vorher bei Bekannten nachfragen, ob es dort ein bestimmtes Thema (z.B. schwarz-weiß) gibt. Bereiten Sie sich ansonsten auf Karneval vor wie auf einen Krieg. Kaufen Sie reichlich ein, denn in den Karnevalstagen arbeitet kein noch so eifriger Ladenbesitzer. Auf den *blocos* ist es außerdem ratsam, genug Wasser und Sonnenschutzcreme dabeizuhaben und im Zweifelsfall auch einen Regenschirm. Wenn Sie auf einen Aufenthalt im Hotel angewiesen sind, lohnt es sich nicht unbedingt, den Karneval in Rio de Janeiro zu feiern, da dort die Preise für Hotelübernachtungen in horrende Höhen steigen; dagegen kommen Sie in Salvador (Bahia) und Recife (Pernambuco) günstiger und nicht minder fröhlich durch die fünfte Jahreszeit.

41 Linda versucht sich in der offiziellen Variante des Karnevalsfeierns

Wie zu viel *alegria* zu *saudade* wird

Am Dienstagnachmittag der Karnevalswoche schaut eine gerade erst aufgestandene Linda in den Spiegel und ist nicht besonders erfreut. Ein müdes Gesicht schaut ihr da entgegen, gezeichnet von acht *blocos* in vier Tagen. Auf den Schultern hat sie sich außerdem ein bisschen verbrannt. Und durch die Regenfälle, von denen sie immer mal wieder überrascht wurde – warum um Himmels Willen legen die Karneval auch mitten in die Regenzeit?! –, hat sie sich einen leichten Schnupfen zugezogen. Aber noch ist der Marathon nicht vorbei. Eigentlich kommt jetzt sogar erst der Höhepunkt, auf den sich Linda seit Monaten freut: Es geht ins Sambódromo, die legendäre Umzugsarena, in der sich jedes Jahr zum Karneval die Sambaschulen präsentieren und gegeneinander antreten. Die fabelhaften Tänzer, die prachtvollen Kostüme und Wagen, für die die armen Gemeinden, aus denen die Sambaschulen kommen, ihr letztes Hemd geben und das ganze Jahr an Kostüm, Musik und Choreographie arbeiten – das hat Linda in Deutschland im Fernsehen gesehen. Sie hat wunderschöne Fotoreportagen darüber gelesen und mitgetrauert, wenn sie in der Zeitung eine kleine Notiz fand, im Lagerhaus für Kostüme und Umzugswagen sei ein Feuer ausgebrochen, und die Gemeinde müsse alles innerhalb von einem Monat neu fabrizieren.

Den großen Dämpfer gibt es, als sie João nach möglichen Tickets fragt: »Na, da musst du dich früh anstellen, die sind schneller weg, als du gucken kannst.«

»Das mach' ich, kein Problem. Hast du nicht Lust mitzukommen?«

»Bin ich reich oder was?«

»Wie teuer sind die Karten denn?«

»Am Samstag und Sonntag zur Spezialgruppe so ab 250 Reais (etwa 95 Euro), darunter kannst du's vergessen.«

»Uff!« Das ist wie ein Schlag in Lindas Magen. Sie hat schon so eine ungute Vorahnung gehabt und sich deswegen nie so genau über die Ticketpreise informiert.

»Wenn es eine Spezialgruppe gibt, gibt es also auch noch andere?«, schöpft sie Hoffnung.

»Ja, das ist wie Fußball: Es gibt verschiedene Ligen. Samstag defilieren die Sieger des letzten Jahres, Sonntag die ganze erste Liga, Montag die zweite und Dienstag die dritte. Und bei der dritten Liga ist, soweit ich weiß, der Eintritt frei.«

Einmal ausgesprochen gibt es für João kein Zurück mehr: Jetzt muss er Linda auch begleiten. Er willigt sofort ein, wie er es immer macht, aber Linda merkt, dass er eigentlich eine Abneigung gegen den *desfile* (Umzug) im Sambódromo hat.

»Die *blocos* wirst du lieber mögen«, prophezeit er.

Sambódromo

Wenn wir an Karneval in Rio denken, erscheint uns meist der *desfile* im Sambódromo auf dem inneren Bildschirm. Die Betonränge, von denen die Zuschauer auf das Spektakel herabblicken, bilden die berühmte Gasse für die Defilierenden. Außer den normalen Tribünen, *setores* genannt, gibt es Logen für die Superreichen sowie Tribünen vor Beginn und nach Ende der Laufbahn, auf denen sich die Ärmeren drängen, die zumindest dabei sein wollen, sich aber kein Ticket für die *setores*, von denen man wirklich etwas sieht, leisten können.

Entworfen wurde das 1984 eröffnete Sambódromo von Oscar Niemeyer, dem brasilianischen Architekten für Großbauten der Elite (der Regierungssitz Brasília, Museen wie das MAC in Niterói u.v.m.), und ist mit der Rohheit des grauen Betons, der dem farbenfrohen Charakter des Karnevals widerspricht, mehr als umstritten. Außerdem ist es der Inbegriff der Kommerzialisierung und Domestizierung des Karnevals, die bereits in den 60er-Jahren begann. Zuerst kauften sich Lokalpolitiker die Wählergunst in der jeweiligen *comunidade* (Gemeinde, oft inoffiziell gewachsene Siedlungen), indem sie bestimmte *escolas de samba* (Sambaschulen) finanziell unterstützten – einen *desfile* zu stemmen erfordert schließlich nicht nur Arbeit, sondern auch ein Budget.

Als ab 1970 die Militärdiktatur harscher wurde, kam die Zensur der *samba-enredos* (Sambatexte, zu denen eine Schule defiliert und die jedes Jahr neu geschrieben werden) hinzu, und die Organisation wurde 1972 in die Hände der staatlichen Tourismusorganisation Riotur gelegt. Eine Vermarktung des *desfile* als touristisches Ereignis begann, und damit ging der Ausschluss der armen Bevölkerung – deren Fest es einmal war – sowie das Verbot der subversiven Elemente wie der Transvestiten oder Regierungskritik einher. Die Zensur lockerte sich zwar wieder Ende der 70er-Jahre, doch die kommerzielle Ausbeutung der ehrenamtlichen Arbeit in den *comunidades* für den Karnevalsauftritt durch Riotur und die private Sambaschulenliga, die für ihre Verwicklung ins Glücksspiel bekannt ist, geht weiter.

Noch ist Zeit – Linda gibt sich eine Dröhnung TV Globo, um in Stimmung für noch mehr *alegria* zu kommen, macht sich Reis und Bohnen warm und fühlt sich schon ziemlich brasilianisch. Mit einem der letzten Busse fährt sie los und trifft João um Mitternacht an der Metrostation Praça Onze. Wieder ist er pünktlich, Linda kann es kaum glauben.

»Schau dich mal um, ich kann doch eine *gringa* hier nicht alleine warten lassen.«

Linda sieht sich um und muss zugeben, dass es hier wirklich recht gruselig ist: Es sind kaum Menschen auf der Straße und vor dem Centro in der Nacht war schon häufiger gewarnt worden. Sie gehen den fast menschenleeren, dunklen und mit Müll gepflasterten Weg zur Rua Marquês de Sapucaí und João singt leise »*Lá da Praça Onze à Sapucaí …*«. Linda gefällt die melancholische Melodie, sie hakt sich bei ihm unter und wird ein wenig traurig, wenn sie daran denkt, dass sie bald von ihrem neuen Leben in Rio Abschied nehmen muss.

Da taucht das legendäre Bauwerk in der Dunkelheit auf, umgeben von einer losen Masse farbenfroh kostümierter *sambistas*, die auf ihren großen Auftritt warten, untereinander scherzen, auf dem Bürgersteig mit ihrem Federhut in der Hand sitzen, sich gegenseitig die Bändchen zurechtrücken, die die knappen und komplizierten Konstruktionen an ihrem Körper stabilisieren sollen, während sie eine halbe Stunde lang mit ausgestreckten Armen defilieren und nichts mehr halten können, was abfällt.

Auf einer der ersten Tribünen suchen sich Linda und João einen Platz, was kein Problem ist, die Ränge sind nur spärlich besetzt. Wahrscheinlich sind es nur die Angehörigen der Defilierenden, die sich in der Nacht zum Aschermittwoch noch ins Sambódromo begeben. Linda gibt eine Runde Zuckerwatte und *guaraná* aus; Bier können beide nicht mehr sehen nach fünf Tagen, in denen sie ihren Flüssigkeitsbedarf hauptsächlich mit eiskaltem Itaipava gedeckt haben. Der *desfile* beginnt. Vorne die Fahnenträgerin, dahinter weitere schöne Frauen, die Percussion-Gruppe, der irre geschmückte Wagen, die *baianas* in ihren weiten weißen Kleidern und ganz hinten die einfachen Tänzer und Tänzerinnen, ganz gemischt in Alter und Geschlecht.

Der Samba geht gleich ins Ohr, er wird in einer Endlosschleife wiederholt, bis die ganze Kolonne vorbeigezogen ist, und dann kommt auch schon die nächste. Von den Texten versteht Linda nicht viel, nur immer wieder *alegria* – die Freude. Sie schaut sich ab, wie die anderen auf der Tribüne die *sambistas* anfeuern, und tut es ihnen gleich, João macht auch ein bisschen mit. Nach fünf Sambaschulen findet Linda, dass sich das Muster wiederholt. Immer mehr Menschen verlassen die Halle. Sobald die Sambaschule aus dem eigenen Viertel fertig ist, gehen sie. Und die restlichen Schulen tanzen fast nur noch für die Jury – schade um den ganzen Aufwand, den sie betreiben.

»*Vamos vazar?*« – Wollen wir gehen?, fragt sie João.

»*O primeiro ônibus sai às cinco*« – Der erste Bus fährt um fünf, erinnert João sie.

Linda seufzt. Noch zwei Stunden warten. Jetzt holt João *refrigerantes* (Softdrinks) und *pipoca* (Popcorn), sie setzen sich so bequem wie möglich hin und sehen dem Rest des *desfile* eher aus der Distanz zu.

»*Me deu uma melancolia*« – Ich werde melancholisch, stellt Linda fest.

»*Deve ser a tristeza da quarta-feira de cinzas*« – Das ist bestimmt die Traurigkeit des Aschermittwochs, meint João: »*Faz parte do Brasil também: tristeza, melancolia, saudade*« – Das gehört auch zu Brasilien: Traurigkeit, Melancholie, Sehnsucht. Schließlich sei Karneval als Revolte gegen das traurige Leben der Armen entstanden, sinniert er weiter.

»Ja, es war wohl zu viel Fröhlichkeit für mich«, versucht Linda die Gründe ihrer seltsamen Stimmung zu benennen. Sie lehnt sich zurück, schließt die Augen und dämmert ein bisschen.

»*Esses gringos sempre estão com sono*« – Diese *gringos* sind immer müde, beschwert sich João lakonisch, lehnt sich ebenfalls zurück und versucht trotz der galoppierenden Percussion zu entspannen und gleichzeitig Lindas Tasche im Auge zu behalten, die sie einfach achtlos neben sich gelegt hat.

Was ist diesmal schiefgelaufen?

Nicht allzu viel – höchstens Lindas übersteigerte Erwartungen an das Spektakel und ihre Unachtsamkeit am Ende, wo sie sich auf João verlässt, dass er auf ihre Tasche aufpasst. Eigentlich war es ja eine gute Idee, an dem Tag ins Sambódromo zu gehen, an dem man nichts zahlen muss. Aber nach den *blocos* weiß Linda, wie viel mehr Spaß Karneval machen kann, wenn man selbst mittendrin tanzt. Auch Joãos Freundschaft hat Linda vielleicht etwas überstrapaziert, er hatte ja offenbar keine besonders große Lust, zum *desfile* zu gehen, würde aber – ganz Brasilianer – niemals Nein sagen, wenn sie ihn fragt. Hätte er wirklich partout nicht mit gewollt, hätte er sich allerdings noch eine Ausrede einfallen lassen können, wie »meine Großtante ist gestorben«, und er wäre nach brasilianischer Etikette fein raus gewesen, ohne unhöflich zu sein.

Was können Sie besser machen?

Nach der *alegria* kommt unausweichlich irgendwann die *saudade* und die Katerstimmung. Deswegen auf den Karneval zu verzichten, wäre natürlich die völlig falsche Entscheidung. Bevor Sie sich eines der teuren Tickets für den *desfile* kaufen, denken Sie zweimal darüber nach, ob es sich für Sie wirklich lohnt. Die Stimmung an den Tagen der großen *desfiles* ist besser, und wenn Sie die Kostüme und Tänze einmal live erleben möchten, ist ein Besuch des Sambódromo eine schöne Erfahrung. Wenn Sie keine Lust auf ein Spektakel für Touristen haben, sondern volksnahen Karneval erleben möchten, können Sie sich den Eintrittspreis sparen und auf die kostenlosen *blocos* gehen. Außer dem Straßenkarneval in Rio sind, wie gesagt, auch die in Recife und Salvador sehr berühmt und empfehlenswert wegen ihrer noch ausgelasseneren *blocos* und der Musik, die weniger von Samba dominiert ist als von *forró* (traditioneller Paartanz aus dem Nordosten Brasiliens) und Percussion.

In jedem Fall sollten Sie vorsichtig sein: Linda allein wäre schnell Opfer eines Überfalls geworden. Taschendiebe sind generell und besonders zur Karnevalszeit sehr aktiv. Brasilianerinnen »umarmen« ihre Taschen häufig, um sie nicht so leicht aus den Händen gerissen zu bekommen. Es lohnt sich zudem, an weniger frequentierten Orten ein Taxi zu nehmen, auch wenn der Weg kurz ist.

Saudade

Dieses Wort zu definieren, ist eine undankbare Aufgabe, beharren portugiesischsprachige Menschen doch darauf, dass es unübersetzbar sei. Ganze Bücher wurden neben unzähligen Gedichten und Liedtexten schon zu diesem Begriff und dem zugehörigen Gefühl verfasst. Mit *saudade* drückt sich eine Melancholie und Sehnsucht aus; gerade in der Seefahrernation Portugal und bei den ersten Siedlern in Brasilien mischte sich das Vermissen von etwas unwiederbringlich Verlorenem in das Gefühl. Eine verlorene Liebe kann *saudade* ebenso auslösen wie Heimweh oder einfach die Gewissheit am Ende des Karnevals, dass man nun wieder ein Jahr warten und hart arbeiten muss, bis die *alegria* von vorne losgeht.

42 Linda singt zum Abschied »Prost Prost, Kamerad«

Wie doch noch alles gut wird

Was dieses Land zusammenhält, hat Linda sich in den letzten Wochen vor ihrer Abreise gedacht, ist die Lust am Feiern. Von der hat sie sich gründlich anstecken lassen. Und sie möchte ihren Freunden danken für die lustigen Tage und Abende, für die Geduld mit ihren seltsamen deutschen Eigenheiten und ihrem radebrechenden Portugiesisch. Lindas Plan für eine Revanche heißt: *festa de despedida* (Abschiedsparty).

Nach dem Motto »gut geplant, ist halb gefeiert« kündigt sie einen Monat vorher in ihren Klassen an: »Am dreißigsten März werde ich meinen Abschied von Brasilien feiern. Hier in der Sprachschule. Sagt mir bitte bis zum zwanzigsten Bescheid, damit ich weiß, wie viele Leute kommen.«

Die Klasse kichert leise. Aber Linda lässt sich nicht beirren. Als Lehrerin kann sie ja davon ausgehen, dass ihre Schüler nachfragen, wenn sie etwas nicht richtig verstanden haben. Ihre Gastfamilie plus Anverwandte und ihre Kollegen aus der Sprachschule hat sie auch alle pünktlich eingeladen, und ihre Privatschüler natürlich auch. Dann kann ja nichts mehr schiefgehen.

Drei Tage vor der Feier hat sich noch niemand gerührt. Das ist bestimmt wieder die brasilianische Nicht-absagen-können-Höflichkeit, denkt sich unsere Deutsche und plant ein, dass alle kommen. Um Speis und Trank zu besorgen, macht sich Linda auf in den *hipermercado*, der noch viel größer ist als der gewöhnliche *supermercado*. Die letzten Monate hat sie die Einkaufspaläste umgehen können, weil sie einfach gegessen hat, was sie im Kühlschrank oder auf dem Esstisch vorfand. Praktisch. Snacks hat sie sich immer in den kleinen *quiosques* gekauft.

Im *hipermercado* BIG angekommen sieht sie: Der Name ist Programm. Alles ist groß und breit und lang und hoch. Wo soll sie denn da ihre paar Zutaten für die Reibekuchen mit Schinken und Apfelmus finden? Zum Glück hat sie eingeschweißtes Schwarzbrot ja schon aus Pomerode mitgebracht. Aber nur das ist ja auch ein wenig eintönig. Und trocken. Sie rennt die langen Regalreihen entlang, findet in der großflächigen Gemüse- und Obstabteilung einen Riesensack Kartoffeln – wie soll sie den nur schleppen? – und Äpfel. Es gibt zwei Sorten: Eine heißt *maçã* (Apfel), die andere *maçã importada* (importierter Apfel). Da man für den Zusatz *importada* doppelt so viel zahlt, entscheidet sich Linda für die heimischen Früchte.

Als alle Artikel aus Lindas Einkaufsliste im Einkaufskorb liegen, sucht sie die Kasse auf. Zwischen einer bedrohlich langen Schlange vor einer Kasse, bei der man nur zehn Teile kaufen darf, und vielen kurzen Schlangen, in denen die Einkaufskörbe bis oben gefüllt sind, erhascht sie eine Kasse, an der lediglich ein älterer Herr, der sich kaum auf den Beinen halten kann, schon beim Bezahlen ist. Was für ein Glück! Sie legt ihre Einkäufe aufs Band und beobachtet interessiert, wie die Kassiererin alles eintippt. Währenddessen stellt sich eine Frau mit schreiendem Kleinkind auf dem Arm hinter ihr an und guckt Linda genervt zu. Dann zahlt Linda, um im nächsten Moment einen Berg an gepackten Plastiktüten in ihrem Einkaufskorb zu entdecken. Wo kommen die denn her? Jetzt erst sieht sie, dass an allen Kassenbändern junge Männer und Frauen mit den gleichen T-Shirts bekleidet stehen und Tüten packen – fast für jeden Artikel, den Linda gekauft hat, eine. Welch eine Umweltsünde, denkt Linda, und wie soll sie die schweren Kartoffeln in den dünnen Tüten überhaupt heimschleppen? Sie stellt sich neben den packenden Mann, schüttelt den Kopf und sagt freundlich: »*Não precisa*« – Das ist nicht nötig, um dann selbst alle Tüten wieder auszupacken und die Einkäufe in ihrem Rucksack und Jutebeutel – den sie immer bei sich hat – zu verstauen. Die Plastiktüten gibt sie dem Einpacker wieder. Der hat jede ihrer Bewegungen mit zunehmendem Unverständnis verfolgt.

Auf dem Parkplatz, den sie zur Bushaltestelle laufend überquert, bemerkt sie die vielen herumliegenden Tüten. Na super, und ich hab' mir die ganze Mühe gemacht, das alles umzupacken, um ein paar Tüten zu sparen, und andere werfen sie in Massen auf den Boden.

Der große Tag des Abschieds. Ihre *festa de despedida* geht gleich los, und Linda rödelt noch im Hof der Sprachschule, um alles vorzubereiten. Langsam trudeln ihre Gäste ein. Marcelo steht schon am Buffet und beäugt seit mehreren Minuten misstrauisch einen Reibekuchen.

»Probier mal das Apfelmus dazu. Das schmeckt zusammen am besten«, erklärt Linda.

Er nimmt all seinen Mut zusammen, tut sich auf, macht einen herzhaften Biss und verzieht eine Sekunde später das Gesicht: »Das ist ja süß und deftig zusammen!«

»Ja, klar, darum schmeckt es ja so gut.«

In dem Moment kommt João, und Linda stürmt zu ihm, um ihn zu begrüßen. Darum sieht sie auch nicht, dass Marcelo den Teller unauffällig in eine Ecke stellt. Linda blickt sich um. Alle stehen da oder sitzen auf den Plastikstühlen, aber so wirklich gut zu amüsieren scheinen sie sich nicht. Ob ihnen das Essen nicht schmeckt? Oder ob sie müde sind?

Kurz darauf stürmt Diegão in den Hof: »*Oi pra todos! Que reunião é essa?*« – Hallo zusammen! Was ist denn das für eine Versammlung? »Wo ist das Essen? Und wo die Musik?«

Schulterzucken allerseits.

»Das müssen wir ändern. Marcelo, hol mal deine Anlage!«, fordert er den Leiter der Sprachschule auf. Und so bauen João und Marcelo die Musikanlage auf, während Diegão wieder verschwindet. Mit dem ersten Ton lockern sich die Gesichtszüge aller. Diegão kommt wieder, diesmal mit seiner gesamten Familie im Gefolge, deren Mitglieder je nach Körpergröße und Kraft Bierhumpen und Bierfässer tragen.

»Jetzt wird richtig deutsch gefeiert!«, verkündet Lindas Musterschüler laut. Er stellt sich persönlich an den Zapfhahn. Nach einiger Zeit tanzen sie sogar, Diegão und Terezona, Ana Paula, Edo und Mano mit ihren Frauen, Afonso und Daniela. Auf einmal scharen sich alle um Linda. Sie soll etwas sagen. Verlegen steht sie da, solche Situationen mag sie ja gar nicht.

»Sag was auf Deutsch!«, ruft ihr Ana Paula aufmunternd zu. Linda fällt nur ein Trinkspruch ein, der wohl seit Jahren unentdeckt in ihr geschlummert hat, damit sie ihn hier zum Besten geben kann: »Prost Prost, Kamerad, Prost Prost, Kamerad, wir wollen einen heben«, hört sie sich selbst singen und kann es kaum glauben. Die Gruppe versucht schon bei der ersten Wiederholung einzusteigen, ein ulkiges deutsch-portugiesisches Lallen ist das Resultat, dass sowohl Linda als auch ihre Gäste zum Lachen bringt.

Aufgelockert verkündet Linda nun in einer lauten Stimme, die sie gar nicht von sich kennt: »Ich will euch allen danken! Es war eine so unglaublich gute Zeit mit euch. *Eu amo o Brasil* – Ich liebe Brasilien!« Alle klatschen und pfeifen, sie bekommt von irgendwoher von irgendwem einen Schnaps gereicht, die Musik wird immer lauter und die Leute beginnen, sie der Reihe nach beiseitezunehmen, ihr auf die Schulter zu klopfen und für die Zukunft *paz e amor* (Frieden und Liebe) zu wünschen. Nur langsam löst sich der Kreis wieder in kleine Gruppen auf. Linda ist wie betäubt.

Da sieht sie Marcelo, der mit Wagner und Washington in einer Ecke sitzt und einen Teller *arroz e feijão* isst. Was soll das denn?, fragt sich Linda, muss dann aber doch über die brasilianischen Essensgewohnheiten schmunzeln. Wo kein Reis dabei ist und keine Bohnen dran sind, das ist einfach keine Mahlzeit. Immerhin lächeln Gertrude und ihre Töchter beim Reibekuchenessen selig vor sich hin und unterhalten sich angeregt mit Lucia, während Milton ein Auge auf Terezona geworfen zu haben scheint und sie jetzt eng umschlungen über die Tanzfläche wirbelt. Die beiden sind dann auch die Ersten, die sich verabschieden und Arm in Arm die Sprachschule verlassen. João und Linda suchen gleichzeitig Blickkontakt und müssen lachen.

»Ich komme nachher noch mit zu dir, wenn das okay ist. Wir müssen uns ja noch richtig verabschieden, und ich wollte dich auch noch was fragen«, sagt er.

»*Legal*, da freu ich mich.«

Dann fügt er noch hinzu: »*Desculpe qualquer coisa!*«

Was heißt das denn jetzt schon wieder? Aber das mag sie lieber nicht fragen.

Was ist diesmal schiefgelaufen?

Linda hat einige Zeit in Brasilien verbracht und einen Teil ihrer Erfahrungen auch schon verinnerlicht. Es war absolut richtig, ihren Abschied zu feiern. Sie hat auch daran gedacht, dass wahrscheinlich keiner sofort absagen würde, wenn sie die Einladung ausspricht. Aber dass sie gar keine Rückmeldung bekommt, hatte sie dann doch nicht eingeplant. Genauso wenig, wie sie ahnte, dass jemand den Termin vergessen könnte, nur weil sie ihn zu früh ankündigt hat.

Der genervte Blick der Mutter mit Kleinkind in der Supermarktschlange ist übrigens verständlich: Linda hat das Schild mit der Aufschrift *prioritária* (wörtlich: vorrangig) ignoriert.

Schlange stehen

Nicht nur im riesigen Supermarkt, sondern auch bei der Bank, der Post und auf dem Amt ist Geduld angesagt. Das Schlangestehen, *pegar fila*, ist fest im brasilianischen Alltag verankert und daher auch oft durch das Ziehen von Platznummern (*senha*) organisiert – besonders übrigens in kleinen Läden, die wenig Raum für ein geordnetes Anstehen bieten. Zudem fordert ein brasilianisches Gesetz aus den 90er-Jahren, dass Personen mit kleinen Kindern, ältere Menschen, Schwangere, Fettleibige und Menschen mit Behinderungen vorrangig behandelt werden müssen. Dies wurde mit *filas prioritárias* und gesonderten Sitzen im Bus umgesetzt.

Im Supermarkt war Linda bislang noch nie gewesen, irgendwie hatte es dazu keinen Anlass gegeben. Sie hatte sich in den kleinen Lädchen zwar schon immer gewundert, dass es zu jeder Tafelschokolade, die sie kaufte, eine Tüte gab, aber an der Kasse die Plastiktüten jetzt regelrecht aufgedrängt zu bekommen, damit hatte sie dann doch nicht gerechnet.

Das Essen kam nicht ganz so gut an, wie Linda es sich erhofft hatte. Das konnte sie beim Aufräumen sehen, weil so viele Reibekuchen übrig geblieben waren, die Chips dagegen alle aufgegessen. Die Gäste zeigten sich erst etwas enttäuscht, dass so wenige Leute da waren – dabei kamen alle, die Linda kennt. Die Feier hat sich somit eher als eine *reunião* (wörtlich: Versammlung) denn als eine Party qualifiziert.

Was können Sie besser machen?

Wenn Sie im Supermarkt einkaufen und wirklich keine Plastiktüten bekommen möchten, sagen Sie das dem jeweiligen Verpacker, bevor er die Tüten gefüllt hat. Die Packer helfen Ihnen auch, die Tüten zum Auto zu bringen und dort zu verstauen. In diesem Fall ist ein Trinkgeld angebracht.

Tun Sie es Linda gleich und feiern Sie Ihren Abschied mit den Menschen, die Sie in Brasilien kennengelernt haben. Das ist nicht nur passend zur brasilianischen Partytradition, sondern wird geradezu von Ihnen erwartet. Es ist auch eine gute Möglichkeit, sich bei allen zu bedanken, und außerdem gut für die »Psychohygiene«, sodass Sie sich auch innerlich von diesem spannenden Land verabschieden können. Passend dazu gibt es einen Ausdruck, den João Linda mit auf den Weg gegeben hat: *Desculpe qualquer coisa!* Er bedeutet in etwa »Entschuldige, falls irgendetwas gewesen sein sollte« und dient dem Bereinigen aller zwischenmenschlichen Missverständnisse oder Unannehmlichkeiten, die sich bei derart unterschiedlichen Kulturen gar nicht vermeiden lassen und von denen man insgeheim weiß oder die aufgetreten sein mögen, ohne dass man es bemerkt hat.

Wenn Sie eine Verabredung mit jemandem ausmachen oder eine Einladung aussprechen, muss das nicht Wochen im Voraus passieren, auch nicht für eine Feier. Es wird sogar als abweichend und ein wenig albern wahrgenommen. Sollten Sie dies doch tun wollen, so erinnern Sie die Geladenen kurz vorher noch einmal an die Verabredung. Langfristiges Planen ist in Brasilien nicht so verbreitet wie bei uns und kann darum ohne böswilliges Zutun einfach vergessen werden. Im Gegenteil: Sie können sich darauf verlassen, dass Ihre brasilianischen Freunde auch kurzfristig in Feierlaune kommen.

Epilog

Im Laufe der Nacht verabschieden sich die Gäste mit großer Geste, herzlichen Umarmungen und den besten Wünschen. Linda schreibt allen ihre Adresse auf und überzeugt sie davon, so schnell wie nur möglich mal nach Köln zu Besuch zu kommen, am besten zu Karneval. Sie lässt sich in einer Sektlaune sogar noch dazu verleiten, eine CD aus der Heimat einzulegen und zu tanzen. Diegão greift sie sofort bei der Hüfte und kann diesen erfundenen deutschen Tanz noch viel besser als Linda. Seine Frau verdreht die Augen. Die letzten Gäste können sich kaum mehr gerade auf den Beinen halten, doch sie imitieren sofort den etwas skurrilen und behäbigen Tanz und vermischen ihn mit ihren Sambagewohnheiten. Nur João tanzt nicht. Linda hat ihn überhaupt nie tanzen sehen und findet es ganz amüsant, dass sie sich ausgerechnet mit einem der so raren schüchternen Brasilianer angefreundet hat. Dafür ist er noch da, als die anderen sich schon auf die Autos der letzten nüchternen Gäste verteilt haben, und hilft beim Aufräumen.

Als sie fertig sind, werden sie von Marcelo und Patrícia mit nach Grajaú genommen, wo schließlich noch ihr Gepäck steht. Das Paar verabschiedet sich zum Schlafengehen und gleichzeitig endgültig, weil Linda schon in wenigen Stunden zum Flughafen muss. Sie haben alle drei feuchte Augen. Linda beteuert, wie supergut es ihr bei ihnen gefallen hat, die beiden umarmen sie mit aller Kraft und betonen, sie fänden es schade, dass ihr Sohn schon verheiratet sei, er hätte sie doch sonst heiraten können.

Als Linda sich nach dieser emotionalen Verabschiedung müde in den Wohnzimmersessel fallen lässt, zieht João drei Bücher hervor: »Kannst du mir mit den Vokabeln helfen?«

Linda schaut verwundert. Er will tatsächlich um vier Uhr morgens noch Hilfe bei seinen Nietzsche-Übersetzungen? Das also war es, was er sie noch fragen wollte. Hauptsache in der letzten Minute. »*Esses brasileiros*« – Diese Brasilianer, seufzt Linda.

»Dafür habe ich dir eine *coletânea* (Sammlung) mit meinen Lieblingsliedern aus dem Karneval zusammengestellt.« Er zieht einen USB-Stick aus der Tasche. Linda holt ihr Notebook, sie tauschen Musik und erörtern Vokabeln, bis es hell wird.

João begleitet sie zum Bus, hilft ihr beim Tragen das Gepäcks, und so trotten sie mit dem scheuen Blick der Übernächtigten und dem Wissen um ihren baldigen Abschied durch die ersten heißen Strahlen der Morgensonne. Sie umarmen einander lange und versprechen sich, übers Internet Kontakt zu halten. João weicht nicht von der Stelle, bis Linda bequem im Bus sitzt, und winkt und winkt, bis Linda ihn nicht mehr sehen kann.

Vom Flugzeugfenster aus sieht sie ein letztes Mal auf die Guanabara-Bucht herab, auf den *cristo redentor*, der in malerischem Morgennebel liegt. Zum *vorerst* letzten Mal, denkt sie sich. Wiederkommen will sie so schnell wie möglich. Von einer mächtigen Welle Melancholie überfallen (das muss *saudade* sein) packt sie ihren MP3-Player aus und hört die *coletânea* an Karnevalsliedern, die João ihr zusammengestellt hat. Es fängt an mit einem furchtbar traurigen Samba von Cartola. Linda seufzt, sie kennt das Lied und singt kaum hörbar mit: »*Rir para não chorar*« – Lachen, um nicht zu weinen.

Die Flugbegleiterin kommt mit dem Getränkewagen angerattert: »*Uma bebida para a senhora?*« – Ein Getränk für Sie?

Linda schaut auf die Tetrapaks: »*Um suco de goiaba, por favor*« – Einen Guavensaft, bitte. Schließlich würde es bald wieder nur die Wahl zwischen Apfel- und Orangensaft geben.

Das Pärchen neben ihr wird auf Englisch nach dem Getränkewunsch gefragt. Bin ich etwa zum ersten Mal als Brasilianerin durchgegangen?, fragt sich Linda erstaunt. Sie schaut an sich herab: Sie trägt Ohrringe aus tropischen Baumsamen, die sie einem Hippie am Strand abgekauft hat, ein gelbes Synthetik-Oberteil, knallenge Stretchjeans mit tiefsitzendem Bund und ihre neuen Lieblingsschuhe, diese pinken Plastiksandalen von der Marke Melissa. Alles hat sie sich in Rio gekauft, um nicht so sehr als *gringa* aufzufallen. Außerdem hat Patrícia ihr für die Abschiedsparty die Haare geglättet, und von den paar Nachmittagen, die sie am Strand verbracht hat, ist sie ganz schön gebräunt. Verstohlen blickt sie auf das Paar neben sich: Die Funktionskleidung hängt lose an ihren bleichen Körpern, der Mann hat riesige Ledersandalen an und die Frau trägt eine Kordhose, die ihr bestimmt auch zwei Größen kleiner passen würde.

Linda schaut lieber wieder aus dem Fenster. Sie freut sich auf ihre Familie und ihre Freunde, aber diese bleichen Menschen, überhaupt dieses ganze deutsche Bild, das verglichen mit Brasilien wie einmal mit Deckfarbe überstrichen wirkt, macht ihr das Herz schwer. Hatte nicht ihr Sitznachbar Rodrigo auf dem Hinflug gesagt, er vermisse die *alegria*, die Fröhlichkeit? So würde es ihr auch gehen. Aber sie weiß immerhin, dass sie *saudade* auch in Deutschland fühlen kann, dass sie dieses Gefühl so absorbiert hat, dass es sie nicht mehr verlassen wird. Sie stellt sich vor, wie sie das in die Kamera sagt als Figur in einer Telenovela. Der Figur müssten Tränen in den Augen stehen, an die die Kamera ganz nah heranfährt, dann würde der Abspann mit einem melancholischen Samba von Cartola einsetzten.

Da muss Linda schon wieder schmunzeln.

Danksagung

Tausend Dank unseren lieben Familien für ihre Unterstützung und Marita, ohne die wir nie auf die Idee gekommen wären, dieses Buch zu schreiben.

Wir danken Julia Kaufhold für die Begleitung des Schreibprozesses.

Com carinho agradecemos ao Júlio e ao Thomaz.

Glossar

Ein Großteil des Charmes des brasilianischen Portugiesisch liegt in seinen Wortschöpfungen und dem kulturellen Gehalt, mit dem viele Wörter aufgeladen sind. Worüber Sie wie Linda früher oder später stolpern könnten, finden Sie hier im alphabetischen Überblick.

água de coco	Kokoswasser aus der noch grünen Kokosnuss; Betonung auf dem ersten o, da *cocô*, also mit Betonung auf dem zweiten o, übersetzt »Fäkalie« heißt
alegria	Fröhlichkeit; wird nicht nur zu Karneval beschworen und zelebriert
aproveita!	Genieße es/Ergreife die Chance! Diese Aufforderung wird Reisenden gerne mit auf den Weg gegeben; sie muss sich auf nichts Spezielles beziehen
arroz, feijão e carne	Reis, Bohnen und (Rind-)Fleisch; typisch brasilianisches Mittagessen
Assembléia de Deus	eine der freien evangelikalen Kirchen, die in den letzten Jahrzehnten wie Pilze aus dem Boden schießen; ob sie als Sekten anzusehen sind, ist umstritten; sicher ist, dass sie Wirtschaftsunternehmen sind und ein radikal-konservatives Christentum vertreten

baiana	Frau aus dem Bundesstaaat Bahia und folkloristische Figur der kräftigen schwarzen Frau in weißem Kleid; *baianas* trifft man vor allem im Nordosten, z.B. als Verkäuferinnen von traditionellem Essen, oder in den Karnevalsumzügen von Rio de Janeiro
bandeira um/dois	Taxitarife; *bandeira um* ist der günstige Tarif tagsüber an Werktagen, der teurere Tarif *bandeira dois* gilt abends, am Wochenende und an Feiertagen
beleza	Schönheit; auch positive Antwort auf die Frage *tudo bem?* (alles gut?); manchmal lässig *belé* abgekürzt
berimbau	Schlaginstrument mit einer Saite, das beim Kampftanz *capoeira* zur rhythmischen Begleitung dient
bloco carnavalesco	Karnevalsumzug mit einem Musikwagen, um den die Leute auf der Straße tanzen
bonde	Straßenbahn; gibt es nur in wenigen Städten
boteco	Straßenkneipe
brigadeiro	Süßigkeit; Kugel aus gezuckerter Kondensmilch und Kakaopulver
cachaça	Zuckerrohrschnaps; wird sowohl pur getrunken als auch in *caipirinha*
cachorro quente	Hot Dog; wörtlich wie im Englischen: heißer Hund
Cadastro de Pessoa Física	wörtlich: »Registrierung natürlicher Personen«, entspricht in etwa der deutschen Umsatzsteuer-Identifikationsnummer; kurz *CPF*
cafezinho	starker Kaffee in kleiner Menge; wörtlich: Käffchen

caipirinha	brasilianisches Nationalmixgetränk aus *cachaça* (Zuckerrohrschnaps), Limettensaft, Zucker und Eis; in Brasilien finden sich unzählige Caipirinha-Varianten; wörtlich: kleine Bäuerin
camelô	fliegender Händler/Basarhändler
Candomblé	afrobrasilianische Religion, die vor allem im Nordosten praktiziert wird
canga	brasilianisches Strandtuch/Pareo, das auch als Rock, Kleid, Schal usw. genutzt werden kann
capoeira	Akrobatische Mischung aus Kampf und Tanz; bei der *Capoeira Angola* liegt der Fokus auf dem Spielerischen; *Capoeira Regional* hat sich stärker in Richtung anderer Kampfsportarten entwickelt
carioca	Bezeichnung für die Bewohner Rio de Janeiros; das Wort soll seinen Ursprung in einer indigenen Sprache haben und wörtlich »die, die in Steinhäusern wohnen« bedeuten; Indigene lebten im heutigen Rio anfangs neben den Kolonisatoren und ihnen war der Brauch in Steinhäusern zu leben fremd
carnaval	Karneval; das größte Fest Brasiliens im Februar oder März
carne de sol	Dörrfleisch; ist in Salz getrocknet und hält sich auch ohne Kühlung sehr lange
carona	Anhalter/Mitfahrgelegenheit; brasilianisch-institutionalisierte Form, Bekannte und Freunde mit dem Auto mitzunehmen
cartão telefônico	Telefonkarte; sowohl fürs Handy als auch für Telefonzellen

chamada a cobrar	R-Gespräch: Telefongespräch, bei dem der Angerufene die Kosten trägt
chinelos	Flipflops/Badesandalen; gerne und oft von jedem/r getragen; manche öffentliche Gebäude dürfen allerdings nur mit festem Schuhwerk betreten werden
chope	Fassbier
churrascaria	Restaurant, in dem man vor allem Gegrilltes in rauen Mengen isst, in Deutschland auch unter dem Begriff »Rodizio« bekannt
churrasco	Grillen mit Freunden; eine der beliebtesten Freizeitbeschäftigungen der Brasilianer
celular	Handy/Handynummer; wird *cel* abgekürzt
cobrador	Kassierer im Bus; bei ihm und nicht beim Fahrer bezahlt man beim Einstieg die Busfahrkarte
cocada	Süßigkeit aus Kokosnuss und Zucker
colônia/Colônia	Kolonie: von deutschen Einwanderern gegründete Gemeinschaften im Süden Brasilien; groß geschrieben: Köln
comida a kilo	gibt es im *restaurante a kilo*, wo das »Essen pro Kilo« abgewogen und kiloweise bezahlt wird
complemento	Beilage zum Essen; z.B. Gemüse oder Salat
Complexo do Alemão	Zusammenschluss verschiedener Favelas im Norden Rios; wörtlich: Bereich des Deutschen
comunidade	Gemeinschaft/Gemeinde; damit sind besonders arme Stadtviertel gemeint (keine Kirchengemeinden); dieser Begriff klingt nach sozialem Engagement und nicht wie Favela nach Problemen

condomínio fechado umzäunte und bewachte Wohnanlage für Reiche

Copacabana Stadtviertel und Strand im südlichen Rio de Janeiro

Corcovado berühmter Berg in Rio de Janeiro, auf dem die riesige Christusstatue (*cristo redentor*) steht

cuíca heulendes und quietschendes Sambainstrument

desculpe qualquer coisa! Entschuldige, falls irgendetwas gewesen sein sollte!; vorsorgliche oder nachträgliche Entschuldigung, wenn man nicht weiß, ob man etwas falsch gemacht hat; im Umgang mit Fremden ein häufig verwendeter Ausdruck

desfile Umzug oder Vorbeimarschieren, z.B. der Sambaschulen zu Karneval

é! so ist es!; Ausspruch der Zustimmung, auch gerne als Füllwort verwendet; wörtlich: (er/sie/es) ist

empregada doméstica Hausangestellte; umgangssprachlich oft nur *empregada*

estratégia de »branqueamento« heißt wörtlich »Strategie des Bleichens«; bestimmte Ende des 19. Jahrhunderts bis in die 1940er-Jahre die Einwanderungspolitik Brasiliens; man versprach sich, dass sich durch die Mischung von europäischen Einwanderern mit den als minderwertig betrachteten Mestizen die schrittweise »Aufhellung/Weißwerdung« der Bevölkerung

evangélica entspricht dem deutschen evangelikal/pfingstkirchlich

fantasia Verkleidung; viel weniger verbreitet als im deutschen Karneval

favela	Elendsviertel/Slum/nicht geplante und genehmigte Siedlung in Großstädten
feijoada	traditionelles Gericht/Nationalgericht Brasiliens; Eintopf mit u.a. schwarzen Bohnen und Fleisch, darunter Trockenfleisch und verschiedene Körperteile von Tieren
festa de despedida	Abschiedsfeier
ficar	eine Art von Beziehung mit sexueller Betonung ohne gegenseitige Verpflichtungen; wörtlich: bleiben/ verweilen
fica à vontade!	Mach es dir gemütlich!/Fühl dich wohl!
funk carioca	Musikrichtung aus den Favelas Rios, die im Deutschen oft mit »Rio Funk« übersetzt wird und auf *bailes*, den dazugehörigen Partys, gespielt wird
gaúcho	(Eigen-)Bezeichnung der Bevölkerung des äußersten Südens; Reiter und Viehzüchter, also die Cowboys Brasiliens
gíria	Umgangs- bzw. Gaunersprache, die ständig im Wandel ist
gostoso/a	lecker; bezeichnet Essen und schöne Menschen
gorjeta	Trinkgeld; üblich bei Hotelangestellten, im Taxi nur zum Aufrunden einer ungeraden Summe und in der Gastronomie in der Regel gar nicht
gringo/a	weiße/r Ausländer/in; wird selten negativ verwendet, eher als Entschuldigung für ein ungewöhnliches Verhalten
Guanabara	Bucht von Rio de Janeiro; an ihr liegen die Viertel Botafogo und Flamengo

guaraná	Lianengewächs aus dem Amazonasgebiet und populärer Softdrink; in Pulverform hat es aufputschende Wirkung, als Softdrink ist es nur noch süß
indígenas/índios	Indigene (politisch korrekte Bezeichnung)/Indianer (abwertend, aber noch häufig zu hören)
Ipanema	wohlhabendes Viertel und Strand im südlichen Rio de Janeiro
jeitinho brasileiro	Lebensmotto der Improvisation und des »wir finden schon einen Weg«; typischerweise finden darin zwei Personen einen Weg, zum beiderseitigen Vorteil der staatlichen Bürokratie zu entgehen; wörtlich: kleines brasilianisches Art und Weischen
lanchonete	Imbiss oder sehr günstiges kleines Restaurant am Straßenrand, wo man den ganzen Tag und bis in die Nacht Essen und Trinken bekommt
leite condensado	dickflüssiger und süßer als deutsche Kondensmilch; wird nicht zum Süßen von Kaffee, sondern als Süßigkeit verwendet
malandro	Lebemann/Gauner; brasilianischer National(anti)held
mandioca (frita)	Maniok, kartoffelähnliches Wurzelgemüse; frittiert (*frita*) wird sie wie Pommes frites als Snack serviert
Maracanã	Stadtviertel in Rio de Janeiro und Name eines der größten Fußballstadien der Welt
marchinha	Musikrichtung, die der portugiesischen Marschmusik (*marcha*) entlehnt ist und in Rio Anfang des 20. Jahrhunderts traditionell zu Karneval gespielt wurde

moreno/a	Menschen mit (leicht) dunkler Hautfarbe; eine vorsichtige und positiv konnotierte Bezeichnung
motel	Stundenhotel; Achtung, nicht Raststätte!
morro	Hügel; in Rio wird *morro* gleichbedeutend mit Favela verwendet, da sich Favelas an und auf den Hügeln der Stadt befinden
namoro	eine feste Beziehung
naturismo	FKK-Baden; nach wie vor ein Tabu
negro/a	schwarz; auch respektvolle Bezeichnung für Schwarze, vgl. *preto/a*
obrigado/a	danke; Männer bedanken sich mit *obrigado*, Frauen mit *obrigada*; wörtlich: verpflichtet
oi	hallo; auch »ja?«, wenn jemand nach einem ruft
ordem e progresso	Ordnung und Fortschritt – Inschrift der brasilianischen Flagge
orelhão	öffentliches Telefon in Haubenform; wörtlich: Riesenohr
Orixás	Götter der Religionen Candomblé und Umbanda, die jeweils einem Heiligen des Katholizismus zugeordnet sind; Iemanjá (oder Yemanjá) ist z.B. die Herrin des Meeres und entspricht der Maria im Katholizismus
Orkut	soziales Netzwerk im Internet (wie Facebook); weit verbreitet in Brasilien
Pão de Açúcar	Zuckerhut; Granitfelsen und touristische Attraktion in Rio de Janeiro; wörtlich: Zuckerbrot
pastel	frittierter Blätterteig gefüllt z.B. mit Käse oder Hackfleisch; nicht zu verwechseln mit dem portugiesischen süßen *pastel*

paulista	Bewohner São Paulos, sowohl der Stadt als auch des Bundesstaats
piranha	aasfressender Fisch mit scharfen Zähnen, aber auch eine Frau mit hohem Verschleiß an Männern oder Transvestiten (meist an Karneval)
Polícia Federal	Bundespolizei; ist für Zollkontrollen, Visa u.a. Belange von Touristen und Einwandern zuständig
Polícia Militar	Militärpolizei; ihre Aufgabe ist die Verbrechensbekämpfung, ihr Auftreten ist als martialisch berühmt-berüchtigt
polpa	Fruchtmark; wenn Säfte nicht frisch gepresst sind, wird zumeist darauf hingewiesen, dass sie aus (Tiefkühl-)*polpa* gemixt werden
posto de saúde	staatliches medizinisches Versorgungszentrum
prazer	Vergnügen
com prazer	gern/mit Vergnügen
muito prazer!	freut mich sehr!; wenn man eine neue Bekanntschaft macht
preconceito	Vorurteil; bezeichnet im täglichen Sprachgebrauch speziell Rassismus
preto/a	schwarz; pejorativer Ausdruck für Schwarze, vgl. *negro/a*
que legal!	super!/cool!; wörtlich: wie gesetzlich!
quente	heiß/warm; aber auch: scharf
que maravilha!	wie wunderbar!/wunderschön!; Adjektiv: *maravilhoso/a*
quilombos	verfolgte Gemeinschaften entflohener Sklaven
quiosque	Kiosk
Real	inzwischen stabile brasilianische Währung; Plural: Reais

Rede Globo	Medienimperium, dessen Herzstück der populäre Fernsehsender *Globo* ist
república	Republik; bezeichnet auch eine Wohngemeinschaft (WG)
reunião	Versammlung; umgangssprachlich eine kleine Privatparty (mit weniger als 50 Gästen)
Rio/rio	groß: Kurzform der Stadt Rio de Janeiro; klein: Fluss
roda de samba	eine Sambarunde; bezeichnet auch eine Feier, auf der Samba gespielt wird
saída pela direita	Flucht über die Flanke; ein eleganter, sozial akzeptierter Abgang durch eine Ausrede
saideira	letztes Bier oder letzte Runde beim Kartenspiel vorm Nachhausegehen
salão de beleza	Schönheitssalon; dort wird u.a. *depilação* (Enthaarung) und *manicure* (Maniküre) angeboten
salgado/salgadinho	herzhafter Snack
samba	brasilianischer Musik- und Tanzstil; die Musik ist erkennbar durch den synkopischen Rhythmus, der Tanz zeichnet sich durch schnelle Bewegungen der Beine und Füße aus, während Hüften und Oberkörper locker, aber ruhig bleiben; kann sowohl als Paar als auch alleine getanzt werden
Sambódromo	Austragungsort der Sambawettbewerbe an Karneval
saudade	viel besungene und eigentlich unübersetzbare Sehnsucht/Melancholie; fester Teil des brasilianischen Lebensgefühls
saúde!	Gesundheit! (wenn jemand niest)/ Prost!

sunga	Badehose für Männer
(tele)novela	melodramatische Fernsehserie; ist besonders unter Frauen aller Schichten höchst beliebt
torcer	jemanden anfeuern; Fan eines (Fußball-)Teams sein
tudo bem?	anstatt »wie geht es dir?« fragt man in Brasilien »alles gut?«. Antwort: *tudo (bem)!*
Umbanda	afrobrasilianische Religion; dem Katholizismus näher als Candomblé
valeu	lässige Form, Danke zu sagen; wird besonders unter jungen Leuten gern anstelle des umständlichen *obrigado/a* verwendet
volta	Runde; mit *vamos dar uma volta* meint man »lass uns eine Runde (durch die Stadt) drehen«; in Kleinstädten heißt das häufig, man fährt mit dem Auto mehrmals durch den Ortskern

Murat Topal
BERLIN
Ich hab noch einen Döner an der Spree – ein Heimatbuch
ISBN 978-3-934918-84-9

© Print 6 by Katja Renner

Locker und lehrreich präsentiert Murat Topal in amüsanten Episoden voll Multikulti, Action und Augenzwinkern sein ganz persönliches Berlin.

Murat Topal, Deutsch-Türke und gebürtiger Berliner, arbeitete zehn Jahre lang als Polizist im Bezirk Kreuzberg, bevor er sich ganz dem Dasein als Comedy-Künstler widmete. Bekannt ist er unter anderem durch Auftritte in verschiedenen TV-Sendungen und durch die Serie *Spezialeinsatz*, in der er die Hauptrolle spielt. Seit Februar 2011 tourt er mit seinem dritten abendfüllenden Bühnenprogramm *MultiTool – Der Mann für alle Fälle* durch Deutschland.

»Ein Buch, aufgebaut wie ein Sketch des Comedian: Locker und amüsant.« (Kieler Nachrichten)

»Das neueste Buch des erfolgreichen Comedians zeigt Berlin, wie es wirklich ist. Murat Topal präsentiert dem Leser kurzweilige Episoden voller persönlicher und lustiger Berlin-Erlebnisse.« (suite101)

Die *Heimatbuch*-Reihe, u. a.

CONBOOK VERLAG
www.conbook-verlag.de

Alles zu den Heimatbüchern: **www.heimatbuch.de**

Skurrile Anekdoten und wunderbare Geschichten über und quer durch die asiatischen Metropolen.

»Viel zu lachen auf 319 Seiten.« *(Sonntag aktuell)*

Holger Hommel

Witwentröster und lila Pudel
Asiatische Momente

ISBN 978-3-934918-81-8

Holger Hommel streift umher – mal als einsamer Spaziergänger im Großstadtdschungel Shanghais, mal in Bali als Lektor an Bord eines fernsehberühmten Traumschiffs. Er arbeitet sich quer durch den asiatischen Kontinent und sucht verzweifelt nach einem Universalschlüssel für die so unterschiedlichen Regionen. Dass er dabei nie fündig werden würde, war ihm durchaus bewusst - dass die Suche allerdings so viel Erstaunliches zu Tage fördern würde, verblüffte ihn dann doch...

In skurrilen Anekdoten und wunderbaren Geschichten beschreibt Holger Hommel seine außergewöhnlichen Erlebnisse in Asien und beweist Zeile für Zeile, dass Reisen nicht nur spannend und lehrreich, sondern auch äußerst unterhaltsam sein kann.

»Das ultimative Reisebuch für den asiatischen Kontinent! Wunderbare Geschichten über denkwürdige Erlebnisse; so amüsant hat noch nie jemand seine Reiseerinnerungen zu Papier gebracht.«
(buchSZENE)

»Eingefleischte Asienfans merken schon nach wenigen Seiten: Hier schreibt ein Experte. Wenn Sie bereits öfter Ihren Urlaub in Asien verbracht haben, werden Sie viel lachen bei der Lektüre und noch häufiger bejahend mit dem Kopf nicken. Wenn trübe Winterstimmung droht, Überhand zu nehmen, flugs das Buch besorgen und loslesen!«
(J. Hoppe, Reise-Inspirationen)

CONBOOK VERLAG
www.conbook-verlag.de